· 国家社会科学基金重大委托项目《巴蜀全书》(10@zh005) 系列成果

· 四川省重大文化工程《巴蜀全书》(川宣〔2012〕110 号) 系列成果

· 四川大学中国语言文学与中华文化全球传播学科群重点资助出版项目

· 四川大学古籍整理与经典文献研究中心培育基地重点资助出版项目

邹重华 著

宋代社会文化史研究
——蜀学篇

中国社会科学出版社

图书在版编目（CIP）数据

宋代社会文化史研究：蜀学篇／邹重华著 . —北京：中国社会科学出版社，
2022.9

（蜀学文库）

ISBN 978 - 7 - 5227 - 0664 - 1

Ⅰ . ①宋…　Ⅱ . ①邹…　Ⅲ . ①社会生活—四川—宋代—文集②文化史—
四川—宋代—文集　Ⅳ . ①D691. 9 - 53②K297. 1 - 53

中国版本图书馆 CIP 数据核字（2022）第 150097 号

出 版 人	赵剑英
责任编辑	郝玉明
责任校对	谢　静
责任印制	王　超

出　　　版	中国社会科学出版社
社　　　址	北京鼓楼西大街甲 158 号
邮　　　编	100720
网　　　址	http://www.csspw.cn
发 行 部	010 - 84083685
门 市 部	010 - 84029450
经　　　销	新华书店及其他书店

印　　　刷	北京君升印刷有限公司
装　　　订	廊坊市广阳区广增装订厂
版　　　次	2022 年 9 月第 1 版
印　　　次	2022 年 9 月第 1 次印刷

开　　　本	710×1000　1/16
印　　　张	14
字　　　数	216 千字
定　　　价	75. 00 元

总　序

岷山巍巍，上应井络；蜀学绵绵，下亲坤维。

蚕丛与鱼凫，开国何茫然？《山经》及《禹记》，叙事多奇幻。往事渺渺，缙绅先生难言；先哲谭谭，青衿后学乐道。班孟坚谓："巴蜀文章，冠于天下。"谢嵩庵言："蜀之有学，先于中原。"言似夸诞，必有由焉。若乎三皇开运，神妙契乎天地人；五主继轨，悠久毗于夏商周。天皇地皇人皇，是谓三皇；青赤白黑黄帝，兹为五帝。三才合一，上契广都神坛；五行生克，下符《洪范》八政。

禹兴西羌，生于广柔，卑彼宫室，而尽力于沟洫；菲吾饮食，而致孝乎鬼神。顺天因地以定农本，报恩重始而兴孝道。复得河图演《连山》，三易因之肇始；又因洛书著《洪范》，九畴于焉成列。夏后世室，以奠明堂之制；禹会涂山，乃创一统之规。是故箕子陈治，首著崇伯；孔子述孝，无间大禹。

若乎三星神树，明寓十日秘历；金沙赤乌，已兆四时大法。苌弘碧珠，曾膺仲尼乐问；尸佼流放，尝启商君利源。及乎文翁化蜀，首立学校，建国君民，教学为先；治郡牧民，德礼莫后。蜀士鳞比，学于京藩；儒风浩荡，齐鲁比肩。七经律令，首先畅行蜀滇；六艺诗骚，同化播于巴黔。相如、子云，辉映汉家赋坛；车官、锦官，衣食住行居半。君平市隐，《老子指归》遂书；儒道兼融，道德仁义礼备。往圣述作，孔裁六艺经传；后贤续撰，雄制《太玄》《法言》。"伏牺之易，老子之无，孔子之元"，偕"扬雄之玄"以成四教；"志道据德，依仁由义，冠礼佩乐"，兼"形上形下"而铸五德。落下主《太初》之历，庄遵衍浑天之说。六略四部，不乏蜀人之文；八士四义，半膺国士之选。焕焕乎，文章冠冕天下；济济焉，人材充盈河汉。

自是厥后，蜀学统序不断，文脉渊源赓连。两汉鼎盛，可谓灵光鲁殿；魏晋弘宣，堪比稷下学园。隋唐五代，异军突起；天下诗人，胥皆入蜀。两宋呈高峰之状，三学数蜀洛及闽。蒙元兵燹，啼血西川；巴蜀学脉，续衍东南。明有升庵，足以振耻；清得张（问陶）李（调元），可堪不觌。洎乎晚清民国，文风丕振，教泽广宣。玉垒浮云，变幻古今星汉；锦江风雨，再续中西学缘。尊经存古，领袖群伦；中体西用，导引桅帆。于是乎诵经之声盈耳，文章之美绍先。蜀学七期三峰，无愧华章；蜀勒六经七传，播名国典。

蜀之人才不愧于殊方，蜀之文献称雄于震旦。言经艺则有"易学在蜀"之誉，言史册而有"莫隆于蜀"之称，言文章则赞其"冠于天下"，言术数则号曰"天数在蜀"。人才不世出，而曰"出则杰出"；名媛不常有，犹称"蜀出才妇"。至若文有相如、子瞻，诗有太白、船山，历有落下、思训，易有资中、梁山，史有承祚、心传，书有东坡、啬庵，画有文同、大千。博物君子，莫如李石、杨慎；义理哲思，当数子云、南轩。开新则有六译、槐轩，守文则如了翁、调元，宏通有若文通、君毅，讲学则如子休、正元。方技术数，必举慎微、九韶；道德文章，莫忘昌衡、张澜。才士尤数东坡、升庵，才女无愧文君、花蕊，世遂谓"无学不有蜀，无蜀不成学"矣！宋人所谓"蜀学之盛，冠天下而垂无穷"云云者，亦有以哉！

蜀之经籍无虑万千，蜀之成就充斥简编。石室、礼殿，立我精神家园；蜀刻石经，示彼经籍典范。三皇五帝，别中原自为一篇；道德仁义，合礼乐以裨五典。谈天究玄妙之道，淑世著实效之验。显微无间，体用一源。

至乎身毒偎人爱人，已见《山经》；佛法北道南道，并名《丹铅》。蜀士南航，求佛法于瀛寰；玄奘西来，受具足于慈殿。若夫蜀人一匹马，踏杀天下；禅门千家宗，于兹为大。开宝首雕，爰成大藏之经；圭峰破山，肇启独门之宗。菩萨在蜀，此说佛者不可不知也。

至若神农入川，本草于焉始备；黄帝问疾，岐伯推为医祖。涯涯水涘，云隐涪翁奇技；莽莽山峦，雾锁药王仙迹。经效产宝，首创始于昝殷；政和证类，卒收功乎时珍。峨眉女医，发明人工种痘；天回汉简，重见扁鹊遗篇。雷神火神，既各呈其神通；川药蜀医，遂称名乎海外矣。

又有客于此者，亦立不世之名，而得终身之缘。老子归隐青羊之肆，张陵学道鹤鸣之山；女皇降诞于广元，永叔复生乎左绵；司马砸缸以著少年之奇，濂溪识图而结先天之缘。横渠侍父于涪，少成民胞物与之性；蠲叟随亲诞蜀，得近尊道贵德之染。是皆学于蜀者大，入于蜀者远也。

系曰：巴山高兮蜀水远，蜀有学兮自渊源。肇开郡学兮启儒教，化育万世兮德音宣。我所思兮在古贤，欲往从之兮道阻艰。仰弥高兮钻弥坚，候人猗兮思绵绵。

舒大刚

前　言

人生常有偶然。我于 1978 年秋入四川大学历史系念本科，学年论文和毕业论文都跟从明史专家柯建中教授。考研时，柯教授因在 77 级这届已招收硕士研究生，次年停招，我于是改报考本系宋史专业，获录取为吴天墀、胡昭曦两教授的研究生。这届共招收了四位宋史研究生，同学屈超立和我由胡师具体指导。胡师当时正好在整理宋蒙（元）关系史料，超立兄和我的硕士学位论文选题也就以宋蒙（元）关系史为范围。同窗段玉明君毕业两年后重返四川大学历史系读研，也在胡师门下参与研习宋蒙（元）关系史，连同后来招收的几位研究生，也多以宋蒙（元）关系史为硕士论文选题。由胡师领衔，我们先后出版了《宋蒙（元）关系研究》论文集（1989）和《宋蒙（元）关系史》专著（1992）。

我于 1985 年 6 月硕士毕业，留在四川大学历史系任教。在协助指导胡师的硕士研究生李传海期间，我对宋代四川的士大夫家族产生了兴趣，并于 1992 年在《天府新论》发表了《家族与学术文化——对宋代四川地区几个典型家族的考察》一文，传海在史料收集方面提供了协助。该文的研究，虽处于初步状态，却是我研究宋史的转折点，从此以宋代社会文化史（以蜀地为主）作为主研方向。

1992 年年末，我获四川大学推荐，申请获得哈佛大学哈佛燕京学社 1993—1994 年度访问学者资格；我所工作的四川大学历史系，又推荐我申请香港中文大学历史系博士研究生课程，亦获录取。我乃在赴美途中，先在香港停留，到香港中文大学办理了延期一年入学的手续。

在哈佛燕京学社访问期间，我就逐渐确定以社会文化史的角度研究宋代四川的士人家族和学术文化，作为我在香港中文大学历史系的博士学位论文选题，并利用哈佛燕京图书馆丰富的汉文典籍，收集资料。关于二十四史中"乡先生"一词的史料记载，就是利用台湾"中研院"史语所开发的二十四史计算机全文检索系统获得的。哈佛燕京图书馆的一位先生，替我从该系统检索出二十四史中所有包含"乡先生"一词的史料记载，用带针孔的纸打印出厚厚的一沓给我，令我很感激，这省去了我许多查阅史料的时间。

在哈佛大学的一年访问，获益良多。东亚语言与文明学系的宋史研究专家包弼德教授（Prof. Peter K. Bol）是我交往较多的学者，他在我去哈佛大学访问前，在台湾"中研院"史语所黄宽重教授的陪同下，曾到四川大学访问，与胡昭曦师等交流，我参与接待，因而相识。1993 年 7 月初，我乘航机抵达波士顿洛根国际机场是在深夜，包教授和他的日裔夫人驾车到机场接我，且预先从哈佛燕京学社办公室拿到我租住的宿舍钥匙。待送我到哈佛校园的 Forest Street 8 号住宅时，已是凌晨时分。包教授和夫人的细心周到，令我大为感动。其后，与包教授的研究生到他家里聚会，参加他给研究生开的研讨课，等等。这一年，对包教授及美国宋史界的研究有了较多的了解。

在纽约市立大学城市学院任教的李弘祺教授，于 1993 年 12 月请我去纽约，出席他主持的哥伦比亚大学新儒学研讨会，由包弼德教授主讲他新出的著作 "*This Culture of Ours*"：*Intellectural Transitions in T'ang and Sung China*（英文版由斯坦福大学出版社于 1992 年出版，中文译本《斯文：唐宋思想的转型》，江苏人民出版社 2001 年版），问答环节，讨论热烈。李教授还安排我出席了另一场讲座，由纽约皇后学院吴百益教授讲《东京梦华录》，出席的有美国著名中国科技史学者、宾夕法尼亚大学席文教授（Prof. Nathan Sivin），我参与讨论其中，气氛热烈而有趣。李教授是宋代教育史专家，著有《宋代教育散论》（台北：东升出版事业公司 1980 年版）、《宋代官学教育与科举》（台北：联经出版事业公司 1993 年版）、《学以为己：传统中国的教育》（香港：香港中文大学出版社 2012 年版；华东师范大学出版社 2015 年版）。向李教授的请益，开拓了我的思路。

在哈佛的一年学术访问，听过的课程有张光直教授的"中国考古"、华琛教授（James L. Watson）的"中国人类学"、麦克法夸尔教授（Roderick L. MacFarquhar）的"当代中国"、包弼德教授的"中国中世纪史"。参加过哈佛大学费正清东亚研究中心的许多讲座和研讨会，杜维明教授主持的新儒学研讨会，在赵如兰教授和陆惠风教授的家里轮流举行的"康桥新语"（Cambridge New Words）沙龙。在哈佛的一年，为未来在香港中文大学博士阶段的研习，奠下了丰厚的基础。

结束在哈佛大学的学术访问后，我于1994年10月入香港中文大学历史系攻读博士学位，导师陈学霖教授是美国西雅图华盛顿大学中国研究中心主任，并应聘到香港中大历史系任讲座教授兼系主任，我是他在香港中文大学指导的首位博士研究生。陈师治学范围颇广，从五代宋辽金西夏至元明。陈师搜罗史料广泛，常能从人们忽略之处揭示出重要的史实。

我在香港中文大学研习期间，美国匹兹堡大学的著名中国史学家许倬云教授应邀到历史系任讲座教授五年，每年在香港中文大学待一个学期。我受委派协助许教授，与许师有较多的接触。许师的博学、开阔的学术思维，都使我深受教益。

入香港中文大学以后，我对博士学位论文选题的思路逐渐清晰。宋代是中国历史上文化发展的一个高峰，学术文化发达，并形成京洛（开封、洛阳）、江浙、江西、福建、四川等若干区域文化中心。除京洛位于北方，为传统中原文化发达之区外，其他四个中心均在南方。其中江西、福建为新兴文化发达地区，江浙、四川（成都及周围地区）在宋以前虽属文化较发达地区，但比起北方文化发达地区来，仍有相当差距。宋代形成的这一文化格局，表明了中国经济重心南移的同时，文化重心亦实现了南移这一事实。宋代疆域不广，武功不盛，远不能与汉唐相比，但文化却高度发达，呈现出空前繁荣的景象。如何解释上述现象？我以宋代四川作为案例研究对象，从移民、民间私学教育、士人学术交游圈、家学传承、民间藏书、书院等多角度，作深入细致的研究，以期为宋代学术文化繁荣的原因，提供一个具体的解释例子；同时为源远流长的蜀学在宋代的发展，揭示其社会文化的背景情况。

1996年6月，在"中研院"史语所黄宽重教授的协助安排下，我到台北"中研院"史语所访问一个月。利用史语所图书馆丰富的收藏，查阅史料和中国台湾学者的研究成果。宋代家族是黄教授的研究重点之一，他联络中国台湾地区和大陆的多位重要学者，推动宋代家族研究计划。我在史语所访问期间，正好遇上黄教授主导的"中国近世家族与社会学术研讨会"在该所举行，出席会议的就是这批参与研究计划的两岸学者，有中国台湾地区的陶晋生、萧启庆、黄宽重、梁庚尧、柳立言、刘铮云、赖惠敏，大陆地区的朱瑞熙、王曾瑜、胡昭曦、张邦炜、邓小南，以及日本学者佐竹靖彦。（这次会议的论文结集为《中国近世家族与社会研讨会论文集》，于 1998 年 6 月由史语所出版）与会学者除胡昭曦帅以外，大多亦是我熟悉的师友，这使我获得一次宝贵的学习机会。

尽可能发掘史料，争取在研究上取得新突破，是我撰写博士学位论文所遵循的准则。在陈师指导下，我以"士族与学术——宋代四川学术文化发达原因探讨"为题，于 1997 年年末完成博士学位论文并通过答辩。

博士毕业后，在香港中文大学历史系从事博士后研究，继又在文学院人文学科研究所从事学术研究。其间，我将博士学位论文中的内容分主题抽出，修改打磨，陆续在香港中文大学《中国文化研究所学报》发表了《"乡先生"——一个被忽略的宋代私学教育角色》《士人学术交游圈：一个学术史研究的另类视角》《宋代民间藏书与地方文化发展之关系：以四川地区为例》，另有四篇论文，分别收入于不同的学术论文集，关于婚姻与学术的一篇，则是未刊稿。早年发表的《家族与学术文化——对宋代四川地区几个典型家族的考察》一文，尽管显得较为粗糙，但我仍将其收在本论集末，是想说明，学术研究是一个不断深化精进的过程。

本论集中《关于美国学者郝若贝给宋代专业精英所下五点定义的商榷》一文，提到美国史学界关于"中国传统社会的科举制与社会流动"的一场论战，涉及美国宋史界两位重要学者。已故宾夕法尼亚大学郝若贝教授（Robert M. Hartwell）在美国宋史界影响颇大，他培养的一批博士研究生如哥伦比亚大学的韩明士教授（Robert P. Hymes），成为美国宋史研究的重要学者。李弘祺教授曾与我谈论韩明士的著作 *Statesmen and Gen-*

tlemen：*The Elite of Fu－Chou，Chiang－Hsi，in Northern and Southern Sung* （Cambridge：Cambridge University Press，1986），认为该书的史料运用颇有问题，导致其结论偏差。我在香港中文大学和台湾"中研院"与美国芝加哥大学何炳棣教授有过两次接触，谈及韩明士的这部著作，他的看法与李弘祺教授一致，并希望我能撰写论文，与之商榷。我未能担此重任，却喜见包伟民教授在《唐研究》第十一卷（2005）发表的逾万字长文：《精英们"地方化"了吗？——试论韩明士〈政治家与绅士〉与"地方史"研究方法》，对韩著的问题作了深入的剖析。郝若贝教授在日本学者内藤湖南"唐宋变革说"的基础上，提出"两宋变革说"。包教授指出：韩明士的研究，"是为了在地方史的层面为其师郝若贝的观点提供具体的论证"，由于"观念先行""逻辑疏漏"，韩著的结论颇有问题。中美宋史学界自 20 世纪 80 年代以来，在邓广铭、漆侠、陈乐素、徐规等老一辈学者的推动下，一直有着密切的交流往来。几十年来，中国宋史研究学者对美国学者研究的了解，整体上远不及美国学者对中国学者研究的了解，语言能力是主要的障碍。期待中美宋史学者间出现更多像包教授论文这样的学术切磋，共同推动宋史研究的发展。

博士毕业二十余年，因工作岗位转变，迄未得暇将博士学位论文修改整理出版。如今能将这些单篇论文结集，与史学界同仁交流，首要感谢四川大学古籍整理研究所所长舒大刚教授，将本论集纳入"蜀学文库"，交由中国社会科学出版社出版。陈学霖师、胡昭曦师已先后作古，他们的道德学问一直激励着我在学术道路上前行，谨以这本论集纪念两位恩师。

目　　录

唐僖宗时迁蜀士族
及其入宋后的境况考析

"安史之乱"不仅导致中国经济重心的进一步南移，也导致文化重心的进一步南移。为了躲避战乱，北方士族（指士人家族）大量向南迁徙，巴蜀即成为他们避难的主要地区之一。由于地缘相邻，迁蜀的士族大多来自唐都长安及周围地区。"安史之乱"爆发不久，唐玄宗逃奔入蜀，于天宝十五载（756）七月到达成都，史载"从官及六军至者千三百人而已"①。至德二年（757）九月，长安收复，十月，玄宗回到长安。关于这次跟随玄宗入蜀的士族留居的记载不多②，实情难考。建中四年（783），

---

① （宋）司马光：《资治通鉴》卷218，唐肃宗至德元载七月庚辰，中华书局1956年点校本，第6987页。

② 郭齐、尹波点校的《朱熹集》卷94《承务郎李公墓志铭》记汉州什邡李氏："其先陇西人，唐明皇逃难入蜀，过汉小留，其近属之从行者因或家焉，君其后也。世居什邡县邑顺乡，后徙长原。"（四川教育出版社1996年版，第4782页）（宋）吕陶《净德集》（武英殿聚珍版丛书本）卷28《赠大理评事张府君墓表》记荣州荣德张氏："天宝中，有从明皇西幸者，占南荣，为巨姓。"（宋）黄休复撰，何韫若、林孔翼注《益州名画录》"卢楞伽"条记："楞伽者，京兆人也。明皇帝驻跸之日，自汴入蜀。"（四川人民出版社1982年版，第23页）这是笔者见到的数条此类史料。杜甫也是因避"安史之乱"而入蜀，其后代散居成都、眉州青神和邛州蒲江等地。参见（宋）佚名撰，（元）费著修订，谢元鲁校释《（成都）氏族谱》（载《巴蜀丛书》第1辑，巴蜀书社1988年版）、（宋）吕陶《净德集》卷24《杜公墓志铭》、（宋）杜大珪《名臣碑传琬琰集》（文渊阁《四库全书》影印本）中卷54查篇《杜御史莘老行状》、（宋）魏了翁《鹤山先生大全文集》（四部丛刊本，下简称《鹤山集》）卷83《杜隐君希仲墓志铭》。

唐德宗避朱泚之乱，欲入蜀，至梁州而止。这次亦有一些士族逃乱入蜀。① 广明元年（880）十二月，僖宗避黄巢之乱，逃奔入蜀，于广明二年正月底至成都。僖宗在蜀四年，至中和五年（885）正月离开成都，于三月回到长安。据现存史籍所载，不少随僖宗入蜀的士族或其子女定居下来，这显然与当时北方局势动荡有关。僖宗回长安才几个月，因朝廷内乱，不得不再度出奔。此后北方局势再未恢复过平静，22 年后唐朝便灭亡了。留居蜀中的士族，躲开了唐末的灭顶之灾，得以幸存下来。有哪些家族留居于蜀，他们居蜀后的境况如何，他们与宋代四川的兴盛有什么关系？这些都是值得探讨的问题。虽然已有学者作过一些研究②，但笔者觉得仍有进一步讨论的必要。故不揣浅陋，再加考析，以就教于方家。由于唐僖宗时迁蜀士族的资料存世最多，颇有代表性，亦因篇幅所限，故本文将集中讨论这些迁蜀士族。

一

为方便讨论起见，兹先将笔者检索到的僖宗时迁蜀家族情况列表如下：

---

① 如（宋）吕陶《净德集》卷23《家府君墓志铭》记："［家氏］至唐德宗时，有为职方员外郎者，从乘舆幸山南，因入蜀。……遂居眉山。"（宋）王象之撰，李勇先校点《舆地纪胜》卷158《潼川府路·普州》记："［李］洞，雍州人，时洞避朱泚之难入蜀。……洞卒，葬于城东十里之焦山，又云在安岳县。"（四川大学出版社2005年版，第4785页）

② 如谢元鲁《唐五代移民入蜀考》（《中国社会经济史研究》1987年第4期）、刘琳《唐宋之际北人迁蜀与四川文化的发展》（《宋代文化研究》第2辑，四川大学出版社1992年版）、梁中效《唐朝皇帝奔蜀再析》（史念海主编《唐史论丛》第6辑，陕西人民出版社1995年版）。谢文在列举唐五代三次高峰期的一些入蜀移民的基础上，就移民对蜀地人口变迁的影响及推动蜀地经济和文化发展的情况，进行了讨论。刘文第一部分介绍了自安史之乱以来的90余个迁蜀家族资料，第二部分分析了迁蜀士族和文化人在文学、绘画及文化教育三方面对四川文化发展的贡献。梁文则主要是分析唐朝皇帝奔蜀之动因、路线和影响，只是在文末谈到，大批文化精英随唐朝皇帝入蜀，促进了四川文化的发展，并未就此展开讨论。上述三文，对迁蜀士族的地理分布情况、居蜀后的境况，以及迁蜀士族在宋代四川所处的地位等，或简单地提到，或只是略微触及，尚欠深入。

表1　　　　　　　　　唐僖宗时迁蜀家族情况表

序号	姓氏	原籍或原居地	入蜀祖先情况	资料来源
1	成都蒲氏	远祖本河中宝鼎（今山西万荣西南）人	祖仕于唐，随僖宗入蜀，及乘舆反正，中原乱，遂为成都人	傅增湘辑《宋代蜀文辑存》卷17蒲远猷《自撰墓志》；《宋黄文节公全集·正集》卷32《蒲仲舆墓碣》
2	成都杨氏	其先晋人	祖先从僖宗入蜀，家于成都	《宋史》卷295《杨察传》
3	成都王氏	世家京兆渭南（今属陕西）	祖贲，广明中从僖宗入蜀，遂为成都人	《宋史》卷296《王著传》
4	成都苏氏	其先武功（今属陕西）人	唐僖宗幸蜀，苏厚扈驾而西，家于成都	余靖《武溪集》卷19《宋故殿直苏府君墓志铭》
5	成都张氏	韶州曲江（今属广东韶关市），后迁长安	唐相张九龄弟九皋孙仲孚之后为奉常博士，随扈僖宗入蜀	《氏族谱》①
6	成都宋氏	世居京兆（今陕西西安及周围）	唐季有任崇文馆校书郎讳珝者，随僖宗入蜀，家成都②	《氏族谱》
7	成都勾（一作句）氏	京兆	唐末有曰惟立，以扈卫僖宗为将军，后代散居成都新繁、华阳、温江、郫县等地	《氏族谱》

---

①（宋）佚名《氏族谱》记："九皋子抗，抗七子，仲方、仲孚子孙在蜀，可谱。仲孚孙奉常博士随扈僖宗幸蜀。传三世曰载阳……。"载阳生维峻，维峻子起，仁宗宝元（1038—1040年）中登进士第，官至太常博士。起有三子曰太初、太宁、太和，太宁登英宗治平四年（1067）第。太宁二子曰察、宇，宇子晦，晦子仲坚。太宁家于成都，"太初家于崇庆之新津，太和家于眉州之眉山。仲方之后徙汉州之绵竹，族尤大"。绵竹一支即张浚一族。见《巴蜀丛书》第1辑，第253—254页。

②另据（宋）李流谦《澹斋集》（文渊阁《四库全书》影印本）卷17《宋运使墓志铭》："公世居京兆，九世祖玘为壁州牙推，生某，仕唐为僖宗谏官，以直触阉寺，出为绵州团练副使，因家焉。某生某，徙居成都，仕蜀为太子舍人。"两者所述有异。

序号	姓氏	原籍或原居地	入蜀祖先情况	资料来源
8	成都常氏	居长安	唐相常衮兄常偕三世孙、户部郎中常宥扈卫僖宗入蜀①	《氏族谱》;《净德集》卷22《常君墓志铭》
9	成都北刘氏	?	唐末刘再思以御史从僖宗,自蜀还京师,留其子孟温于成都	《氏族谱》
10	成都施氏	?	先祖友谅从僖宗入蜀不归,居岷山下,七世孙光祚始居成都碧鸡坊	《氏族谱》
11	成都华阳范氏	长安	唐同中书门下平章事范履冰后裔、范镇六世祖范隆②,广明间避乱徙蜀,为成都华阳人	《苏轼文集》卷14《范景仁墓志铭》;范祖禹《范太史集》卷44《范公墓志铭》;《氏族谱》
12	成都华阳王氏	其先居太原	自唐僖宗幸蜀,有从而西者,遂为华阳人	《净德集》卷23《承事王府君墓志铭》
13	成都华阳梁氏	?	祖叔达从僖宗西行,家于蜀	《宋代蜀文辑存》卷40李降《梁子中墓志铭》
14	成都华阳房氏	?	唐丞相房玄龄八世孙房重,于广明中扈僖宗西狩,因家于成都华阳。房重终新都令	楼钥《攻媿集》卷109《文安郡夫人房氏墓志铭》;《氏族谱》

---

① (宋)佚名《氏族谱》记,真宗时常延昱始由邛州迁居成都,子守元留邛,其后多通显。邛州常氏详后。见《巴蜀丛书》第1辑,第259—260页。

② (宋)佚名《氏族谱》记范隆为范履冰十一世孙,据王德毅《宋代的成都范氏及其世系》一文考证,应为六世孙。王文载《庆祝邓广铭教授九十华诞论文集》,河北教育出版社1997年版。

序号	姓氏	原籍或原居地	入蜀祖先情况	资料来源
15	成都双流宋氏	京兆	其先唐相文贞公（璟）裔孙旦以给事中从僖宗入蜀，遂家眉之彭山。生五子，散居成都、邛、蜀之间，号五房宋氏，双流其一也①	《朱熹集》卷93《运判宋公墓志铭》
16	成都双流章氏	闽	五世祖练广明中从僖宗西幸，高祖垂裔始居眉之彭山，祖方道徙居成都双流县	《净德集》卷28《冲退处士章誉行状》
17	成都温江蹇氏	？	唐有侍臣蹇道原从僖宗入蜀，后有居怀安军金堂曰逢，其长子绫留居，为金堂闻家。次子绾徙温江	《氏族谱》
18	成都广都郭氏	其先京兆人	唐汾阳王（郭子仪）后，广明之乱，六世祖御史中丞甫从僖宗入蜀，弟及为广都令，因家于县	《范太史集》卷42《朝奉郎郭君墓志铭》、卷38《汾阳郭君墓志》；《鹤山集》卷83《知巴州郭君叔谊墓志铭》
19	成都郫县李氏	京兆万年（今陕西临潼北）	八世祖讳远广明中随驾入蜀，为晋原令，后家成都温江，继又迁为郫人②	文同《丹渊集》卷38《李公泽墓志铭》；《净德集》卷25《秭归县令李君墓志铭》

① 另据（宋）佚名《氏族谱》记："宋氏望京兆，隋谏官遂以直言得罪，流蜀隆山，卒葬隆山。隆山后以玄宗讳改彭山，比及四世，少长逾二百人。及班（原注：谱一作挑）入中朝，为正议大夫，扈僖宗驾复还，历眉、彭二州刺史，归瘗彭山。子五人，号五房宋。长子渝生览（原注：一作千），览生祚，始居成都之双流。"（《巴蜀丛书》第1辑，第284—285页）此与《朱熹集》所记入蜀祖先之名有异，且宋氏原已居蜀，唐末乃再次移居于蜀。宋氏次房居邛州，另一房居蜀州，详后。

② 该族另有一支居于蜀州晋原（今四川崇州），详后。前举刘琳《唐宋之际北人迁蜀与四川文化的发展》一文将秭归县令李慎思归入晋原一支，其实李慎思乃郫县李慎从之弟。

续表

序号	姓氏	原籍或原居地	入蜀祖先情况	资料来源
20	成都郫县何氏	？	唐乾符进士待诏翰林知节，自谓何武裔，从僖宗幸蜀，加知制诰，因归郫，卒葬膏泽乡。子孙散居成都、崇庆、遂、阆、彭之崇宁、永康之导江①	《氏族谱》
21	成都郫县王氏	？	王简随僖宗入蜀，因留蜀，至四世坦为郫人	《氏族谱》
22	成都新繁彭氏	？	唐中宗时太常彭景直六世孙敬先以左拾遗随僖宗入蜀，家于普州。敬先孙济民携二子由普徙成都	《氏族谱》
23	成都新都沈氏	？	唐工部郎中穆之随僖宗入蜀，居新都弥牟镇	《氏族谱》
24	眉州眉山史氏	杜陵（今陕西长安县东南)②	自唐尚书吏部侍郎严从僖宗入蜀，生德言，为山南东道观察支使，因不能归，占籍于眉山	《宋黄文节公全集·正集》卷32《泸南诗老史君墓志铭》
25	眉州眉山程氏	其先武昌人	唐广明中讳琦者从僖宗入蜀，遂家于眉州③	晁公遡《嵩山集》卷52《程邛州墓志铭》

---

① 何武，郫人，西汉末名臣，官至大司空，封汜水侯，《汉书》卷86有传。（宋）佚名《氏族谱》记："［何氏］谱远不可考，或居长安，或徙江南。"（《巴蜀丛书》第1辑，第276页）即使这支何氏是何武后裔，唐时已非蜀人。

② 眉州眉山史氏与青神史氏同族，（宋）唐庚《眉山唐先生文集》（四部丛刊本）卷15《史子深（通）墓志铭》记："史氏系出鲁国，后徙杜陵。"

③ 另据（宋）魏了翁《鹤山集》（四部丛刊本）卷82《迪功郎致仕程君（南金）墓志铭》记："［程南金］九世祖别驾君光履自武昌来，徙家为丹棱人。"卷83《程叔运掌墓志铭》记："程氏系出武昌，世家丹棱。"故丹棱程氏当与眉山程氏同族。

续表

序号	姓氏	原籍或原居地	入蜀祖先情况	资料来源
26	眉州眉山杨氏	长安	系出华阴汉太尉震，至唐汉公居靖恭坊，子孙益显。僖宗之入蜀，国子祭酒膳从之，其弟胜为丹棱主簿，遂家眉州	虞集《道园学古录》卷43《杨君墓志铭》
27	眉州眉山黄氏	？	黄氏家习正声，自唐以来，待诏金门，父随僖宗入蜀	黄休复《茅亭客话》卷10"黄处士"条
28	眉州丹棱杨氏	系本关西	唐僖宗幸蜀，有为行营招讨使者讳光，居唐安（今四川崇州东南），其后为眉州别驾者讳光远，徙居丹棱	冯时行《缙云文集》卷4《杨隐父墓表》；《鹤山集》卷70《杨君庆崇墓志铭》
29	眉州青神杨氏	长安	系出汉太尉震，在唐居长安静恭里。广明中，国子祭酒膳从僖宗入蜀，其徙眉青神则自镒始①	《鹤山集》卷81《杨公墓志铭》
30	眉州青神史氏	杜陵	自鼻祖司马某从唐僖宗入蜀，以罪言死，葬于青神，二子瑜、瑶因家焉②	《鹤山集》卷70《史夫人墓铭》；《眉山唐先生文集》卷15《史子深墓志铭》
31	眉州青神陈氏	颍川徙京兆万年	唐广明中，避难于蜀，遂家眉州青神之东山	《宋代蜀文辑存》卷10范镇《陈少卿希亮墓志铭》

---

① 静恭里即靖恭坊，见徐松撰、李健超增订《增订唐两京城坊考》，三秦出版社1996年版，第149页。青神杨氏与眉山、绵竹杨氏同祖。

② （元）虞集《道园学古录》（四部丛刊本）卷20《史氏程夫人墓志铭》记："（眉山青神）史氏自唐吏部侍郎俨从僖宗幸蜀，因家于眉州，其墓在青神再兴院之里。"所记入蜀祖先与眉山史氏同。据许肇鼎《宋代蜀人著作存佚录》（巴蜀书社1986年版），眉山史氏著录有19人，而青神史氏仅1人，故眉山史氏远较青神史氏为盛。又黄庭坚、虞集所记史氏入蜀祖先的情况与魏了翁所记略不同。

序号	姓氏	原籍或原居地	入蜀祖先情况	资料来源
32	眉州青神贺氏	？	七世祖从僖宗幸蜀，为眉州防御推官，卒葬其地，遂为眉之青神人	韩元吉《南涧甲乙稿》卷20《贺公墓志铭》
33	永康军导江代氏	本雁门（今山西代县）贵姓	唐僖宗奔蜀，其先祖亦逃乱客导江，世受田，遂为导江人	宋祁《景文集》卷59《代祠部墓志铭》
34	简州许氏	家咸阳	祖先于唐中和间扈驾西幸，随僖宗入蜀，遂家于简	《鹤山集》卷69《许公神道碑》
35	简州阳安刘氏	润州句容（今江苏句容）迁秦	唐宰相刘邺之子，从僖宗狩蜀，为双流令。生三子，仲子诲为平泉令，刘氏居简者皆祖平泉①	真德秀《西山集》卷43《刘阁学墓志铭》
36	梓州通泉蹇氏	？	唐僖宗时曰元盛扈驾，为排顿使，后居盐亭之白马，葬射洪之果园山	《鹤山集》卷75《蹇君墓志铭》
37	梓州中江吴氏	？	唐广明间吴肇扈从僖宗入蜀，为镇国大将军，食邑于中江，子孙家焉	《鹤山集》卷72《中江吴先之之巽墓铭》
38	绵州魏城冯氏	魏州元城（今河北大名北），徙贯京兆	唐国子祭酒、礼部尚书伉四世孙存官长史，随僖宗入蜀，占籍于绵	《鹤山集》卷79《江油县尉冯君墓志铭》；《新唐书》卷161《冯伉传》
39	绵州盐泉苏氏	郡望陕西武功	先祖苏传素避广明乱，举家入蜀②	苏舜卿《苏学士文集》卷14《先公墓志铭并序》

---

① （宋）祝穆撰，祝洙增订，施和金点校《方舆胜览》卷52《简州》记："刘昊，其先秦人也，唐僖宗时为平泉令，因家焉。尝遇异人告曰，刘氏自是官矣。既而子讽登第，而子孙之登第者七世九人焉。"中华书局2003年点校本，第935页。

② 张邦炜《宋代盐泉苏氏剖析》（《新史学》1994年第1期）一文，对苏氏世系及入蜀后之籍贯均有详细讨论，可参阅。

序号	姓氏	原籍或原居地	入蜀祖先情况	资料来源
40	汉州绵竹张氏	韶州曲江徙家长安	唐宰相张九龄弟九皋孙仲方之后璘为国子祭酒，随僖宗入蜀，居成都，后迁绵竹	《朱熹集》卷95《张公行状》；杨万里《诚斋集》卷115《张魏公传》
41	汉州绵竹杨氏	长安	八世祖珂仕唐为汉州金堂令，卒官。子膳为国子祭酒，从僖宗入蜀，葬金堂君于绵竹，因家焉，遂为绵竹人①	《范太史集》卷39《天章阁待制杨公墓志铭》
42	邛州李氏	？	系出唐宗室太子议郎仁济，从僖宗西幸，九世祖晖五代时为临邛钱监，徙大邑令，因家于邛	《鹤山集》卷77《李中父墓志铭》
43	邛州依政李氏	？	其先盖唐之宗室，为盐铁判官，从僖宗西幸，遂居邛州之依政者，曾祖也	《净德集》卷27《李夫人墓志铭》
44	邛州临邛常氏	长安	先祖户部郎中宥扈卫僖宗入蜀，谪授唐安掾，子孙因家焉。至高祖时徙临邛，成为邛之大姓②	《氏族谱》；《净德集》卷24《常公墓志铭》；汪应辰《文定集》卷20《御史中丞常公墓志铭》
45	邛州蒲江宋氏	京兆	七世祖屯田郎中挺随僖宗入蜀，任彭、眉二州刺史，卒官，葬武阳，因家焉。其后有五宗，次昌殷，始迁邛之蒲阳，遂为邛大姓	《净德集》卷26《著作佐郎致仕宋府君墓志铭》

----

① 绵竹杨氏与眉山、青神杨氏均奉同一入蜀祖先，但入蜀始居地则有歧义。据许肇鼎《宋代蜀人著作存佚录》，绵竹杨氏有3人，眉山杨氏有6人，青神杨氏有8人。

② 临邛常氏与成都常氏同源，前已述。宋改唐安为江原，即今崇州。

序号	姓氏	原籍或原居地	入蜀祖先情况	资料来源
46	隆州仁寿虞氏	越州徙京兆	唐虞世南十一世孙，从僖宗入蜀，守仁寿郡，因家焉①	《道园学古录》卷43《亡弟嘉鱼大夫仲常墓志铭》
47	嘉州洪雅田氏	京兆	祖先因唐末离乱，僖宗幸蜀，徙家至于此	田锡《咸平集》卷30《附先君赠工部郎中墓碣》
48	蜀州宋氏	京兆	其先京兆人，隋谏大夫远谪彭山，子孙散居于蜀，遂为蜀州人②	《宋史》卷400《宋德之传》
49	蜀州晋原李氏	京兆万年	八世祖远从僖宗幸蜀，调晋原令，因家焉③	《净德集》卷25《李太博墓志铭》
50	蜀州新津张氏	长安	七世祖琰为右拾遗，从僖宗入蜀，留其子道安于蜀，遂家焉。张氏先居邛州白鹤山，后移居新津	《宋代蜀文辑存》卷10范镇《张寺丞文蔚墓志铭》、卷14张商英《张御史唐英墓志铭》
51	蜀州新津陈氏	颍川（今河南许昌）	其上世由颍川，从僖宗入蜀，因不归，籍此	《丹渊集》卷38《秘书丞陈君墓志铭》
52	彭州郑氏	郑州荥泽（今郑州西北）	唐宰相郑覃之孙郑从革，仕僖宗朝为御史，从狩留蜀，遂家彭之蒙阳	《宋代蜀文辑存》卷40任忠厚《李孺人郑氏墓志铭》

---

① （宋）杨万里撰，辛更儒笺校《杨万里集笺校》卷120《宋故左丞相节度使雍国公赠太师谥忠肃虞公神道碑》则记为："世南七世曰殷，守仁寿郡，即隆州也，因家焉。"（中华书局2007年版，第4604页）两者相差四世。

② 此与南宋人著《氏族谱》所记宋氏首次徙蜀情况相符，唯记其祖之名"遂"为"远"。据《氏族谱》，蜀州宋氏仍属唐末再次徙蜀，为五房宋之一，与成都双流宋氏及邛州蒲江宋氏同族。

③ 晋原李氏与成都郫县李氏同源，参见（宋）文同《丹渊集》卷38《李公泽墓志铭》，四部丛刊本；（宋）吕陶《净德集》卷25《秭归县令李君墓志铭》，武英殿聚珍版丛书本。

续表

序号	姓氏	原籍或原居地	入蜀祖先情况	资料来源
53	普州安岳冯氏	始平（今陕西兴平东南）	其先始平人，在僖宗朝，有官于蜀者，广明之乱，唐统紊裂，视世浊溺，留避于此，子孙繁衍，有居于普者①	《丹渊集》卷39《秘书丞冯君墓志铭》
54	广安军新明陈氏	?	唐广明中，某以羽卫属扈僖宗西狩，卒于蜀，子孙家阆中，后徙新明云宾镇	李新《跨鳌集》卷29《陈隐士碣铭》
55	剑州杜氏	长安杜陵	曾祖知权，唐广明中与公孙俗者同以医侍僖宗幸成都，后以剑南山水佳秀，爱之，乃留居，遂为普安郡人	《丹渊集》卷37《殿中丞杜君墓志铭》
56	昌州大足解氏	魏州，后家长安	高祖达随僖宗幸蜀，因家于昌州	中华民国重修《大足县志》卷1汝孝《解瑜墓碑记》
57	合州合阳李氏	陇西	其先系出陇西，从僖宗入蜀，丑五季之乱，不仕，浮沉梓、遂间。艺祖受禅，有诏唐衣冠之在蜀者，赐闲田以居，由是占籍于合	《缙云文集》卷4《李时用墓志铭》
58	?张氏	长安	其祖山甫从唐僖宗入蜀，留不返	欧阳修《欧阳文忠公文集》卷30《张公墓志铭并序》

　　在上述 58 个家族中，眉山黄氏本为乐工，剑州杜氏则为医者。据现存资料，眉山黄元和黄大有（或作黄道有）分别于北宋哲宗元符三年

---

　　① 前举刘琳《唐宋之际北人迁蜀与四川文化的发展》一文将冯氏误为剑州普安人，《秘书丞冯君墓志铭》明确说冯君葬于"乐至县普安乡之西山，从先茔也"，乐至属普州。

（1100）和南宋理宗淳祐年间（1241—1252）登进士第①，虽然不知此二人是否乐工黄氏的后代，仍将乐工黄氏列入表中；剑州杜氏后有中进士者，故亦列入表中，特此说明。另据北宋黄休复《益州名画录》记载，随僖宗或在此时入蜀的文人画家，有孙位、张南本、吕嶤、竹虔、滕昌祐、张询等人。又《宋史》卷154《舆服志》记，唐礼部铸印官祝思言，随僖宗入蜀，子孙遂为蜀人。其后代祝温柔仍为蜀中铸印官，宋乾德三年（965），被太祖召往开封铸印。由于关于这些人的记载太简略，其后代情况亦不详，缺乏统计分析的价值，故未列入表中。

上述列表的58个家族中，确知入蜀祖先相同的有成都张氏与汉州绵竹张氏，成都常氏与邛州临邛常氏，成都双流宋氏与邛州蒲江宋氏、蜀州宋氏，成都郫县李氏与蜀州晋原李氏，眉州眉山、青神杨氏与绵竹杨氏，眉山史氏与青神史氏，而邛州李氏与邛州依政李氏则可能同祖，故实际上为49个迁蜀家族（其中可能还有同祖但无法确认者）。这个数字，应只是僖宗时迁蜀家族的一部分。由于种种原因，许多家族的资料未能留传下来，从而湮没于历史之中。而这49家也很难说包括了所有现存资料，如进一步搜索，可能还有新的发现。同时，不排除有的家族伪称其祖先随僖宗入蜀的可能性存在②，但在未确证其伪以前，笔者仍加以利用。显然，这样的研究结果会有偏差，然而这主要是反映在统计数字方面，对于本文的基本结论，应不会有太大影响。

另外，宋平蜀后，一些迁蜀士族又迁出了四川。如成都苏氏于孟蜀亡后迁居开封，继又移居扬州。成都杨钧从孟昶归朝，其子居简因任官而迁居合肥。眉州青神贺氏后移籍蔡州汝阳。入蜀后居留地不详的张氏，至宋平蜀时，已居蜀五世，始移居汉阳。但本文所录迁蜀士族大多数在入宋以后仍留居于蜀，已融入四川社会之中（尽管陆续有家族成员因任官而迁居他地）。

---

① 许肇鼎：《宋代蜀人著作存佚录》，第351、377页。
② 宋人杨民望即曾对此表示怀疑说："唐宋氏族之学不明，谱牒遂废，特起者耻其初微而不志昭穆，甚者或求附甲族而过于傅会。近世言其先者，必自唐僖宗西幸，或游至蜀居焉，何古之蜀独无人也？""三宗"当指玄宗、德宗及僖宗。此据《巴蜀丛书》第1辑所收《氏族谱》"杨氏"条，第274—275页。适园本则记为"必自唐僖僖宗西幸"。

二

首先让我们来看看这些家族迁蜀以后的地域分布情况：

表2　　　　　　唐僖宗时迁蜀家族地域分布情况表

地区	家族姓氏	数目
成都府	蒲氏，杨氏，王氏，苏氏，张氏，宋氏，勾氏，常氏，刘氏，施氏；华阳范氏，王氏，梁氏，房氏；双流宋氏，章氏；温江蹇氏；广都郭氏；郫县李氏，何氏，王氏；新繁彭氏；新都沈氏	23
眉州	眉山史氏，程氏，杨氏，黄氏；丹棱杨氏；青神杨氏，史氏，陈氏，贺氏	9
永康军	导江代氏	1
简州	许氏，阳安刘氏	2
梓州（潼川府）	通泉蹇氏；中江吴氏	2
绵州	魏城冯氏；盐泉苏氏	2
汉州	绵竹张氏，杨氏	2
邛州	李氏；依政李氏；临邛常氏；蒲江宋氏	4
隆州（陵井监）	仁寿虞氏	1
嘉州	洪雅田氏	1
蜀州	宋氏；晋原李氏；新津张氏，陈氏	4
彭州	郑氏	1
普州	安岳冯氏	1
广安军	新明陈氏	1
剑州	杜氏	1
昌州	大足解氏	1
合州	合阳李氏	1
？	张氏	1

从分布地域看，上述49个迁蜀家族，除一家迁居地不明外，绝大部分都聚居在川西平原和川中北部的丘陵地带，川东仅有昌州解氏和合州李氏两家。尤其是以成都府为中心的地区，包括眉、永康、简、梓、绵、汉、邛、隆、嘉、蜀、彭诸州军，更是分布集中之地，在上述17个地区48个家族中（同入蜀祖及入蜀居住地不详者除外），分别占12个地区和43

家，各占约 71% 和 90%。僖宗驻跸成都，其随从家族散居于成都及其周围地区，乃自然之理。加以这一区域自然环境与社会环境较佳，故成为他们择居的首选之地。其中成都和眉州接纳的家族最多，分别为 23 家和 9 家（其中成都有四姓、眉山有二姓在其他地区有同族人）。这两个地区在宋代人才鼎盛，远超出四川其他地区，迁蜀家族显然是一个重要因素。笔者根据许肇鼎《宋代蜀人著作存佚录》做了一个统计，该书所收成都士人姓氏有 68 个，眉州有 45 个。① 另据美国学者贾志扬（John Chaffee）先生统计，在宋朝最初一百年间（960—1063 年），成都府共出进士 121 名，眉州有 88 名，在成绩最好的十个州中，分别排在第五位和第八位。② 自汉代以来，四川东、西部发展就很不平衡，东部在经济文化上较西部落后许多。西部因为自唐以来接纳了大量迁蜀家族，在宋代更进一步发展，达到近代以前的最高峰。东部却因为没有多少新鲜血液输入，其落后状况并无太大改变。

士族迁蜀后所居地域的不同，对其日后的发展有相当的影响。以成都为中心的川西地区，不仅社会经济条件优越，且有着重视文化教育的良好乡风民俗，有许多水准高、教学严格的"乡先生"。③ 这里印刷业发达，藏书之风很盛。加以士族密集，便于互相交流学习。这一切就构成了一个孕育人才的优良环境，有利于其成长。④ 从本文的下一节可以看到，本文所录的 49 个迁蜀家族，居于川西地区的，无论早迟，大多能在宋代崛起或重新崛起。而仅有的两个居于川东的士族，即合州合阳李氏和昌州解氏，却长期无人登第。当然，川西地区也有此类命运的迁蜀士族，良好的居住环境只是为迁蜀士族的重新崛起提供了较大的可能性，却不能保证其一定能如此。同样道理，居住环境较差地区的迁蜀士族，并非完全不能重振，只是更为困难一些。

---

① 参见许肇鼎《宋代蜀人著作存佚录》，第 1—26 页，第 291—384 页。
② 参见贾志扬《宋代科举》，台北：东大图书股份有限公司 1995 年版，第 219—220 页；*The Thorny Gates of Learning in Sung China*: *A Social History of Examinations*，Cambridge：Cambridge University Press，1985，p. 149。
③ 参见邹重华《"乡先生"—— 一个被忽略的宋代私学教育角色》，（香港中文大学）《中国文化研究所学报》1999 年新第 8 期。
④ 参见邹重华《家族与学术文化——对宋代四川地区几个典型家族的考察》，《天府新论》1992 年第 2 期。

　　由于地域相邻，以成都为中心的迁蜀士族入宋以后，多有密切的学术交往。如成都华阳王氏之王仲符，"从学于舅氏端明殿学士蜀郡范公（镇），故其行与文得为君子"①。汉州绵竹张浚之子、理学大师张栻之学则嫡传于华阳范氏之范仲黼、范子长、范子该。范仲黼又传学于仁寿虞氏之虞刚简，二人并同讲学于成都东门外；虞刚简亦与范子长、范子该等切磋义理之学②。成都双流章礐，博通经学，尤长《易》《太玄》，与华阳范百禄有交往③。成都双流塞周辅强学，善属文，神宗尝命作《答高丽书》，屡称善。周辅少与范镇、何郯（郯为成都人，仁宗时名臣）为布衣交④。绵州冯汝舟（靖康间以太学上舍生同陈东上书者）与绵竹张浚为至交，汝舟孙冯诚之与仁寿虞刚简亦有交往⑤。简州许奕和刘光祖均为僖宗时入蜀士族后裔，又同为宁宗朝名臣，南宋魏了翁《鹤山集》卷69《许公（奕）神道碑》记："刘起居光祖，乡先生也，知公为尤深。"成都蒲远猷受教于永康军导江代氏之代渊⑥。

　　迁蜀士族间亦有密切的婚姻关系。如邛州临邛常氏之常溥（1000—1077年），娶邛州依政李氏为妻⑦；成都蒲远猷之长女，嫁青神陈希亮之侄孙陈纲⑧。剑州杜知权与公孙俗同以医侍僖宗幸成都，其曾孙娶公孙俗之后为妻⑨。

　　成都华阳范氏与汉州绵竹杨氏为世姻，绵竹杨绘次女嫁范镇幼子范

　　① （宋）吕陶：《净德集》卷23《承事王府君墓志铭》，武英殿聚珍版丛书本。

　　② 参见黄宗羲原著，全祖望补修，陈金生、梁运华点校《宋元学案》卷50《南轩学案》、卷72《二江诸儒学案》，中华书局1986年版。

　　③ 参见（宋）脱脱等《宋史》卷329《塞周辅传》，中华书局1977年点校本，第10604页。

　　④ 参见（宋）吕陶《净德集》卷28《冲退处士章礐行状》，武英殿聚珍版丛书本；（元）脱脱等《宋史》卷458《章礐传》，第13446页。

　　⑤ 参见（宋）魏了翁《鹤山集》卷79《江油县尉冯君（诚之）墓志铭》，四部丛刊本。

　　⑥ 参见（宋）蒲远猷《自撰墓志》，载傅增湘辑《宋代蜀文辑存》卷17，香港：龙门书店1971年影印本，第256页。

　　⑦ 参见（宋）吕陶《净德集》卷27《李夫人墓志铭》，武英殿聚珍版丛书本。

　　⑧ 参见（宋）蒲远猷《自撰墓志》，载傅增湘辑《宋代蜀文辑存》卷17，第256页；（宋）黄庭坚《宋黄文节公全集·正集》卷31《陈少张墓志铭》，载刘琳、李勇先、王蓉贵点校《黄庭坚全集》，四川大学出版社2001年版，第838页。

　　⑨ 参见（宋）文同《丹渊集》卷37《殿中丞杜君墓志铭》，四部丛刊本。

百虑。① 宇文氏原籍河南，其祖在唐末因任官而留居于蜀，子孙分居于成都、双流、广都、绵竹、严道、阆中等地，为蜀中名族。② 绵竹杨氏与宇文氏亦有密切的婚姻关系，杨绘曾祖晔娶宇文氏，同族祖杨塾之女嫁宇文昭度，杨塾子宗惠之女嫁宇文纲。③ 华阳房氏与宇文氏"世有姻好"，房审能娶宇文氏为妻，其孙房永以其次女嫁给直龙图阁宇文时中次子宇文师说（1117—1156 年），后又以其四女为师说继室。④ 成都华阳范氏与宇文氏，两家亦"历世昏姻，著于邦族"⑤。绵竹张氏与宇文氏亦有密切的婚姻关系，张浚娶宇文时中女，张栻又取时中长子师申的女儿为妻。⑥ 绵竹张氏本居成都，张浚曾祖文矩早逝，夫人杨氏携三子徙绵竹依外家，遂为绵竹人。故绵竹张氏与杨氏为姻亲。⑦ 成都宋氏之宋海（1096—1175 年），亦娶宇文氏为妻。⑧ 成都张氏入蜀后第六世张宇，娶华阳范百禄之女，"故其学得之范氏，［张宇］子晦侍学中原，有外家典型，笔法尤工"⑨。成都双流宋若水（1131—1188 年），先娶蜀之故家张氏，张氏卒后，又娶宣教郎宇文鹭之女。⑩ 成都广都郭询长女适范祖元，范祖禹之祖母则为郭询之姑。⑪ 郭叔谊（1155—1233 年）曾祖简修、伯父汾均娶宇文氏。⑫ 成都郫县李慎思之女适范百禄次子范祖修。⑬ 上述成都张氏、宋氏、华阳范

---

① 参见（宋）范祖禹《范太史集》卷 39《天章阁待制杨公墓志铭》，文渊阁《四库全书》影印本。

② 参见（宋）佚名《氏族谱》（《巴蜀丛书》第 1 辑，第 265 页），以及王德毅《宋代成都宇文氏族系考》（《国立台湾大学历史学系学报》1991 年第 16 期）。

③ 参见（宋）范祖禹《范太史集》卷 39《天章阁待制杨公墓志铭》，文渊阁《四库全书》影印本；（宋）吕陶《净德集》卷 22《朝奉大夫知洋州杨府君墓志铭》，武英殿聚珍版丛书本。

④ 参见（宋）楼钥《攻媿集》卷 109《赠银青光禄大夫宇文公墓志铭》《文安郡夫人房氏墓志铭》，文渊阁《四库全书》影印本。

⑤（宋）范祖禹：《范太史集》卷 37《祭叔母宇文氏文》，文渊阁《四库全书》影印本。

⑥ 参见王德毅《宋代成都宇文氏族系考》，《国立台湾大学历史学系学报》1991 年第 16 期。

⑦《朱熹集》卷 95《少师保信军节度使魏国公致仕赠太保张公行状》，第 4799 页。

⑧ 参见（宋）李流谦《澹斋集》卷 17《宋运使墓志铭》，文渊阁《四库全书》影印本。

⑨（宋）佚名：《氏族谱》，载《巴蜀丛书》第 1 辑，第 254 页。

⑩《朱熹集》卷 93《运判宋公墓志铭》，第 4748 页。

⑪ 参见（宋）范祖禹《范太史集》卷 38《汾阳郭君墓志》，文渊阁《四库全书》影印本。

⑫ 参见（宋）魏了翁《鹤山集》卷 83《知巴州郭君叔谊墓志铭》，四部丛刊本。

⑬ 参见（宋）文同《丹渊集》卷 38《李公泽墓志铭》，四部丛刊本；（宋）吕陶《净德集》卷 25《秭归县令李君墓志铭》，武英殿聚珍版丛书本。

氏、房氏、双流宋氏、广都郭氏、郫县李氏、汉州绵竹张氏、杨氏八个僖宗时迁蜀家族与另一唐末徙蜀家族宇文氏，构成了一个士族婚姻圈，居于这个婚姻圈中心地位的则是宇文氏和范氏。值得注意的是，这种联姻，除了学者们通常讨论的仕宦上的意义以外，还有学术上的意义，成都张氏与范氏的联姻即为一例。前述婚姻圈，只是就本文所涉及的资料而言，如进一步扩大资料范围，成都及其周围地区的这个士族婚姻圈，远比本文所述的要大。全面研究这一婚姻圈，以及士族间婚姻的学术意义，都有待另撰专文。

当然，迁蜀士族亦与四川本土士族有着广泛的交往，限于篇幅，这里不能详细讨论。概言之，迁蜀士族通过家学传承、师徒传授、师友讲习和联姻等方式，与四川本土士族一起，形成了一个庞大的士族学术群体，极大地促进了宋代四川学术文化的发展。① 众多的迁蜀士族聚居在以成都为中心的区域，进一步优化了这里的学术环境。

三

迁蜀士族入宋以后，在经济上得到新政权的关照，"艺祖（赵匡胤）受禅，有诏唐衣冠之在蜀者，赐闲田以居"②。但他们却失去了原有的政治倚靠，只能循科举的途径，重新取得官僚士族的社会地位。他们大多要到北宋中期才开始崛起。如成都蒲氏，三世皆不仕，至蒲远猷始考中仁宗庆历六年（1046）进士。③ 张氏至入蜀后第三世张载阳时，厚置资产，至五世张起，于仁宗宝元（1038—1040年）中始登进士第。成都新繁勾氏，至四世孙勾士良，始登庆历六年进士。居成都的一支，"三世以上惟曰出井疆，莫可考"，至勾居体始登神宗熙宁（1068—1077年）进士第。④ 常氏至入蜀后第六世常珙时，考中庆历六年（1046）进士，其弟

---

① 参见邹重华《家族与学术文化——对宋代四川地区几个典型家族的考察》，《天府新论》1992年第2期。

② （宋）冯时行：《缙云文集》卷4《李时用墓志铭》，文渊阁《四库全书》影印本。

③ 参见（宋）蒲远猷《自撰墓志》，载傅增湘辑《宋代蜀文辑存》卷17，第256页。

④ 参见（宋）佚名《氏族谱》，载《巴蜀丛书》第1辑，第258页。

璩、琼、玘亦登科。其后官宦、科举不断。① 北刘氏自刘孟温居蜀，至其五世孙刘处厚，始登第。②

成都华阳范氏，历前后蜀皆不仕，至第七世时，始有范镃中宋真宗天禧三年（1019）进士，范镇中宝元元年（1038）进士。此后至南宋孝宗末（1089），前后五代共150余年，每代都有中进士者。③ 王氏入蜀后四世不仕，五世王仲符科举不第，至其子王任，始于熙宁六年（1073）中进士第二。④ 梁氏至神宗元丰（1078—1085年）初，始有梁子中登进士第。其长子天辅上舍第，子天民、天盖为太学内舍生。⑤

成都双流宋氏至第六世的宋堂，举贤良方正，任成都府府学说书；第七世的右贤、右仁，同登庆历（1041—1048年）第，右仁子桓、孙京、曾孙衍皆登科，联四世；右贤孙良儒、曾孙德之、祖孙又相继登科，德之且为四川类省试第一，可谓盛也。⑥

成都郫县李氏至仁宗时，六兄弟中有四人中进士。⑦ 与之同族的蜀州晋原李氏，亦有李彤登庆历六年（1046）进士第。⑧ 郫县王氏之五世王定国，登英宗治平四年（1067）进士第。⑨

眉州丹棱杨氏自杨恂登元丰五年（1082）进士第，"官不过承议郎以殁，其后衣冠不断如缕"⑩。

眉山青神史氏至史通时，始中哲宗元祐三年（1088）进士第。其后

① 参见（宋）佚名《氏族谱》，载《巴蜀丛书》第1辑，第260页；（宋）吕陶《净德集》卷22《朝请大夫知邛州常君墓志铭》，武英殿聚珍版丛书本。
② 参见（宋）佚名《氏族谱》，载《巴蜀丛书》第1辑，第268页。
③ 参见王德毅《宋代的成都范氏及其世系》，载《庆祝邓广铭教授九十华诞论文集》，河北教育出版社1997年版。
④ 参见（宋）吕陶《净德集》卷23《承事王府君墓志铭》，武英殿聚珍版丛书本。
⑤ 参见（宋）李降《梁子中墓志铭》，载傅增湘辑《宋代蜀文辑存》卷40，第529—530页。
⑥ 参见（宋）佚名《氏族谱》，载《巴蜀丛书》第1辑，第285页。
⑦ 参见（宋）文同《丹渊集》卷38《李公泽墓志铭》，四部丛刊本。
⑧ 参见（宋）吕陶《净德集》卷25《李太博墓志铭》，武英殿聚珍版丛书本。
⑨ 参见（宋）佚名《氏族谱》，载《巴蜀丛书》第1辑，第276页。
⑩ （宋）魏了翁：《鹤山集》卷70《杨君庆崇墓志铭》，四部丛刊本。

"族大多显人"。陈氏至陈希亮时，始举仁宗天圣五年（1027）进士。①

梓州通泉蹇氏之蹇颀，举元丰五年（1082）进士第二。②

汉州绵竹张氏入蜀后不仕，至五世张咸，始中元丰二年（1079）进士。而其家族要到南宋才显赫起来。杨氏亦入蜀后数代不仕，至杨绘时，始中仁宗皇祐五年（1053）进士第二。③

邛州临邛常氏至常溥时，始登仁宗景祐五年（1038）进士。其后常氏科宦不断。邛州蒲江宋氏至北宋中期的第八世，始有中进士者。④

蜀州新津张氏至第八世，有兄弟七人，张唐英中皇祐元年（1049）进士，张商英登治平二年（1065）进士第。陈氏自五代以来无仕者，至陈叔献始中皇祐元年（1049）进士第。⑤

普州冯氏四代不仕，至冯如晦，始登庆历六年（1046）进士第。⑥

剑州杜氏至庆历（1041—1048 年）中，始有中进士者。⑦

以上列举之 24 家（以列表之居住地计算），几乎都是在仁宗至神宗时（1023—1078 年）开始在科举上取得成功的，这正是北宋的中期。科举的成功，是靠艰苦努力换来的。成都张氏至仁宗宝元（1038—1040 年）中始有张起登进士第，《氏族谱》的作者在记述张氏时，就曾感慨地说："是故族也，起家尤难如此！"⑧

有的家族直到北宋末年甚至南宋时才崛起，有的家族到南宋才显达。如成都施氏，至十世孙施庭臣、施德修时，俩从兄弟始同登徽宗宣和

---

① 参见（宋）唐庚《眉山唐先生文集》卷 15《史子深墓志铭》，四部丛刊本；（元）虞集《道园学古录》卷 20《史氏程夫人墓志铭》，四部丛刊本；（宋）范镇《陈少卿希亮墓志铭》，载傅增湘辑《宋代蜀文辑存》卷 10，第 161—163 页。（元）脱脱等《宋史》卷 298《陈希亮传》记陈希亮为天圣八年进士。

② 参见（宋）魏了翁《鹤山集》卷 75《朝奉大夫知荣州蹇君墓志铭》，四部丛刊本。

③ 《朱熹集》卷 95《少师保信军节度使魏国公致仕赠太保张公行状》，第 4800 页；（宋）范祖禹《范太史集》卷 39《天章阁待制杨公墓志铭》，文渊阁《四库全书》影印本。

④ 参见（宋）吕陶《净德集》卷 24《尚书屯田郎中致仕常公墓志铭》、卷 26《著作佐郎致仕宋府君墓志铭》，武英殿聚珍版丛书本。

⑤ 参见（宋）范镇《张寺丞文蔚墓志铭》，载傅增湘辑《宋代蜀文辑存》卷 10，第 166 页；（宋）文同《丹渊集》卷 38《秘书丞陈君墓志铭》，四部丛刊本。

⑥ 参见（宋）文同《丹渊集》卷 39《秘书丞冯君墓志铭》，四部丛刊本；（宋）魏了翁《鹤山集》卷 39《绵州通判厅二贤祠堂记》，四部丛刊本。

⑦ 参见（宋）文同《丹渊集》卷 37《殿中丞杜君墓志铭》，四部丛刊本。

⑧ 《巴蜀丛书》第 1 辑，第 254 页。

（1119—1125 年）第。庭臣子仲舒、德修从子晋乡俱登南宋高宗绍兴（1131—1162 年）第，仲舒子裴又世其科。① 隆州仁寿虞氏至虞祺时，登徽宗政和（1111—1118 年）进士第，而其家族之显赫则在南宋。② 如前所述，绵竹张氏也是到南宋才显赫起来的。成都新都沈氏，至南宋绍兴时始有进士。③ 简州许氏一直不显，至南宋庆元五年（1199），有许奕中进士第一。④

成都郫县何伟登太平兴国（976—984 年）进士。⑤ 绵州盐泉苏氏自苏传素随僖宗入蜀后，其曾孙苏协中后蜀广政十八年（955）进士，协长子苏易简则中宋太宗太平兴国五年（980）进士第，官至参知政事。易简子苏耆为真宗大中祥符五年（1012）进士。耆子苏舜钦中仁宗景祐元年（1034）进士。⑥ 嘉州洪雅田氏至田锡时，登太平兴国三年（978）进士第。⑦ 此乃入宋后少数崛起较早的家族。

有的家族在宋代未能重振。如彭州郑氏为唐相郑覃之后，入宋以后，该家族再也没有振兴起来。⑧ 广安军新明陈氏，至北宋末年，仍居乡里，无人出仕。⑨ 合州合阳李氏至南宋绍兴十三年（1143）时，仍无获取功名者。昌州解氏家财雄厚，并且极力培养子弟，求取功名，却不遂意。⑩ 查昌彼得、王德毅等编《宋人传记资料索引》及许肇鼎《宋代蜀人著作存佚录》，亦找不到有关该家族的记载。

上一节谈到，居住环境的差异，有可能影响士族迁蜀以后的发展。

---

① 参见（宋）佚名《氏族谱》，载《巴蜀丛书》第 1 辑，第 273 页。

② 参见（宋）杨万里撰，辛更儒笺校《杨万里集笺校》卷 120《宋故左丞相节度使雍国公赠太师谥忠肃虞公神道碑》，第 4603—4637 页。

③ 参见（宋）佚名《氏族谱》，载《巴蜀丛书》第 1 辑，第 295—296 页。

④ 参见（宋）魏了翁《鹤山集》卷 69《许公神道碑》，四部丛刊本。

⑤ 参见（宋）佚名《氏族谱》，载《巴蜀丛书》第 1 辑，第 276 页。

⑥ 参见张邦炜《宋代盐泉苏氏剖析》，《新史学》1994 年第 1 期。

⑦ 参见（宋）范仲淹《田司徒墓志铭》，载（宋）田锡撰，罗国威校点《咸平集》，巴蜀书社 2008 年版，第 2 页。

⑧ 参见（宋）任忠厚《李孺人郑氏墓志铭》，载傅增湘辑《宋代蜀文辑存》卷 40，第527—528 页。查昌彼得、王德毅等编《宋人传记资料索引》及许肇鼎《宋代蜀人著作存佚录》，均无该家族的记载。

⑨ 参见（宋）李新《跨鳌集》卷 29《陈隐士碣铭》，文渊阁《四库全书》影印本。

⑩ 参见（宋）汝孝《解瑜墓碑记》，载中华民国《大足县志》卷 1，中华民国三十四年（1945）铅印本。

而同样居住于成都的迁蜀士族，其在宋代的发展也有不同，这又如何解释呢？在宋代，士族的兴衰，与科举密切相连，而科举成功与否，又受家庭教育、经济状况、孩子资质和健康状况，甚至运气等诸多因素的制约。如成都郫县李氏之李希圣以善教子著称，他有六个儿子，"方五六岁时，即使诵诗书，日须数百字。虽携抱玩戏，不以他习眩其耳目。稍长，不复出户外，至于饮食动止、一语一笑，皆不离文字间。凡风俗遨游、奔集之盛，如灯夕、药市者，去其居不远，未尝闻知也。早夜训饬，月考岁练，积之数稔，术业用成"①。其子慎修十六岁、慎交十四岁同时擢第，慎微取皇祐元年（1049）高第。李希圣去世后，其四子慎从乃"脱身治产"，供养家庭，并督促其弟慎用、慎思学习，慎思中皇祐五年（1053）进士。② 而昌州大足解氏之解靖，"多学术，工笔札，家赀亿万，豪冠两蜀"。其子解瑜天资聪敏，治学亦佳，却应进士举不遂。乃花钱买官，方图效官奋迹，却又患病早逝。③ 总之，迁蜀士族在宋代的不同发展，情况相当复杂，这里仅举二例而已。至于迁蜀士族大多崛起于北宋中期的原因，笔者暂可提出两点解释：一是经历唐末五代之乱，蜀士多不愿出仕，史籍中颇多这类记载；二是自太宗淳化时张咏治蜀起，历任官员兴学荐士对蜀士科举入仕的鼓励和推动。限于篇幅，这里不能详论。而要全面解释其原因，则需结合时代背景，并与其他四川及宋朝各地的士族联系起来加以考察，方能给以恰当的解释。这些都有待另文加以详细讨论。

四

最后我们来分析这些迁蜀士族在宋代四川所处的地位。先看政治方面。

---

① （宋）吕陶：《净德集》卷25《秭归县令李君墓志铭》，武英殿聚珍版丛书本。吕陶记李希圣有五子，实为六子。

② 参见（宋）吕陶《净德集》卷25《秭归县令李君墓志铭》，武英殿聚珍版丛书本；（宋）文同《丹渊集》卷38《李公泽墓志铭》，四部丛刊本。

③ 参见（宋）汝孝《解瑜墓碑记》，载中华民国《大足县志》卷1，中华民国三十四年（1945）铅印本。

官至宰执者，北宋有苏易简（绵州盐泉，太宗时）、范百禄（成都华阳，哲宗时）、张商英（蜀州新津，徽宗时）；南宋有张浚（汉州绵竹，高宗、孝宗时）、虞允文（隆州仁寿，孝宗时）、杨栋（眉山青神，度宗时）、常楙（恭帝时），张、虞为南宋抗金名相。

堪称名臣者，北宋有田锡（嘉州洪雅），范镇、范祖禹（成都华阳），陈希亮（眉州青神），张唐英（蜀州新津），杨绘（汉州绵竹），常安民（邛州临邛）。南宋则有刘光祖（简州阳安），张忠恕（汉州绵竹），吴昌裔、吴泳（梓州中江），许奕（简州）。田锡为太宗、真宗两朝名臣，范仲淹曾为其撰墓志铭，司马光为其撰神道碑。范镇，历仕仁宗、英宗、神宗三朝；范祖禹与叔父范百禄均历仕仁、英、神、哲四朝，经历了北宋中期从熙丰变法、元祐更化到绍述之政等所有重大历史时期。[1] 陈希亮为仁宗朝名臣，张唐英与杨绘均历仕仁、英、神三朝。常安民为神宗、哲宗朝名臣。刘光祖历仕孝宗、光宗、宁宗三朝，尤为孝宗所赏识。张忠恕与吴昌裔俱仕宁宗、理宗二朝，昌裔兄吴泳与许奕俱为宁宗朝名臣。

再看学术方面。（1）史学方面。成都华阳范氏乃史学世家，范镇参与了《新唐书》《仁宗实录》《玉牒》《日历类编》等史书的编撰，"凡朝廷有大述作、大议论，（镇）未尝不与"[2]。范祖禹乃司马光修《资治通鉴》之主要助手，其自撰《唐鉴》，影响较大。范冲则主持重修《神宗实录》《哲宗实录》及自撰史书多种。蜀州新津张唐英"有史材，尝著《仁宗政要》《宋名臣传》《蜀梼杌》行于世"[3]，尤以《蜀梼杌》知名。

（2）理学方面。汉州绵竹张栻乃当时与朱熹齐名的理学家，其弟子范仲黼（成都华阳）学问醇固，朱熹与吕祖谦"皆推敬之"[4]。成都华阳范子长、范子该及隆州仁寿虞刚简亦为南宋晚期理学家。

---

① 参见胡昭曦《宋代"世显以儒"的成都范氏家族》，《胡昭曦宋史论集》，西南师范大学出版社1998年版。

② （宋）苏轼著，孔凡礼点校：《苏轼文集》卷14《范景仁墓志铭》，中华书局1986年版，第442页。

③ （元）脱脱等：《宋史》卷351《张唐英传》，第11099页。

④ （清）黄宗羲原著，全祖望补修，陈金生、梁运华点校：《宋元学案》卷72《二江诸儒学案》，第2410页。

（3）文学方面。绵州盐泉苏舜钦为北宋中期著名文学家。[①]《宋元学案》中以四川学者为主体的有《范吕诸儒学案》《华阳学案》《南轩学案》《二江诸儒学案》《鹤山学案》《苏氏蜀学略》，除《鹤山学案》外，其他五个都以迁蜀士族为主体，而僖宗时迁蜀士族更占四个。《范吕诸儒学案》中的范氏指成都华阳范镇，华阳指范祖禹，南轩是汉州绵竹张栻，《二江诸儒学案》中则有华阳范氏和隆州仁寿虞氏多人。

由上述可知，在宋代四川人才中，无论是为官还是做学问，这些僖宗时迁蜀士族均占有举足轻重的地位。如再算上唐以来其他时期迁蜀的士族，则更能凸显他们的地位。像位列唐宋八大家的三苏（眉州眉山），兄弟三人俱中进士，其中两人为状元的陈尧叟、尧佐、尧咨（阆州阆中），南宋著名史学家李焘（眉州丹棱），等等。[②] 所有这些迁蜀士族，不仅代表了宋代蜀人在政治上取得的最高成就，而且在学术上亦代表了宋代四川学术文化中文学、史学和哲学的最高成就。

结　语

唐末北方的动乱，导致大量的士族南迁，巴蜀地区成为唐都长安、京兆士族的主要避难所。他们迁居蜀中，躲过了唐末的灭顶之灾，得以幸存下来，灿烂的唐文化，其中相当部分也因为他们而得以保存和流传。经过五代前后蜀及宋初相对安定环境的孕育，相当一部分迁蜀士族通过科举，得以重新崛起，无论是在政治上还是学术上，都取得了辉煌的成就。虽然蜀地自西汉以来即号称文化发达之区，但一直不能与北方发达地区等量齐观。宋代四川文化发达，蜀中人才辈出，常常是一家数子或数代俱登进士，历任地方、朝廷官职，位列宰执高位者，以及当朝名臣、学术巨匠亦不在少数，较之中原与东南，毫不逊色。近人孙鸿猷《宋代蜀文辑存序》称："《宋史》列传八百余人，而蜀中一隅之地，多至百数

---

① 盐泉苏氏因苏舜钦之祖父苏易简任官而迁居开封，但人们通常仍视苏舜钦为蜀人，且盐泉苏氏仍有族人留居于蜀。参见（宋）魏了翁《鹤山集》卷84《苏伯起振文墓志铭》，四部丛刊本。

② 限于篇幅，有关唐以来其他时期迁蜀士族，将另文加以讨论。

十名，其他见于故书雅记者，犹数倍于兹。终两宋之世，吾蜀人才臻于极盛，殆自来所未有。其人且率皆文学、政事、史才之选，徒以武勇取功名者绝罕。"① 宋代四川达到了近代以前历史发展的最高峰，明清两代均不能企及，唐以来迁蜀士族为此作出了重大贡献，仅仅是对唐僖宗时迁蜀士族的考析，已能明白这一点。宋代四川的兴盛，是中原文化与四川本土文化相结合，在宋代适宜的制度和环境（如重视文人、扩大科举、兴办教育及较为宽松的学术环境等）配合下孕育出来的。江西与福建两地在宋以前都是落后地区，而在宋代却一跃成为文化最发达地区，它们是否也有与四川类似的原因呢？宋代文化的高度发展，其原因固然是多方面的，但笔者相信，类似这样的研究，对加深我们的理解，无疑是有益的。

迁蜀士族主要聚居于川西平原及川中北部地区，因此，四川西部发达，东部落后的格局，在蒙古攻宋以前，迄无多少改变。由于成都及其周围地区集中了大多数迁蜀士族，便于交往，他们与四川本土士族一起，形成了一个庞大的士族群体，成为宋代四川学术文化的主流。这样的士族群体，有许多值得探讨的内容有待开拓或深入研究。

迁蜀士族入宋以后，命运各异。有的未能重振，有的到北宋末甚至南宋时才重新崛起；大多数则崛起于北宋中期，而此时正好是宋代文化兴起之重要转折期。对地方发展情况的微观研究，显然有助于我们深化对这一重要转折期的认识。而要详细讨论这些问题，则只好留待另撰专文了。

（原载张其凡、陆勇强主编《宋代历史文化研究》，人民出版社 2000年版）

---

① 傅增湘辑：《宋代蜀文辑存》卷首，第 8 页。

"乡先生"

——一个被忽略的宋代私学教育角色

宋代崇尚学术文化，科举规模扩大，政治环境较为宽松，政府与士大夫大力兴学，加之社会经济发展，印刷业昌盛，书籍容易获得，凡此种种因素，导致宋代官、私教育空前普及和发达。书院是宋代私学教育的重要组成部分，历来为学者所重视，有关研究亦颇多，其他有关中国书院史之诸多专著，亦以宋代为讨论之重点。然而，宋代私学教育的另一个重要部分——乡先生的私学教育，却未引起学者之足够重视。虽然一些学者的论著中曾提到乡先生（或民间私学教师）①，却未从整体上意识到这一角色在宋代私学教育中的重要性（或语焉不详），迄今未见有专门研究论著发表。笔者拟以宋代四川地区为例，对"乡先生"这一角色作初步的探讨，期抛砖引玉，以就教于方家。

一

何谓"乡先生"？《辞源》释曰：

---

① 如杨荣春《中国封建社会教育史》，第222—229页（广东人民出版社1985年版）；毛礼锐、沈灌群主编《中国教育通史》第3卷，第38—42页（山东教育出版社1987年版）；刘复生《北宋中期儒学复兴运动》，第156页（台北：文津出版社1991年版）；苗春德主编《宋代教育》，第79—86页（河南大学出版社1992年版）；陈世松、贾大泉主编《四川通史》，第4册，第268—270页（四川大学出版社1994年版）；吴霓《中国古代私学发展诸问题研究》，第186—188页（中国社会科学出版社1996年版），都有宋代私学的讨论。

年老辞官居乡的人。《仪礼·士冠礼》:"奠挚见于君,遂以挚见于乡大夫乡先生。"注:"乡先生,乡中老人,为卿大夫致仕者。"又《乡饮酒礼》:"主人就先生而谋宾介。"注:"先生,乡中致仕者。……古者年七十而致仕,老于乡里,大夫名曰父师,士名曰少师,而教学焉。"①

《辞海》释曰:

古时尊称辞官居乡或在乡任教的老人。《仪礼·士冠礼》:"遂以挚见于乡大夫、乡先生。"郑玄注:"乡先生,乡中老人为卿大夫致仕者。"又《乡射礼》:"以告于乡先生君子可也。"贾公彦疏:"先生,谓老人教学者。"②

台湾版《辞海》同样引上海版《辞海》之史料后云:"按两训义实相成,致仕之乡先生教于乡,故疏云然。"③ 以上解释之"乡先生",乃上古之意,然而,上述三部工具书均未言及"乡先生"词义自上古以后之演变。该词意义在隋唐以前之演变,尚待稽考,但至少到宋代,"乡先生"一词之含义已有了较大变化。

北宋四川知名学者、成都郫县(今成都市郫都区)人杨天惠在《乐善郭先生(绛)诔》中解释说:

孟子论士,以为入而独善其身,则仁义忠信乐善不倦;出而私淑诸人,则孝弟忠信诲人不倦。如此人者,盖古之所谓天之君子,而今之所谓"乡先生"者也。④

---

① 《辞源》,商务印书馆1981年修订版,第4分册,第3117页。
② 《辞海》,上海辞书出版社1989年版,上册,第250页。
③ 《辞海》,台北:中华书局1980年增订本,下册,第4399页。
④ 傅增湘辑:《宋代蜀文辑存》卷26,香港:龙门书店1971年影印本,第370页。李弘祺认为:"把孔子的私人教育加以实践并推广的当然是孟子。"见其《绛帐遗风——私人讲学的传统》,载《中国文化新论·学术篇:浩瀚的学海》,台北:联经出版事业公司1983年修订再版,第357页。

简单地说，宋代所谓"乡先生"者，常常是指民间私学教师，以教人子弟为业。亦即后世所谓私塾教师。一般而言，"乡先生"以教授儒家经典为主，同时也兼有杨天惠借孟子之言而提出的道德说教者的角色，以传播儒家伦理为己任。杨天惠认为郭绛（字长孺，成都人）就是这样的"乡先生"。故"乡先生"一词在宋代已非年老致仕而居乡者之专有尊称，亦非专指老人教学者。

查"中央研究院"历史语言研究所制作之"二十五史中文全文检索系统"中"乡先生"一词，共录得 11 条，计《宋史》4 条，《元史》5 条，《明史》及《清史稿》各 1 条。首见于《宋史》卷 317《邵亢传》的记载云："［邵亢］方十岁，日诵书五千言，赋诗豪纵，乡先生见者皆惊伟之。"① 此处意义不明，既可能指乡之有德望者，亦可能指私学教师。同书卷 418《文天祥传》谓："［天祥］自为童子时，见学宫所祠乡先生欧阳修、杨邦乂、胡铨像，皆谥'忠'，即欣然慕之。"② 这显然指的是乡贤。而同书卷 337《范镇传》记范镇"少受学于乡先生庞直温"，卷451《赵良淳传》云"良淳少学于其乡先生饶鲁"，就指的是私学教师了。③《元史》所载五条，有两条意义不明确，另三条则明指私学教师。④《明史》的一条见于《礼志》中，故仍为上古之义。⑤《清史稿》的一条亦明指私学教师。⑥

---

① （元）脱脱等：《宋史》卷 317《邵亢传》，中华书局 1977 年点校本，第 10335 页。

② （元）脱脱等：《宋史》卷 418《文天祥传》，第 12533 页。

③ 参见（元）脱脱等《宋史》卷 337《范镇传》，第 10790 页；卷 451《赵良淳传》，第 13265 页。

④ 意义不明确的两条见明初宋濂等修《元史》（中华书局 1976 年点校本）卷 160《王鹗传》："鹗始生，有大鸟止于庭，乡先生张斋曰：'鹗也。是儿其有大名乎！'"（第 3756 页）卷 178《刘敏中传》："刘敏中……幼卓异不凡，年十三，语其父景石曰：'昔贤足于学而不求知，丰于功而不自衒，此人所弗逮也。'父奇之。乡先生杜仁杰爱其文，极称之。"（第 4136 页）；明指私学教师的三条是，卷 182《欧阳玄传》："欧阳玄……八岁能成诵，始从乡先生张贯之学，日记数千言，即知属文。"（第 4196 页）卷 189《同恕传》："恕安静端凝，羁丱如成人，从乡先生学，日记数千言。年十三，以书经魁古学校。"（第 4327 页）卷 190《陈旅传》："陈旅……惟笃志于学，于书无所不读。稍长，负笈至温陵，从乡先生傅古直游，声名日著。"（第 4347 页）

⑤ 参见（清）张廷玉等《明史》卷 54《礼志八》，中华书局 1974 年点校本，第 1386 页。

⑥ 赵尔巽等《清史稿》卷 480《施璜传》载："施璜……少应试，见乡先生讲学紫阳，瞿然曰：'学者当如是矣！'遂弃举业，发愤躬行。"（中华书局 1977 年点校本，第 13116 页）其后施璜即以教人子弟为业。

《宋史》中的"乡先生"一词虽然不多，但宋人文集中却屡不绝书，且许多是指私学教师。如南宋绍兴时眉州（治今四川眉山）人史尧弼在所著《莲峰集》中写道：

> 夫人平生喜尊礼师儒，出于天性。始［张］者之父岷少从其伯父张公正己学文，教授为乡先生，夫人使［其子杨］松从受业，积十余年，敬爱日加于初。①

在这条史料中，史尧弼很明确地用"乡先生"来指称民间私学教师。

我们再看看四川以外其他地区的情况。北宋山东东平（今山东东平）人刘跂（宰相刘挚子）《学易集》卷6《东原集序》云："昔我先人，蚤以诸生从乡先生龚公学。"南宋杨万里《诚斋集》卷81《罗氏一经堂集序》云："庐陵（今江西吉安）有乡先生曰罗天文，以诗学最高，学者争从之。……于束脩之问虽不却，亦不责，往往贫者从之多于富者之从之也。"又其卷119《奉议郎临川知县刘君行状》云："君讳德礼……父遇为乡先生，授徒数十百人。"刘氏为吉州安福县（今江西安福）人，杨万里为吉州吉水（今江西吉水）人，与庐陵、安福相邻，故所记均为其家乡的情况。南宋刘克庄《后村先生大全集》卷154《大理卿丘公墓志铭》云：泉州安溪（今福建安溪）人丘氏兄弟少时"受春秋学于乡先生余公克济"。又卷157《韩隐君墓志铭》云："君讳永，字昭父，幼刻苦，受业于乡先生弘斋郑公某。"韩永为怀安（今福州市）人。又卷163《黄德远墓志铭》云："余里中有二黄君，缜字德玉，绩字德远。……德玉高科，早卒。德远少与兄齐名，既弱一个，名愈重，遂为乡先生三十年，门人著录牒以数十百计。"又卷165《陈光仲常卿墓志铭》云："陈、刘二氏，父祖世联墙，子弟幼同学。余为童子时，与君及二兄俱受学于乡先生方泽儒。"②刘克庄为福建莆田（今福建莆田）人，其所记均为福建的情况。此类史料尚多，不胜枚举。

---

① （宋）史尧弼：《莲峰集》卷10《杨君夫人彭氏墓志铭》，文渊阁《四库全书》影印本。
② 《学易集》为文渊阁《四库全书》影印本，《诚斋集》和《后村先生大全集》为四部丛刊初编本。

以上所引史料很清楚地表明，无论北宋或南宋，亦无论四川或山东、江西、福建，人们均以"乡先生"一词习称民间私学教师，毋庸置疑。当然，以"乡先生"指乡贤的也不少，有时两者意思都有，这就需要细心加以甄别。笔者所用资料，或为明指私学教师，或为两者意思都有者，凡意义不明确者，一律不采用，以免误解。① 鉴于自宋以后之正史中始有"乡先生"一词，且又于宋人文集中发现宋人以此称呼私学教师之大量事例，这是否意味着，私学教师的大量出现，是宋代才有的事。笔者尚无力探究五代以前之史实，仅此提出问题，以待来者。

二

南宋名相虞允文（隆州仁寿人，今四川仁寿）后代虞集入元以后，谈起故乡的教育云：

> 百十年前，吾蜀乡先生之教学者，自《论语》《孟子》《易》《诗》《书》《春秋》《礼》，皆依古注疏句读，授之正经，日三百字为率；若传注、史书、文章之属，必尽其日力乃止，率晨兴至夜分，不得休，以为常。持身以尚孝友、惇忠信、厉节义为事。其为文多尚左氏、苏子瞻之说。及稍长，而后专得从于周、程之学焉。故其学者虽不皆至博洽，而亦无甚空疏。及其用力于穷理正心之学，则古圣贤之书、帝王之制度，固已先著于胸中。及得其要，则触类无所不通矣。②

虞集这段话表明三点。第一，乡先生的教育从儿童启蒙开始，教学内容严谨，对学生要求十分严格，在传授知识的同时，亦灌输儒家伦理。这些都与前述杨天惠对乡先生的解释相吻合。第二，周、程之学在四川广泛流行，是南宋以后的事③，故虞集所讲，是南宋时的情况；而乡先生之

---

① 本文中所提到的私学教师，有的在史料中未以"乡先生"称之，特予说明。
② （元）虞集：《道园学古录》卷5《送赵茂元序》，四部丛刊初编本。
③ 参见胡昭曦、刘复生、粟品孝《宋代蜀学研究》，巴蜀书社1997年版。

教学，则应是自北宋以来的一贯风格，故为文仍尚苏轼之说。第三，乡先生的教育为士子以后的学习和钻研学问打下了良好的基础。

眉州彭山（今四川彭山）冯损之（985—1075 年）举进士不第，退而讲学诲人：

> 每正席横经，演明大旨。凡训传之殊骋及其肤说，则判别是否归于至当。学者多信向之，往往化而博强。先生常曰："学所以治性修身而充吾之所有，非特夸论辩要利禄为也。能积乎中发而粹乎外，则无愧为君子。"①

冯损之享年 91 岁，所教学生当是不少。

普州安岳（今四川安岳）杨恕（1037—1077 年）为童儿时，日诵千言，稍长，酷爱《左氏春秋》，能从头到尾背诵之，不差一字。乡先生王田"砥砺名节，以教乡闾之子弟，来学者必考其素。至君来，欣然受之曰：'此诸生之表也'"②。可见王田对求学者的要求是很高的。

长宁军刘仲达（1192—1235 年）"教授乡之子弟，先洒扫进退之事，治经必精求义理"③。长宁军（治今四川长宁县南双河镇）在川南，为文化较落后的偏远地区，但乡先生之教学风格，与西川无异。刘仲达生当理学流行之时，故治经强调精求义理。

冯损之、杨恕、刘仲达分别生活于北宋前期、北宋中期和南宋中期，其地域包括了四川西部、中部和南部。冯损之所处的眉州与虞集故乡隆州相邻，刘仲达与虞集所述的时代相当。综上所述，纵贯两宋的四川各地，乡先生教育的风格是基本一致的，唯南宋时教学内容随学术风气而转变，偏重于理学。

---

① （宋）吕陶：《净德集》卷26《长乐冯先生（损之）墓志铭》，武英殿聚珍版丛书本。

② （宋）黄庭坚：《豫章黄先生文集》卷23《杨宽之（恕）墓志铭》，四部丛刊初编本。"王田"，文渊阁《四库全书》影印本《山谷集》作"王由"。

③ （宋）杨栋：《刘仲达墓志铭》，载傅增湘辑《宋代蜀文辑存》卷93，第1179页。

三

宋代四川许多著名学者，曾接受过乡先生的教育。苏轼、苏辙兄弟曾师事眉山人史清卿①，庆历、嘉祐间，又从刘巨学。同时从刘巨学习的还有眉山家氏之家勤国及其从兄家安国、家定国。② 刘巨当为颇负时望的乡先生。家安国、家定国（1031—1094 年）俩兄弟均登进士第，家安国曾任教授，著有《春秋通义》二十四卷等。家定国受欧阳修友人、眉州通判张谷赏识，携至京师，登进士第。家定国工于诗律，为苏辙所称赏，有诗集 30 卷、杂文 10 卷。③ 王安石久废《春秋》学，家勤国愤之，著《春秋新义》。熙宁、元丰诸人纷更，而元祐诸贤矫枉过正，勤国忧之，为筑室，作《室喻》，二苏读之敬叹。④

文史俱佳的北宋名臣、成都华阳范镇（1008—1089 年），"少受学于乡先生庞直温"⑤。成都双流乡先生邓琰以经学授徒，"群聚至数百人，翕然知学"⑥。其子邓至，学问益大，号"二江先生"。邓至"通六经，学者从之甚众。每出入市邑，人皆拱立"⑦。邓氏父子二人皆以私学教师为业，邓至子孙科宦显达，邓至亦以善教子而闻名。范镇与邓至为友，范镇从子范百禄亦从之游。⑧

成都蒲远猷（1011—1092 年）"少而能赋，与女弟幼芝俱有声于剑

---

① （清）王梓材、冯云濠撰，杨世文等校点：《宋元学案补遗》卷 99《苏氏蜀学略补遗》，人民出版社 2012 年版，第 3849 页。
② 参见（元）脱脱等《宋史》卷 390《家愿传》，第 11949 页。
③ 参见（宋）吕陶《净德集》卷 23《朝请郎新知嘉州家府君（定国）墓志铭》，武英殿聚珍版丛书本。
④ 参见（元）脱脱等《宋史》卷 390《家愿传》，第 11949 页。
⑤ （宋）苏轼著，孔凡礼点校：《苏轼文集》卷 14《范景仁（镇）墓志铭》，中华书局 1986 年版，第 441—442 页。
⑥ （宋）佚名撰，（元）费著修订，谢元鲁点校：《氏族谱》"邓氏"条，载《巴蜀丛书》第 1 辑，巴蜀书社 1988 年版，第 286 页。
⑦ 嘉庆《四川通志》卷 144《人物志二·邓至传》，台北：华文书局 1967 年版，第 4381 页。
⑧ （宋）佚名撰，（元）费著修订，谢元鲁点校：《氏族谱》"邓氏"条，载《巴蜀丛书》第 1 辑，第 286 页。

南"，与黄庭坚为友。蒲远猷曾学赋于代渊，受《易》于任维翰，学《诗》于周式，受《太玄》于徐庸，黄庭坚称其"皆从蜀之大儒"①。代渊为著名乡先生（详见本文第四部分），任维翰生平不详，只知其为私学教师。"乡先生任维翰若释中古，皆通经，善讲解，悉从之游。"成都双流章詧（993—1068 年）未冠治经术，往来成都，求师质问大义，亦从任维翰学，"得其要旨妙论"②。章詧博通经学，尤长于《易》、扬雄《太玄经》。③

眉山赵蒙之父马服先生以文章道义游两蜀，声名卓著，士人欲宗师之。北宋中期著名蜀籍学者文同曾从其学《易》。赵蒙之父虽为乡先生，但在他出生数月后便被聘去他郡做私人教师，十四年不归。赵蒙母亲从小教其学书念文字，"既冠，遣从师为词章"，亦从乡先生学习。后赵蒙登仁宗嘉祐进士第。④

资州（治今四川资中）李石（1108—？ 年）为著名经学家，年九岁，从学于乡先生张子觉。李石在其所撰《支兴道（时起）墓志铭》中云：

> 张子宽（觉）先生，易师也。以小学教授，虽童稚胜衣者登其门，皆以著数授之。凡前辈读《易》有声场屋者，自其门出。石年九岁，与支君兴道、吴君德骏同游先生之门，先生遇之，不以童稚

---

① （宋）蒲远猷：《自撰墓志》，载傅增湘辑《宋代蜀文辑存》卷17，第256页；（宋）黄庭坚：《豫章黄先生文集》卷24《蒲仲舆（远猷）墓碣》，四部丛刊初编本。

② （宋）吕陶：《净德集》卷28《冲退处士章詧行状》，武英殿聚珍版丛书本。嘉庆《四川通志》卷144《人物志二·何维翰传》记："何维翰，字叔良，成都人。南省不第，遂不复应举，居乡里，以教导为事。薛简肃奎荐其文行，赐粟帛。韩魏公琦安抚剑南，时蜀大旱，维翰募民间，得米千斛以助赈济。琦嘉之，荐授四门助教，辟府学说书。"（第4378页）薛奎于仁宗天圣四年至六年（1026—1028）知益州，其时任维翰的学生蒲远猷为16岁至18岁。何维翰很可能就是任维翰，"何"乃"任"之笔误。周式为湘阴人，曾官国子助教、岳麓书院山长，讲道著书，为诗书名儒，是成都名士张崇文（字春卿）之婿。[参见文同《丹渊集》卷40《华阳县君杨氏墓志铭》，四部丛刊初编本；（清）王梓材、冯云濠撰，杨世文等校点《宋元学案补遗》卷6《士刘诸儒学案补遗·国簿周先生式》]徐庸为三衢人，仁宗时官至直集贤院，著有《周易意蕴》，其论《易》祖刘长民（牧），兼本陆秉。（参见黄宗羲原著，全祖望补修，陈金生、梁运华点校《宋元学案》卷2《泰山学案》，中华书局1986年版）周、徐二人均非蜀人，当寓居于蜀。

③ 参见（元）脱脱等《宋史》卷458《章詧传》，第13446页。

④ 参见（宋）文同《丹渊集》卷40《寿安县太君何氏墓志铭》，四部丛刊初编本。

句读也。①

李石《自叙》又云其"探象数于钓道先生"②。钓道先生即张子觉。李石弟李占幼学于其兄，甫冠，从学于乡先生何三捷。③ 李石、李占兄弟之学术，既得之于家学，又得之于乡先生。

眉州杨天倪（字致一）、刘真（字子野）、史渐（字鸿渐）皆以经术教授乡里，眉州青神（今四川青神）杨泰之（1169—1230 年）幼从黄裳学（参见本文第四部分），后又历登杨、刘、史之门，皆列高第。④ 杨、刘二氏生平不详，史渐曾做过成都府学教授，《宋代蜀文辑存》收有其文三篇。⑤ 杨泰之后来成为精通经史的学者，著述甚多。⑥

邛州（治今四川邛崃）蒲江（今四川蒲江）魏了翁（1178—1237年）乃晚宋最重要的理学家之一，与真德秀齐名。魏了翁为其三兄所撰《知黎州兼管内安抚高公（崇）行状》云："［高崇］幼英悟，受学于乡先生杜德称希仲，为文宏以肆，声律所不能束。"⑦ 不仅高崇（1173—1232 年），魏了翁自幼与内外群从兄弟皆从乡先生杜希仲游，"虫飞而兴，日三商而罢，夜窗率漏下二十刻，受馆十余年，犹一日也。厥后弟兄连年举进士第，析圭持节者相望"⑧。首先是魏了翁登宁宗庆元五年（1199）进士第，接着是了翁同产兄高载、高定子登嘉泰二年（1202）第，从弟

① （宋）李石：《方舟集》卷15《支兴道（时起）墓志铭》，文渊阁《四库全书》影印本。
② （宋）李石：《方舟集》卷10《自叙》，文渊阁《四库全书》影印本。（清）王梓材、冯云濠撰，杨世文等校点《宋元学案补遗》卷99《苏氏蜀学略补遗》则把"钓道"作"锡道"（校点本第3909页）。
③ 参见（宋）李石《方舟集》卷17《云巢子（李占）墓志铭》，文渊阁《四库全书》影印本。
④ 参见（宋）魏了翁《鹤山先生大全文集》（以下简称《鹤山集》）卷81《大理少卿直宝谟阁杨公（泰之）墓志铭》，四部丛刊初编本。
⑤ 三文载傅增湘辑《宋代蜀文辑存》卷62（第798—799页），其中《涌泉寺碑》记史渐任成都府学教授。
⑥ 参见许肇鼎《宋代蜀人著作存佚录》，巴蜀书社1986年版，第392—393页。
⑦ 参见（宋）魏了翁《鹤山集》卷88《知黎州兼管内安抚高公（崇）行状》，四部丛刊初编本。
⑧ 参见（宋）魏了翁《鹤山集》卷83《杜隐君（希仲）墓志铭》，四部丛刊初编本。

魏文翁登嘉定四年（1211）第，同产兄高稼、高崇登嘉定七年（1214）第。① 魏了翁撰《荣州司户何君（普）墓志铭》云："余生四年，从乡先生何君德厚授书数方名，未期岁，更他师。"② 则魏了翁的启蒙老师是何普（字德厚，1142—1208 年），随后所更换的老师，应该就是杜希仲，了翁与内外群从兄弟从其学习十余年。17 岁时，魏了翁又转"从乡先生章公（寅臣）游，先生必迪以义理，语辄心解，似不以凡儿畜之"。魏了翁描述章寅臣（1156—1225 年）"嗜讲学，虽事剧，不废䌷绎"③。章寅臣将教学视为人生之嗜好，自然会倾注极大的热情去从事之。教授魏了翁的这三位乡先生，都是邛州蒲江人，与了翁同邑。魏了翁在 22 岁登第以前，就先后接受了三位乡先生的教育，这对他的成长有着重要影响。

魏了翁三兄高崇幼时亦受学于乡先生杜希仲，后承父命又从李惟正学《周礼》，未冠，已驰声士林。其后再入成都府学学习，登进士第。④ 李惟正（1152—1212 年），字中父，蒲江人，少力学，诵书穷晨夜。长游成都学宫，受知于隆州井研（今四川井研）李舜臣（李心传之父），遂宁杨辅、杨甲兄弟，成都勾昌泰，眉山苏诜。年四十一，登光宗绍熙四年（1193 年）进士第。⑤

魏文翁少与从兄魏了翁"同居共学"⑥，既冠，又从乡先生李坤臣学。李坤臣（1168—1221 年），字中父，邛州人，"贫无澹（担）储，受徒以

---

① 参见胡师昭曦教授《诗书持家，理学名门——宋代蒲江魏氏家族研究》，载《中国近世家族与社会学术研讨会论文集》（台北："中央研究院"历史语言研究所 1998 年印行）。魏了翁祖母之兄高黄中无子，将了翁之父过继高家，生高载、高稼、高崇、高定子、高茂叔、魏了翁六子。后伯父魏士行无子，了翁还继魏家。

② （宋）魏了翁：《鹤山集》卷 71《荣州司户何君（普）墓志铭》，四部丛刊初编本。

③ （宋）魏了翁：《鹤山集》卷 82《雒县丞章公（寅臣）墓志铭》，四部丛刊初编本。（清）王梓材、冯云濠撰，杨世文等校点《宋元学案补遗》卷 80《鹤山学案补遗》云："章寅臣……尝为乡先生，魏华父了翁从之游。先生讲学，虽事剧，不废䌷绎。"（第 2943 页）卷 99《苏氏蜀学略补遗》云："张子觉，方舟易师也。为乡先生，以小学教授。"（第 3909 页）此二例表明，《宋元学案补遗》的作者亦是明确以"乡先生"一词指称私学教师的。

④ 参见（宋）魏了翁《鹤山集》卷 88《知黎州兼管内安抚高公（崇）行状》，四部丛刊初编本。

⑤ 参见（宋）魏了翁《鹤山集》卷 72《签书剑南西川判官李君（惟正）墓志铭》，四部丛刊初编本。

⑥ （宋）魏了翁：《鹤山集》卷 81《朝议大夫知叙州魏公（文翁）墓志铭》，四部丛刊初编本。

自给"①，曾被邛州大邑（今四川大邑）刘氏聘为家庭教师。魏文翁"闻郡人李中父坤臣以明经教授乡里，除馆致之"②。魏了翁从子高斯得（高稼子）亦少从李坤臣学，后入太学，中理宗绍定二年（1229）进士第，官至执政，为宋末重要学者。③

蒲江魏高氏两代七位登科入仕者，有三人官至执政（魏了翁、高定子、高斯得），两人曾任翰林学士（高定子、高斯得），一人曾兼侍读（魏了翁），在学术上都有相当造诣，尤以魏了翁最为著名。④ 他们都曾经共同或分别从一至数位乡先生学习，可以说，蒲江魏高氏在魏了翁这一代的勃兴，受乡先生的教育是很重要的因素。魏了翁曾谈道："某少闻诸父兄曰，吾乡蒲江，其俗质实而近本，以除塾馆士、教子务学竞相标尚。高魏氏所馆多贤，屈指姓名，尤称彭山二宋君。"⑤ 这表明，聘请乡先生教子务学，乃蒲江民俗时尚，魏高氏亦不例外。魏了翁提到的彭山二宋君，就是魏高氏早期聘请的乡先生，宋蕴（字元发，1136—1200 年）与其从弟宋希祖（字绍庭，一作宋希）。二宋乃眉州秀彦，未冠即有声乡曲，经史百家触手成编，从之学者甚众。二人同登孝宗淳熙五年（1178）进士第。高道充（魏了翁从兄，1154—1221 年）⑥ 年十八丧父，从祖高深甫以其不凡，为其除塾招二宋教之，与深甫诸子共同学习。高道充从二宋学戴氏礼，兼通诸经，亦善词赋。高道充"与绍熙三年（1192）、嘉泰四年（1204）宾荐，声问益彰，士之负笈请益者踵相接，近郡邑竞致

---

① （宋）魏了翁：《鹤山集》卷 77《李中父（坤臣）墓志铭》，四部丛刊初编本。

② （宋）魏了翁：《鹤山集》卷 81《朝议大夫知叙州魏公（文翁）墓志铭》，四部丛刊初编本。

③ 参见（元）脱脱等《宋史》卷 409《高斯得传》，第 12322—12328 页。

④ 参见胡昭曦《诗书持家，理学名门——宋代蒲江魏氏家族研究》，载《中国近世家族与社会学术研讨会论文集》，台北："中央研究院"历史语言研究所 1998 年印行。

⑤ （宋）魏了翁：《鹤山集》卷 80《果州流溪县令通直郎致仕宋君（蕴）墓志铭》，四部丛刊初编本。

⑥ 参见昌彼得、王德毅等编《宋人传记资料索引》（台北：鼎文书局 1974 年版）第 1763 页记高道充生卒年为 1182—1221 年，"年四十"。（宋）魏了翁《鹤山集》卷 72《贵州文学高君（道充）墓志铭》记高道充"年十八，侍父访医眉山，父暴卒，跣护而归"。据《鹤山集》卷 70《处士高君（大中）墓志铭》，高道充之父高大中"即眉山访医，居数日，暴厥而卒，时乾道七年正月壬辰（十七日）也"。以乾道七年（1171）十八岁推之，高道充出生于高宗绍兴二十四年（1154）。高道充墓志铭中有"年四十不售，更为词赋"一句，并非说高道充只活了四十岁。

书币。随资海诱，论议娓娓，听者亡倦"①。高道充自己也做起乡先生来，魏了翁曾从其学，至晚岁始杜门谢聘。

本文第二部分起始曾引用了虞集的一段关于蜀中乡先生的描述。虞集接着这段话说：

> 集与舍弟未髫龀，先君携之避地岭海，诸书皆先亲口授。十岁至长沙，始就外傅。从祖父秘监公必使求诸乡人教之，犹守此法也。②

在宋末兵荒马乱、颠沛流离的生活中，虞集的从祖父仍欲虞集兄弟接受蜀籍乡先生的教育，可见这种教育影响之深。

四

许多著名学者都曾经做过以教书为业的乡先生。任奉古号"乐安先生"，是成都早期的著名乡先生。经历了唐末五代的动乱，宋初蜀士不乐仕进，张咏首次治蜀（淳化五年至咸平元年，994—998 年），访察到有学行而为乡里所服者李畋、张及、张逵等，敦勉其就科举，结果三人悉登科入仕，蜀中士风为之一变。③

---

① （宋）魏了翁：《鹤山集》卷72《贵州文学高君（道充）墓志铭》，四部丛刊初编本。

② （元）虞集：《道园学古录》卷5《送赵茂元序》，四部丛刊初编本。虞集紧接着写道："弱冠至临川，乡人惟二人在焉。一人为故宋乐安县丞范某，予同县人也。江西帅臣黄弃疾以临川内附，檄至乐安，县丞独不肯传檄者。国人义而不忍杀之，去入深山中，忍卧不至死，教其子读《春秋》而已。其一人故宋崇仁县丞范大冶，成都人，幼时尝及从学沧江书塾中，宋亡，亦贫不仕，时时来与先君先舅语，举书传常连卷数千百言，不遗一字；天文、地理、律历、姓氏、职官，一问累千百言不止。先亲常勖某曰：'读书当如范公之博，立身当如黄公之严。'斯言犹在耳也。于是稍从侍侧。"以上下文审之，虞集所谓"必使求诸乡人教之"中的"乡人"，应指蜀籍人士。

③ （宋）韩琦：《张公（咏）神道碑铭》，载张咏《乖崖集》附录，文渊阁《四库全书》影印本。

此三人及任玠、杨锡，均从任奉古治经义，成为宋初西川重要学者。① 绵竹杨绘的老师广凯，亦为任奉古门人。②

李畋、任玠、张逵亦都做过乡先生。张咏治蜀以前，李畋以著述为志，不乐仕进，隐居永康军（今四川都江堰市）白沙山，从之学者甚众。③《茅亭客话》卷10《任先生（玠）》记任玠："学识广博，人皆师仰之。"普州冯君（冯如晦之父，991—1065 年）未冠求师于成都，"是时任玠温如、李畋渭卿皆以道义文章教授诸生，君执业门下，并为其高弟"④。永康军导江人代渊，稍长从李畋学经，从张逵学文章，知名于时。代渊考取天圣二年（1024）进士，以"禄不及亲"，乃弃官还乡，自己也成为以教书为业的乡先生。蜀子弟从学者众，座席常满。代渊"为示书精奥，教辞赋法度，得其道者去为闻儒显人，于是蕴之（代渊字）名益彰"⑤。成都杨损之甫冠，从李畋学。杨损之工词赋，通《易》《春秋》《论语》。曾"六预乡书，两居首选"，均不第。于是自己也做起乡先生来，"讲授诸生，四方从学者不下数百人。每榜计偕、登第者甚众"⑥。看来杨损之名声不逊于其师，而学生登第者众，自己却屡举不利。后杨损之于元丰中试特奏，诏赐同学究出身而入仕。

隆州仁寿人员兴宗，绍兴二十七年（1157）进士，学问渊博，有《九华集》存世，著名史学家李心传为其写序。《四库全书》之《〈九华集〉提要》云：

---

① （宋）黄休复《茅亭客话》卷7《哀亡友辞》引张及为亡友杨锡所作《哀亡友（杨锡）辞》"序"，文渊阁《四库全书》影印本。参见胡昭曦、刘复生、粟品孝《宋代蜀学研究》，第19—21 页。

② 嘉庆《绵竹县志》卷39《典籍志》，嘉庆十八年（1813）刻本。

③ 参见（宋）王辟之《渑水燕谈录》卷6《文儒·李畋》，知不足斋丛书本。王辟之误记李畋科举不第，始隐居教学，又将任玠之事混于李畋身上。

④ （宋）文同：《丹渊集》卷39《秘书丞冯君墓志铭》，四部丛刊初编本。

⑤ （宋）宋祁：《景文集》卷59《代祠部（渊）墓志铭》，武英殿聚珍版丛书本。

⑥ （宋）郭印：《浣花四老堂记》，载傅增湘辑《宋代蜀文辑存》卷39，第513 页。陈世松、贾大泉主编《四川通史》，第4 册，第270 页云："成都杨审之建四老堂，以经学'讲授诸生，四方从学者不下数百人'。"杨审之乃杨损之长子，因追念其父在世时与任杰、杨武仲、杨咸章之交谊，于普贤僧舍中建四老堂并绘像，以资纪念。故教学者既非杨审之，四老堂亦非讲学之所。

集中多与张栻、陆九渊往复书简，盖亦讲学之家。……又洪括
（适）撰《隶释》时，尝咨以汉碑数事，兴宗为之考核源委，具见精
博。今答书一通具在集中，学问淹雅，亦未易及。虽其文力追韩、
柳，不无锤炼过甚之弊，然骨力峭劲，要无南渡以后冗长芜蔓之习，
挺然一作者也。①

员兴宗同邑人李日升（1082—1155 年）之子早逝，独嫡孙李邦光侍养左
右。李日升常诲之曰："来，汝能法我，力诗书以蕃吾门，吾志乐也。今
里有通儒，曷亲之？"② 李日升所谓"通儒"，指的就是员兴宗。李邦光
于绍兴十九年（1149）拜员兴宗为师，时员兴宗正习业待举，同时教授
生徒。

眉州青神杜莘老（1107—1164 年）好苏氏文，有名于时，渠州（今
四川渠县）守石翼以师礼延致，乃自眉徙居恭州江津（今重庆江津）。杜
莘老中绍兴十年（1140）进士，为南宋名臣，喜藏书，精经术，有著作
数种。③

剑州普成（治今四川剑阁县南）人黄裳（1146—1194 年），字文叔，
号兼山，累官太学博士、嘉王府翊善、礼部尚书兼侍读，精经术，有
《王府春秋讲义》《兼山集》《兼山家学》《乐记论》等著作（均佚）。④
黄裳又是杰出的天文学家，所绘天文图被译成多国文字，得到李约瑟等
世界科学史名家的高度评价。⑤ 黄裳登乾道五年（1169）进士，调阆州新
井（今四川南部县西）尉，因家丧而未赴任，乃教授乡邑子弟，"语以经
义，又为之讲解"⑥。除丧后授巴州（治今四川巴中）通江（今四川通
江）尉，黄裳一方面钻研学问，提高自身水准，另一方面又收徒授学，

---

① （宋）员兴宗：《九华集》卷首，文渊阁《四库全书》影印本。
② （宋）员兴宗：《九华集》卷 21《李日升墓志铭》，文渊阁《四库全书》影印本。
③ 参见（宋）查籥《杜御史莘老行状》，载（宋）杜大珪编《名臣碑传琬琰之集》中卷
54，文渊阁《四库全书》影印本。
④ 参见（宋）楼钥《攻媿集》卷 99《黄公（裳）墓志铭》，四部丛刊初编本；许肇鼎
《宋代蜀人著作存佚录》，第 157—158 页。
⑤ 参见刘复生《宋代四川科学技术的发展》，载胡昭曦、刘复生、粟品孝《宋代蜀学研
究》，第 336—360 页。
⑥ （宋）楼钥：《攻媿集》卷 99《黄公（裳）墓志铭》，四部丛刊初编本。

继续其乡先生的角色：

> 三年杜门，潜究经传，出入古今，默而精思。或达旦不寐，人
> 与语，若无闻然。于是剖微析幽，宏深四达，文词明畅，动中律度。
> 始时人传其诗，不知其学已成，非复前日文叔矣。总领赵公公说闻
> 其名，俾诸子从之游，赖其束脩葬父祖及其诸父两世九丧。①

黄裳教授赵氏子弟是要收学费（束脩）的，而且黄裳的学生并非仅有赵
氏子弟，时任巴州知州的青神杨虞仲之子杨泰之（参见本文第三部分）
亦从黄裳受经。时杨泰之尚幼，却为黄裳所器重。

著名学者为乡先生，其学问自然不差，而一般的乡先生，亦不乏饱
学之士，如前面提到的眉州彭山冯损之，以及蒲远猷和章詧的老师、乡
先生任维翰。冯损之自幼好学，读五经，尤专《诗经》《尚书》，探深抉
奥，志其本统，泛阅古史百氏，该综得失，著有歌诗若干卷。② 任维翰
"若释中古，皆通经，善讲解"，学生"悉从之游，得其要旨妙论"。章詧
以经学著称，就得之于任维翰。③ 本文第一部分提到的第一位乡先生——
北宋成都人郭绛（字长孺），其父力学，为文词，知名于乡，郭绛幼读父
书，尽传其学。平生无他嗜，唯好书，丹铅点勘，笔不去手，自经史百
氏之书，浮屠黄老之教，下暨阴阳地理医卜之艺，吐纳锻炼之术，皆研
尽其妙，有《易解》《数书解》《老子道德经解》等著作多种。④ 值得注
意的是，郭绛的知识构成，已是儒、佛、道三教合流了。⑤ 成都勾居体
"素号'乡先生'，著书为多，诸生从之广，多知名"⑥。勾居体登神宗熙
宁进士第，官至朝请大夫。此处乡先生既有乡贤之意，又有教书先生之

---

① （宋）楼钥：《攻媿集》卷99《黄公（裳）墓志铭》，四部丛刊初编本。

② 参见（宋）吕陶《净德集》卷26《长乐冯先生（字损之）墓志铭》，武英殿聚珍版丛
书本。

③ 参见（宋）吕陶《净德集》卷28《冲退处士章詧行状》，武英殿聚珍版丛书本；（元）
脱脱等《宋史》卷458《章詧传》，第13446—13447页。

④ 参见（宋）杨天惠《乐善郭先生诔》，载傅增湘辑《宋代蜀文辑存》卷26，第371页；
（清）王梓材、冯云濠撰，杨世文等校点《宋元学案补遗》卷4《庐陵学案补遗》，第345页。

⑤ 宋代民间三教合流的情况，是否亦可从乡先生教育的角度加以探讨？

⑥ （宋）佚名：《氏族谱》"勾氏"条，载《巴蜀丛书》第1辑，第258页。

意，而勾居体亦确为教书先生。遂州遂宁（今四川遂宁）乡先生冯正符（神宗时人）于诸经多解说，著有《易解》《诗解》《论语解》等，而最著名者为《春秋得法忘例论》三十卷。后以荐得官，王安石厚待之，其学问为南宋著名学者李焘所称道。冯正符的老师、乡先生何群，为石介高徒，亦为李焘所推崇（详见下述）。① 梓州中江（今四川中江）吴之巽（1160—1221 年）从其父学小戴氏书，精于经术，其教授于广汉王氏之塾，郡守往往率诸生登门请教。② 魏文翁和高斯得的老师、蒲江乡先生李坤臣于群经义疏、诸史百氏靡不究研，于三礼尤该畅，尝欲为《周礼》传而未及，晚尤邃于《易》。魏了翁与其切磋学问，刘光祖、虞刚简等著名学者亦礼待之。高道充的老师、彭山乡先生宋蕴精于经学，著有《论语略解》20 卷、《尚书讲义》50 卷。

最令笔者感到意外的是，在诸多乡先生中，居然还发现了一位女性。太子中允大夫许平施（字益之）之妻刘氏（1025—1072 年），为简州阳安（今四川简阳）人著作佐郎刘琚之女。文同撰《文安县君刘氏墓志铭》云：

> ［刘氏］嗜学，书传无有不经览者，于《左氏春秋》尤能通诵之。中间事迹词语，沿端极涯，开说讲辩；名氏世族，地里岁月，条分绪解，癸甲不乱。……从知平定军乐平县，未几，益之卒，夫人携诸孤，奉辒车还成都。至则旧产已空，萧然无一椽之屋以居。寄人舍下，合聚间巷亲族良家儿女之推（稚）齿者，授训诫，教书字，逾十年。获所遗以给朝夕，仅取足，不营于他。其所居左右之人，凡过其门，悉俛首遽进，不敢喧呼作高语大笑，惧闻于夫人。清风满家，寒苦霜雪，督诸子学，昼夜不废。改诘捡问，使中程律，一或不及，谯励不贷。故其子天启尝预郡府贡书，古（名）在高等，

---

① 参见（清）黄宗羲原著，全祖望补修，陈金生、梁运华点校《宋元学案》卷 2《泰山学案》，第 125—126 页；（清）陆心源《宋史翼》卷 26《冯正符传》，台北：文海出版社 1967 年版，第 1133—1134 页。

② 参见（宋）魏了翁《鹤山集》卷 72《中江吴先之（之巽）墓铭》，四部丛刊初编本。

夫人教之也。自是夫人之徽烈懿行愈闻于人，万口一词，谓绝伦类。①

由文同以上叙述，我们可以归纳出三点。第一，人们常说，在传统中国，"女子无才便是德"，乃社会普遍遵奉的信条。而刘氏的确有学问，不逊于须眉。阳安刘氏为简州名族，富家学传统。②刘氏虽一介女子，亦承袭了家学，成为才女子。其实，在宋代士大夫家族中，才女子颇为常见，尤其是富有学术传统家族出身的女子。许多母亲都在家庭中承担起教子习进士业的责任，刘氏不过是推及于社会，既教己子，又教他人罢了。第二，刘氏以教书为业，乃为了解决生计问题，与诸多男性乡先生无异。第三，刘氏以教书为业，不仅得到人们的认同，并获得人们的高度尊敬。刘氏的例子虽不具普遍性，但它所引发的思考却是很多的。

综上所述，从北宋初期的乐安先生任奉古起，乡先生培育了一代又

---

① （宋）文同：《丹渊集》卷40，四部丛刊初编本。引文改正之字，校自文渊阁《四库全书》影印本。

② 简州阳安刘昊以学行为乡先生，真宗咸平、天禧中两预乡荐，不第，遂隐居，号"后溪洞主"，天圣中授国子四门助教。（宋）王象之《舆地纪胜》（江苏广陵古籍出版社1991年版）记刘昊"子孙之登第者，七世九人矣"。刘昊次子刘讽登仁宗天圣五年（1027）进士第，年63致仕而归。宋祁有诗云："称疾本避世，辞官终引年，还家三径在，教子一经贤。"苏涣诗云："林下人归少，君归不待年，能令两蜀士，叹甚二疏贤。"（均见该书卷145《简州·人物·刘昊刘讽》，第1032页）这表明刘讽有时名，致仕后以教子为务。刘讽子刘孝孙，熙宁五年（1072）以都官员外郎为御史。（陆心源《宋诗纪事小传补正》卷1《刘孝孙传》，台北：中华书局1971年版，第13页）刘孝孙精于经术，对丧礼尤有研究，著述颇多。（许肇鼎《宋代蜀人著作存佚录》，第245—246页）刘孝孙次子刘泾字巨济，号"前溪先生"。登熙宁六年（1073）进士第，以文知名，王安石荐其才，历任经义所检讨、太学博士、常州教授、国子监丞等，有《前溪集》等著作多种。（《宋史》卷443《刘泾传》，第13104—13105页；《宋代蜀人著作存佚录》，第246—247页）南宋名臣、名学者刘光祖，号"后溪先生"，为刘泾弟刘汉曾孙，登孝宗乾道五年（1169）进士第，著述甚丰。刘光祖幼从族兄刘伯熊学。（真德秀《西山先生真文忠公文集》卷43《刘阁学（光祖）墓志铭》，四部丛刊初编本；《宋代蜀人著作存佚录》，第251—252页）刘伯熊号"东溪先生"，为资州李石门人，著有《东溪易传》《东溪先生集》，南宋著名学者叶适为其集作序。朱熹与刘光祖书云："《东溪语说》伏读再三，乃知师友渊源所自深远如此。"〔（清）王梓材、冯云濠撰，杨世文等校点：《宋元学案补遗》卷99《苏氏蜀学略补遗》，第3932页；叶适：《水心文集》卷12《东溪先生集序》，四部丛刊初编本〕（宋）王象之《舆地纪胜》卷145《简州·诗》有云："入蜀最宜游简郡，寻山须去访刘家。"其附注云："此古诗也，简池独刘氏三溪号一郡之胜。"（第1033页）刘氏为简州名族，由来已久，所谓三溪，或即前溪、后溪、东溪，故刘氏多以之为号。许平施之妻刘氏约与刘孝孙同时。

一代的四川学者。宋代四川学术文化繁荣发达，其中也有乡先生私学教育的一份功劳。

五

宋代科举发达，影响及于社会各个方面。一般而言，考取科举功名，就成为乡先生的教学以及学生学习之重要目的。如眉山史天常（北宋哲宗、徽宗时人），"以经术授诸生，多有登科者"①。本文第二部分引南宋李石在其所撰《支兴道（时起）墓志铭》中，谈到他的老师乡先生张子觉云："张子宽（觉）先生，《易》师也，以小学教授，虽童稚胜衣者登其门，皆以著数授之，凡前辈读《易》有声场屋者，自其门出。"可见张子觉的许多学生参加科举考试，且在科场上是以易学知名。前述魏了翁与内外群从兄弟皆从乡先生杜希仲学习十余年，"厥后弟兄连年举进士第，析圭持节者相望"，学习从举的目的亦很明显。教魏了翁之兄高崇的第二位乡先生李惟正，于"淳熙七年（1180）以后，凡四冠乡举，士之为科举者皆想闻风采，负笈从之游，邛、蜀（二州）大家争走书币"②。争聘李惟正的大家族，其目的就是子弟能登科第。而许多乡先生本身亦积极从事举业，李惟正就在四十一岁时登光宗绍熙四年（1193）进士第，其他例子详见下述。

担任乡先生者，有的是终身以此为业，如成都乐安先生任奉古、永康军导江代渊、邛州蒲江杜希仲（魏了翁老师）、长宁军刘仲达等。

有的是登科以前以此为业，如成都李畋、张逵、隆州仁寿员兴宗、眉州青神杜莘老。又如魏了翁的启蒙老师、乡先生何普，在魏了翁四岁时，何普曾教过他不到一年。宁宗庆元五年（1199），时年五十八的何普与二十二岁的魏了翁同科考试，魏了翁中进士第三，而何普以特奏名入等。③ 宋代特奏名是授予多次科举不第，且年龄较大者④，这表明何普在

---

① （宋）黄庭坚：《山谷别集》卷9《史端臣（直躬）先生墓志铭》，文渊阁《四库全书》影印本。

② （宋）魏了翁：《鹤山集》卷72《李君（惟正）墓志铭》，四部丛刊初编本。

③ 参见（宋）魏了翁《鹤山集》卷71《荣州司户何君（普）墓志铭》，四部丛刊初编本。

④ 参见苗书梅《宋代官员选任和管理制度》，河南大学出版社1996年版，第34—44页。

做乡先生的同时，一直未放弃科举考试。教授魏了翁的另一位乡先生章寅臣，亦屡举不第，直到宁宗嘉定十年（1217）才登第，时年已六十二岁。① 何、章二人都是一边做乡先生，一边考科举的。教魏了翁之兄高崇（1173—1232年）的第二位乡先生李惟正（1152—1212年）是光宗绍熙四年（1193）登进士第的，而高崇未冠以前已从其学，故当时李惟正尚未登第。② 彭山二宋之宋蕴、宋希祖，也是在登科以前受聘于邛州蒲江高氏的。

有的是科举失败以后以此为业，如眉州彭山冯损之。又前述遂州遂宁人冯正符，其父为"蜀中老儒"③，"以经术操行高于蜀，闻于朝廷，仁宗时再赐粟帛，熙宁初召试舍人院，不起。"④ 其兄弟冯正雅于仁宗嘉祐四年（1059）明经中第，正雅弟正卿登神宗元丰五年（1082）进士第。⑤ 冯正符三上礼部不第，以经学教授梓州、遂州间，闭户十年，著书立说。熙宁中因邓绾之荐，得试舍人院，赐同进士出身，始入仕。冯正符曾从果州西充（今四川西充）人何群学。何群嗜古学，庆历中至太学，从宋初三先生之一的石介学，为石介所器重。何群虽工于赋，却以文辞中害道者莫甚于赋，因上书请将赋从科举考试内容中罢去。以议不行，离太学返乡，遂不复举进士。嘉祐中，龙图阁直学士何剡表其行义，赐号"安逸处士"。⑥李焘赞何群"学甚高"⑦。从时间上推算，冯正符从学于何群，是在何群从太学归乡后，说明这以后何群亦招徒授学。

---

① （宋）魏了翁：《鹤山集》卷82《雒县丞章公（寅臣）墓志铭》，四部丛刊初编本；（清）王梓材、冯云濠撰，杨世文等校点：《宋元学案补遗》卷80《鹤山学案补遗》，第2943页。

② 参见（宋）魏了翁《鹤山集》卷72《李君（惟正）墓志铭》，四部丛刊初编本。

③ （清）黄宗羲原著，全祖望补修，陈金生、梁运华点校：《宋元学案》卷2《泰山学案》，第125—126页。

④ （宋）王之望：《汉滨集》卷15《遂宁冯君（籽）墓志铭》，文渊阁《四库全书》影印本。

⑤ 参见《遂宁冯君（籽）墓志铭》记冯正雅为明经中第，嘉庆《四川通志》卷122《选举志一》记为特奏名（第3694页），又记冯正符为熙宁九年（1076）进士（第3696页），却未标明是特奏名。

⑥ 参见（元）脱脱等《宋史》卷457《何群传》，第13435—13436页；（清）黄宗羲原著，全祖望补修，陈金生、梁运华点校《宋元学案》卷2《泰山学案》，第119—120页。

⑦ （清）黄宗羲原著，全祖望补修，陈金生、梁运华点校：《宋元学案》卷2《泰山学案》，第125—126页。

　　宋代科举规模扩大，士子习进士业的多，自然需要大批的乡先生，即使是富有家学传统的家族如华阳范氏、资州李氏等，亦常常让子弟从乡先生学习，足见乡先生教育之重要性。而大批从事举业或科举落第的士人，又源源不断地补充到乡先生的队伍中。既有居家授徒者，如梓州郪县（今四川三台）禄榶之"以经学教授于家"①，亦有受聘上门为师者，如前述梓州中江吴之巽，就受聘于广汉王氏。又前述眉山赵蒙之父马服先生，在赵蒙出生数月之后，即"去客诸郡，为人挽留主师席，凡不归者十四年"②。青神杜莘老因受聘而迁居恭州江津。临邛火井郭大昕之父郭纮，聚徒教授于富义（今四川富顺），亦定居于此。③隆州井研乡先生黄济叔早从李心传、李道传学，其学问为本县牟桂、牟子才父子所钦敬，乃奉书币延至家塾。黄济叔"以师道自处，诲诸生有法，每讲诵过夜分，未尝假以词色"④。牟子才为南宋名臣和蜀籍名学者，学于魏了翁、虞刚简及朱熹门人李方子等，有《存斋集》《易编》等著作多种。其子牟𪩘（1227—1311 年）兼承家学和乡先生之教，后成为著名学者，讨论六经，尤雄于文，学者称"陵阳先生"。⑤

六

　　为进一步说明乡先生教育在私学教育中的地位和作用，有必要与宋代四川的书院教育（专指私立书院）作一对比。⑥

---

① （宋）魏了翁：《鹤山集》卷 84《知威州禄君（坚复）墓志铭》，四部丛刊初编本。

② （宋）文同：《丹渊集》卷 40《寿安县太君何氏墓志铭》，四部丛刊初编本。

③ 参见（宋）黄庭坚《山谷别集》卷 9《朝请郎郭方进（大昕）墓志铭》，文渊阁《四库全书》影印本。北宋乾德四年（966）升富义县为监，太平兴国元年（976）改为富顺监，治所即今富顺。郭大昕在英宗治平四年（1067）与黄庭坚同登进士第。

④ （宋）牟𪩘：《牟氏陵阳集》卷 24《黄提干（字济叔）行状》，文渊阁《四库全书》影印本。

⑤ 参见（清）陆心源《宋史翼》卷 34《牟𪩘传》，第 1475—1477 页。另参见邹重华《家族与学术文化——对宋代四川地区几个典型家族的考察》，《天府新论》1992 年第 2 期。

⑥ 蒙默等著《四川古代史稿》（四川人民出版社 1989 年版，第 316—319 页）和陈世松、贾大泉主编《四川通史》第 4 册（第 270—273 页）二书对宋代四川书院作了较系统的清理，笔者在此基础上作进一步考订。凡未特别注明者，均请参见嘉庆《四川通志》卷 79《学校志四·书院》。

（一）始建时间不详的有：

蓬州果山书院①、夔州少陵书院、夔州静晖书院②、富顺柳沟书院③。

（二）建于南宋的书院有，眉州东观（一作馆）书院，高宗绍兴（1131—1162 年）初，"东观（镇）乡士仿古乡校并为肄业之所"④。眉州丹棱栅头书院，绍兴间县令冯时行建⑤。泸州江安龙门书院，孝宗乾道（1165—1173 年）中乡士吕伯佑建。⑥ 合州濂溪书院，建于孝宗淳熙（1174—1189 年）时或以前。⑦ 遂宁府遂宁县张九宗书院，据传始建于唐贞观九年（635），宋宁宗嘉泰（1201—1204 年）初改建儒学。

鹤山书院，共两处。魏了翁（1178—1237 年）守生父丧归里，于宁宗嘉定三年（1210）在家乡邛州蒲江白鹤山建成鹤山书院。魏了翁建书院之原意，本为贮书读书之所，偶然因借为乡贡之士讲肄之所，中选者众，而声名大噪，求学者络绎不绝，于是扩大建筑规模，以满

---

① 嘉庆《四川通志》卷 79《学校志四·书院》记宋知州王旦建（第 2630 页）。有北宋人王旦（957—1017 年），太平兴国五年（980）进士，真宗时官至宰相。但查《宋史·王旦传》，并无知蓬州的记录。两个王旦是否同一人，亦是疑问。《四川通史》第 4 册称，太宗端拱（988—989 年）中王旦建果山书院，不知何据。

② 参见（清）和珅等《大清一统志》（文渊阁《四库全书》影印本）卷 303 记为"宋建"；嘉庆《四川通志》卷 79《学校志四·书院》记为"宋知州王十朋修建题诗"（第 2633 页）；雍正《四川通志》［乾隆元年（1723）补版增刻本］卷 5《学校》仅记为"王十朋有诗"（第 27 页上）。王十朋（1112—1171 年）于南宋孝宗时知夔州。

③ 葛绍欧《宋代四川地区的州县学》（载《宋史研究集》第 18 辑，台北："国立"编译馆 1988 年版）称柳沟书院为"宋治平中李文渊建"（第 261—348 页），不知何据。而嘉庆《四川通志》卷 79《学校志四·书院》及《大清一统志》卷 301 只记为"宋李文渊建"（分见第 2631、196 页），并无"治平"（英宗年号，1064—1067 年）二字。昌彼得、王德毅等《宋人传记资料索引》中仅有建州松溪人李文渊（1085—1146 年），但治平时他尚未出世，也无仕宦四川的记录。参见（宋）韩元吉《南涧甲乙稿》卷 19《李公（文渊）墓碑》，武英殿聚珍版丛书本。

④ （清）和珅等：《大清一统志》卷 309，文渊阁《四库全书》影印本。陈世松、贾大泉主编《四川通史》第 4 册标注此段史实见嘉庆《四川通志》卷 79《学校·书院》，误。

⑤ 参见（清）和珅等《大清一统志》卷 309，文渊阁《四库全书》影印本；嘉庆《四川通志》卷 79《学校志四·书院》，第 2641 页。

⑥ 参见雍正《四川通志》卷 5《学校》，乾隆元年补版增刻本，第 29 页上。

⑦ 参见（明）刘芳声等万历《合州志》卷 2，合川县图书馆 1978 年石印本，第 32 页下；并参见蒙默等《四川古代史稿》，第 318 页。

足需要。① "因仕宦的缘故，魏了翁实际主教书院的时间不是很长，前后共约四年多，但书院对传播理学思想却发挥了积极作用。"② 魏了翁于绍定六年（1233，逝世前五年）知泸州时，曾在这里"兴学校"③，大概就是所谓泸州鹤山书院。端平元年（1234）五月，了翁奉诏还朝，在泸州约一年。

梓州云山书院，邑人杨子谟（1153—1226 年）建。杨子谟为孝宗淳熙八年（1181）进士，"先是，公于（郪）县之南山筑室聚友，号'云山书院'"。退休后，"即云山书院讲授后进，吉月、月半诵《论》《孟》《中庸》《大学》，语或至旰，听之者各充然有得"。④ 云山书院成为讲学之所，则是在宁宗时。

成都沧江书院，隆州仁寿理学家虞刚简（1163—1226 年）建。刚简"自上华阳，印（即）筑室成都之合江，以成雍公（其祖虞允文）卜居未遂之志。秀才范公（苏）为榜曰'沧江书院'"。虞刚简谢绝一般的应酬，闭门潜心于探究学术和著述。"士之请益者，肩摩袂属，谒无留门，坐无虚席，爨无停炊。自二十年来，知与不知，皆曰'沧江先生'。卒之日，蜀之士民涂泣巷吊，学于成都者二百余人，聚哭于沧江。"⑤ 虞氏之沧江书院与杨子谟之云山书院一样，初期只是个人读书研习学问之室，后才成为教人子弟之所。从其形式与规模而言，与乡先生的教学没什么区别。像北宋成都乡先生李畋，"从之学者甚众"；永康军代渊，"蜀子弟从学者众，坐席常满"；成都双流邓琛以经学授徒，"群聚至数百人，翁

---

① （宋）魏了翁《鹤山集》（四部丛刊初编本）卷41《书鹤山书院始末》云："嘉定三年（1203）春，诏郡国聘士，邛之预宾贡者比屋相望，未有讲肄之所。会鹤山书院落成，乃授之馆，其秋试于有司，士自首善而下，拔十而得八，书室俄空焉。人竞传为美谈。了翁曰：'是不过务记览、为文词，以归取利禄云尔。学云学云，记览文词云乎哉？'则又取友于四方，与之共学。负笈而至者，禔属不绝。乃增广前后，各为一堂二内，廊庑门墉，以次毕具。"

② 胡昭曦、刘复生、粟品孝：《宋代蜀学研究》，第 153 页。诸方志载邛州有两处鹤山书院，嘉庆《四川通志》均记为魏了翁讲学处，实则另一处可能建于明代。参见蒙默等《四川古代史稿》，第 317 页注 2。

③ （元）脱脱等：《宋史》卷41《理宗纪》、卷437《魏了翁传》。嘉庆《四川通志》卷79《学校志四·书院》记："鹤山书院，在泸州治学宫前，旧在泸州治，南宋开禧（1205—1207年）中知泸州魏了翁建。"（第2642 页）所述时间大谬，鹤山书院之名，亦有可能是后人追加的。

④ （宋）魏了翁：《鹤山集》卷74《杨公（子谟）墓志铭》，四部丛刊初编本。

⑤ （宋）魏了翁：《鹤山集》卷76《虞公（刚简）墓志铭》，四部丛刊初编本。

然知学"。只是这些乡先生，未给自己讲学之所冠以书院之名而已。要说有何不同，则在于前后学术取径发生了变化。虞刚简为理学家，与创建鹤山书院的魏了翁、建梓州云山书院的杨子谟、建黎州玉渊书院的薛绂为讲友，他们创建书院，大概都受到朱熹、吕祖谦复兴书院行动的影响，其讲学内容，以传播理学思想为主。

嘉州夹江同人书院，邛州蒲江高定子（魏了翁兄）于宁宗嘉定（1208—1224 年）时知夹江县，建此书院，盖以教化为务。① 泸州五峰书院，宁宗庆元（1195—1200 年）中知州杨汝明建。②

黎州玉渊书院，宁宗开禧（1205—1207 年）初知州薛绂建。③ 理宗绍定二年（1229），魏了翁三兄高崇通判黎州，见玉渊书院"久废不治，公修其墙屋轩户，将与邦之秀彦肄业其间"④。高崇距薛绂治黎仅二十余年，大概薛绂离任后，书院便废了。

涪州北岩书院，"程伊川先生谪涪，辟堂注《易》，黄庭坚匾曰'钩深'。[宁宗] 嘉定十年（1217），范仲武请为北岩书院"⑤。范仲武（1164—1225 年）为丰城人，迁瑞州高安，登庆元五年（1199）进士第，曾知涪州。⑥

嘉庆《四川通志》卷 79 记："竹林书院，在夔州府治东，宋嘉熙中知州孟珙建，以处襄汉流寓之士。又有南阳书院，亦珙建。"理宗嘉熙四年（1240），孟珙（1195—1246 年）任四川宣抚使兼知夔州、兼京湖安抚制置使。淳祐元年（1241）春，四川宣抚司解散，宋廷又以孟珙为京湖安抚制置大使，兼夔州路制置大使，兼本路屯田大使。次年，孟珙在公安（今湖北公安）建公安书院，以收纳逃难的蜀中士人；又在武昌

① 参见（元）脱脱等《宋史》卷 409《高定子传》，第 12317、12322 页。
② 参见蒙默等《四川古代史稿》，第 318 页。
③ 参见（清）黄宗羲原著，全祖望补修，陈金生、梁运华点校《宋元学案》卷 72《二江诸儒学案》，第 2415—2416 页；（清）和珅等《大清一统志》卷 306，文渊阁《四库全书》影印本。
④ （宋）魏了翁：《鹤山集》卷 88《知黎州兼管内安抚高公（崇）行状》，四部丛刊初编本。
⑤ 嘉庆《四川通志》卷 79《学校志四·书院》，第 2617 页。
⑥ 参见（宋）曹彦约《昌谷集》卷 19《朝议大夫直焕章阁范季克（仲武）墓志铭》，文渊阁《四库全书》影印本。

（今湖北武昌）建南阳书院，以接待京襄地区的士人。① 故这些书院都带有救济性质，而南阳书院并不在四川境内。

夔州莲峰书院，《四川古代史稿》云："夔州府治后卧龙山麓，宋知府王十朋建。"② 查其史源雍正《四川通志》卷5，并无此段记载。《四川通史》第4册则标注该段史料见《大清一统志》卷305。实际上该卷记的是宁远府，卷303才是记夔州府，但也没有提及莲峰书院。③ 而嘉庆《四川通志》卷79《学校志四·书院》记，莲峰书院为清乾隆初年知府徐良建。《嘉庆重修一统志》卷397亦记为乾隆三十二年（1767）建。

另有一些所谓的书院，实为宋代名人读书处。《四川古代史稿》云："入宋以后，称为书院的有两种涵义，一种是文人的读书处，如盐亭县'东台书院……宋任伯俦读书处''太元书院……文同读书处'（《大清一统志》卷308——原文注）；一种是教育机构。"④

嘉州洪雅修文书院，《四川通史》第4册称太宗太平兴国时建。⑤ 但查其史源嘉庆《四川通志》卷79《学校志四·书院》云："修文书院，在洪雅县东，旧在城外东南。宋田锡读书修文山麓，后即其地建书院。后修圮屡更城外里许，有遗直书院碑，字今尚存。明天启五年（1625），知县陕嗣宗捐资改建文庙清云街，牟光大撰记，明末毁。"书院建于何时，并不清楚。田氏为唐僖宗时迁蜀家族，田锡于太平兴国三年（978）登进士第，为宋代洪雅第一位进士。查范仲淹撰《田司徒（锡）墓志铭》、司马光撰《田司徒（锡）神道碑阴》，均未提到修文书院。⑥《大清一统志》卷307则明确记曰："又洪雅县有修文书院，在修文山下，明天启间建。"

眉州丹棱巽岩书院，嘉庆《四川通志》记，绍兴间丹棱李焘（1115—1184年）建。周必大撰《李文简公（焘）神道碑》云："〔李

---

① 参见胡昭曦主编，邹重华副主编《宋蒙（元）关系史》，四川大学出版社1992年版，第169—170页。

② 蒙默等：《四川古代史稿》，第317页。

③ 参见陈世松、贾大泉主编《四川通史》，第4册，第272页。

④ 蒙默等：《四川古代史稿》，第316—317页。

⑤ 参见陈世松、贾大泉主编《四川通史》，第4册，第271页。

⑥ 参见（宋）田锡《咸平集》卷首附，文渊阁《四库全书》影印本。

泰〕绍兴八年（1138）第进士，调成都府华阳县主簿，未上，读书本县龙鹤山，命曰'巽岩'。……久之，赴华阳。"① 碑文中并未提及建书院之事。李焘子李壁所撰《巽岩先生墓刻》，亦未提及建书院之事，只言李焘逝后葬于龙鹤山巽岩之阳。② 故所谓巽岩书院，实为李焘读书处，李焘并以巽岩为号。

前揭葛绍欧《宋代四川地区的州县学》一文记录宋代四川书院26处，即将上述修文书院、巽岩书院、东台书院、太元书院，以及叙州宜宾蟠龙书院（宋程公许读书处）、汉州绵竹紫岩书院（宋张浚读书处）等文人读书处计算在内。③

根据以上之清理，通算起来，宋代四川建的书院，较为可靠的共有18处（莲峰书院、南阳书院、修文书院、巽岩书院除外）。北宋是否建有书院，暂且存疑。知道大致始建时间的14处，均建于南宋。其中高宗时有眉州东观书院及眉州丹棱栅头书院两处，孝宗时有泸州江安龙门书院、合州濂溪书院两处，宁宗时有张九宗书院、邛州蒲江鹤山书院、泸州鹤山书院、梓州云山书院、成都沧江书院、嘉州夹江同人书院、泸州五峰书院、黎州玉渊书院、涪州北岩书院9处，理宗时有竹林书院1处，即建于宁宗以前的有4处，以后的有10处。而这14处书院中，确知为官办的就有栅头、泸州鹤山、同人、五峰、玉渊、北岩、竹林7处书院。濂溪书院创建者不明。余下确知为私人所办的书院仅有5处，即眉州东观、泸州江安龙门、邛州蒲江鹤山、成都沧江及梓州云山。另宁宗嘉泰初改建的遂宁张九宗书院，大概也是官学性质。葛绍欧《宋代四川地区的州县学》称"在四川地区的书院均属私立"，《四川通史》第4册称"宋代四川书院，大多数是私人创办的讲学场所"④，显然是不正确的。在这18处书院中，仅私办的邛州蒲江鹤山书院、成都沧江书院较有规模和影响，但存在的时间却不长。

---

① （宋）周必大：《文忠集》卷66，文渊阁《四库全书》影印本。

② 参见（明）解缙等纂修《永乐大典》卷10421"李"字引李壁《雁湖集》，中华书局1960年影印本，第4329页。

③ 该文所录宋虞允文所建眉州丹棱东山精舍，大概亦是其读书处；而成都锦江书院和嘉定府犍为子云书院，则为明代所建。参见蒙默等《四川古代史稿》，第411页。

④ 陈世松、贾大泉主编：《四川通史》，第4册，第271页。

综上所述，宋代四川的私学书院教育，北宋大概是空白，南宋亦少得可怜。将其与前述乡先生教育加以对比，可以看出，宋代四川（除家学以外）之私学教育，主要是由乡先生所承担，而非书院。

刘子健先生撰《略论宋代地方官学和私学的消长》一文，认为书院在北宋时期私学教育中的作用，有被夸大之嫌。刘氏云：

> 北宋最初的四十年，地方上很少有正式学校。所谓四大书院之称，言过其实。《文献通考》首先承认："是时未有州县之学，先有乡党之学。"接下去却列举庐山白鹿洞，徐［衡］州石鼓书院，应天府书院，和潭州岳麓书院，说"宋兴之初，天下四书院。……此外则又有……嵩阳茅山，后来无闻。独四书院之名著。"《玉海》也提到四大书院，而列举不同，以为是白鹿洞、岳麓、应天和嵩阳。其实都是南宋名儒朱熹吕祖谦他们，在若干旧址废址，重新兴办私学，推崇久已中断的往事。应天府书院根本是半官性的，不能算乡党之学（见下文——原注）。只因名臣范仲淹在那里读过书，有文颂扬，所以也在推崇之列。但根据有关五代的史料，《宋会要辑稿》，和《续资治通鉴长编》，一类的史料，可以看出宋初少数书院，规模是很有限的。①

人们谈及宋代私学教育，言必称誉书院，刘先生此论，可谓独具慧眼。以宋代四川情况而论，不仅北宋时期，南宋时之书院教育规模亦相当有限。所谓"在宋代四川教育史上，书院有着极其重要的地位。……宋代四川书院教育，为四川培养了一大批著名学者"②，套用刘子健先生的用语，亦可谓"言过其实"。如果将这些话用在乡先生身上，倒是"名副其实"。笔者认为，有关宋代书院教育的作用，不免人云亦云，其作用被夸

---

① 刘子健：《略论宋代地方官学和私学的消长》，载刘子健《两宋史研究汇编》，台北：联经出版事业公司1987年版，第211—227页。标点亦照录。

② 陈世松、贾大泉主编：《四川通史》，第4册，第273页。

大了。① 即使是书院教育较为发达的江西、福建等地区，其作用究竟有多大，仍然值得重新审视。总之，现在是该重新检讨过去有关宋代书院研究的时候了。

结　语

通过本文的讨论，人们对"乡先生"这一宋代民间私学教育角色当有初步的认识。

古时以尊称辞官居乡或在乡任教的老人的"乡先生"一词，至宋代已演变为民间私学教师的通称（尽管称乡贤之意仍保留了下来）。

纵贯两宋的四川城乡各地，都可循到乡先生教学的踪迹。其教学层次不仅仅是启蒙，亦包括了教授高深的学问。

宋代四川许多著名学者如苏轼和苏辙兄弟、范镇、文同、李石、魏了翁等，都曾接受过乡先生的教育。尤其是魏了翁家族在南宋的勃兴，乡先生的教育起了很重要的作用。许多著名蜀籍学者曾经做过以教书为业的乡先生，如"乐安先生"任奉古、李畋、代渊、员兴宗、杜莘老、黄裳等。而在诸多以教书为业的乡先生中，竟然还发现了一位女性。乡先生培育了一代又一代的四川学者，为宋代四川学术文化的繁荣发达作出了重要贡献。

宋代科举发达，影响及于社会各个方面，一般而言，考取科举功名，是乡先生教学以及学生学习之重要目的。担任乡先生者，有的是终身以此为业，有的是登科以前以此为业，有的是科举失败以后以此为业。乡先生既有居家授徒者，亦有受聘上门为师者。宋代科举规模扩大，士子习进士业的多，自然需要大批的乡先生，即使富有家学传统的家族如华阳范氏、资州李氏等，亦常常让子弟从乡先生学习，足见乡先生教育之

---

① 如吴霓《中国古代私学发展诸问题研究》仅据宋人袁燮《四明教授厅续壁记》中所说："由建隆以来，迄于康定，独有所谓书院者，若白鹿洞、岳麓、嵩阳、茅山之类是也；其卓然为［后学］师表者，若南都之戚氏、泰山之孙氏、海陵之胡氏、徂徕之石氏，集一时俊秀，相与讲学，涵养作成之功，亦既深矣。而问其乡校，惟充、颍二州有之，余无闻矣［焉］"，即云："足见书院是当时（北宋时期——引者注）主要的教育形式。"（第95页）袁燮之文载其《絜斋集》卷10（武英殿聚珍丛书本）。括号中的字为笔者据武英殿聚珍版丛书本校正。

重要性。而大批从事举业或科举落第的士人，又源源不断地补充到乡先生的队伍中。科举刺激了乡先生教育的发展，从而使宋代民间教育普及程度大为提高。

将宋代四川私学书院教育与乡先生教育加以比较，可以看出，四川的私学书院教育，北宋大概是空白，南宋亦少得可怜，宋代四川（除家学以外）之私学教育，主要是由乡先生所承担，而非书院。宋代书院教育的重要性，被人为地夸大了。而乡先生的教育，长期以来却为人们所忽视。此外，像南宋宁宗时虞刚简所建之沧江书院和杨子谟之云山书院，从其形式与规模而言，与乡先生的教学没什么区别。这反映出早期私学书院教育与乡先生教育之间存在内在联系。

要全面深入地研究宋代乡先生的教育情况，非一篇文章所能胜任，笔者选取宋代四川作为本文之研究范围，即意在尽可能地充分运用一地之史料，对乡先生这一民间私学教育角色作较为深入的探讨，俾不致流于泛泛而论。由于各地发展的不平衡性，四川的情况与其他地区会有差异，但乡先生教育的一些基本情况，应该是带有普遍性的。笔者所接触的其他地区有关乡先生教育的史料，亦支持了本文的观点。书院教育在宋代的定型和制度化，在传播学术思想（主要是理学思想）上的作用，以及对后世的影响等，自有其历史地位。笔者在讨论"乡先生"这一民间私学教育角色的同时，无意走到另一个极端，刻意贬低书院教育的地位和作用。如果从时间（纵贯两宋）、空间（遍布城乡各地）及教学层次（包括启蒙到高深学问的探讨）等方面而言，宋代乡先生教育确实是书院教育所不能比拟的。为宋代教育普及和学术文化繁荣作出了重要贡献的乡先生，不应该再被埋没了。

[原载（香港中文大学）《中国文化研究所学报》1999 年新第 8 期]

士人学术交游圈：
一个学术史研究的另类视角

（以宋代四川为例）*

引 言

研究历史上士人间的交游关系，历来不乏其文。① 但多以一人为中心，考订与之有交往的士人，一一加以介绍，多属资料汇集性质；或讨论二至数人间的交游关系，范围较窄。

近十年来，出现了几篇在研究士人交游关系方面饶有新意的文章。日本学者伊原弘教授在 1991 年 8 月中旬举行的北京"国际宋史研讨会"上，宣读了题为"宋代知识分子的基层社会——以汪应辰的交往关系为中心"的论文。② 伊原氏检讨以往的研究，几乎都是以特定的政治性的地域婚姻关系和交流关系等为中心进行的考察。伊原氏对海内外学者长期以来研究宋代士大夫交游关系侧重点之概括是准确的，而他本人过去的

＊ 本文在修改过程中，承蒙学友段玉明君提供宝贵意见，特此鸣谢！

① 如龚放《陆游与范成大交游考》，《南京大学学报》（哲学社会科学版）1986 年增刊；张宏生《〈江湖集〉编者陈起交游考》，《文献》1989 年第 4 期；曹宝鳞《米芾与苏黄蔡三家交游考略》，《中国书法》1990 年第 2 期；胡益民《赵师秀交游考》，《文献》1991 年第 2 期；向以鲜《刘克庄交游考Ⅲ》，《宋代文化研究》第 3 辑（四川大学出版社 1993 年版）；杨庆存《苏轼与黄庭坚交游考述》，《齐鲁学刊》1995 年第 4 期。以上举研究宋代的文章为例，其他朝代的研究亦大致如此。

② 此文载邓广铭、漆侠主编《国际宋史研讨会论文选集》，河北大学出版社 1992 年版，第 543—555 页。

研究倾向亦如此。①尽管伊原弘收入论文集中的这篇文章内容不完整，但他在"结语"中提出宋代士大夫间的学问纽带具有重要意义这一点，却是颇值得留意的。②

1995 年 12 月，中国台湾清华大学历史研究所萧启庆教授在台北"第二届宋史学术研讨会"上宣读了论文《元朝多族文士圈的形成初探》。③萧氏从社会文化史角度，研究元朝各族士大夫通过姻亲、师生、座师与同年、同僚、同乡为经纬所形成的社会网络，文人之间通过诗文唱和、观书读画、题跋赠序等活动以切磋攻错和敦睦情谊的文化互动，从而探讨中国史上前所未有的多族文化圈的形成，及其在族群融合上的意义。这一研究视角较为新颖。

1996 年 6 月下旬，"中国近世家族与社会学术研讨会"在台北"中央研究院"历史语言研究所举行，北京大学历史系邓小南教授提交会议的《龚明之与宋代苏州的龚氏家族：兼谈南宋昆山士人家族的交游与沉浮》④一文，在第三部分的第二节，讨论了"以王葆等人为中心的昆山士人交游圈"，主要是从社会史角度，对研究南宋前期苏州昆山之士人交游

---

① 参见伊原弘《宋代明州における官户の婚姻关系》，《中央大学大学院研究年报》1 号（1972 年 3 月），第 157—168 页；《宋代婺州における官户の婚姻关系》，《中央大学大学院论究》6 卷 1 号（1974 年 3 月），第 33—43 页；《宋代官僚の婚姻の意味について》，《历史と地理》254 号（1976 年），第 12—19 页；《宋代の浙西における都市士大夫》，《集刊东洋学》（仙台东北大学中国文史哲研究会）45 号（1981 年 5 月），第 44—62 页；《宋代の士大夫觉を书——あなたに问题の展开のために》，载宋代史研究会编宋代史研究报告第二集《宋代の社会と宗教》（东京：汲古书院，1985 年），第 257—296 页；《中国知识人の基层社会——宋代温州永嘉学派を例として》，《思想》（东京：岩波书店）1991 年 4 号（802 期），第 82—103 页。

② 伊原氏为弥补传统研究之不足而撰写的上述论文，除序言和结语外，共分三部分：（1）信州的地理位置，（2）汪应辰生平，（3）交游录。令人遗憾的是，收入论文集中的这篇文章并不完整，第三部分仅有一不足三百字的简单说明，而伊原氏根据《宋史》及汪应辰《文定集》的相关内容制成之汪应辰交游图表及其分析探讨均付诸阙如。

③ 参见萧启庆《元朝多族文士圈的形成初探》，载《第二届宋史学术研讨会论文集》，台北：中国文化大学 1996 年版，第 165—190 页。后改名《元朝多族士人圈的形成初探》，先后收入萧氏《元朝史新论》（台北：允晨文化实业股份有限公司 1999 年版）和《内北国而外中国：蒙元史研究》（中华书局 2007 年版）。

④ 邓小南：《龚明之与宋代苏州的龚氏家族：兼谈南宋昆山士人家族的交游与沉浮》，载《中国近世家族与社会学术研讨会论文集》，第 81—110 页。邓先生另发表有《北宋苏州的士人家族交友圈——以朱长文之交游为核心》（载《国学研究》第 3 卷，北京大学出版社 1995 年版），与前一文为姊妹篇。

圈，作了有益的尝试。

概而言之，迄今为止，除伊原弘尝试探讨汪应辰个人的交游关系以外，尚未见有其他从学术史的角度研究历史上士人（尤其是士人群体）交游圈的论著发表。

宋代是中国历史上文化发展的一个高峰，学术文化发达，并形成京洛（开封、洛阳）、江浙、江西、福建、四川等若干中心。笔者在探讨宋代四川学术文化发达原因的过程中，试从士人学术交游圈的角度加以研究，发现整个两宋时期，四川地区都存在着士人学术交游圈子，尤其是以成都府为中心，联结周围诸多州县的士人群体，形成了庞大的西川士人学术圈。这一研究角度，有别于以著名学者为代表，以其著作、思想为主要内容的传统学术史研究路径，对了解一时一地之学术风气、学术发展和学术流派之形成，以及学者间的互动关系，均甚有助益。本文即以宋代四川为例，从士人学术交游圈的角度研究宋代四川学术发展的状况，尝试探索另一种学术史研究的视角，俾作为传统研究方法之补充。

由于士人宦游四方，下述士人的学术交游关系，并非都发生在四川本地，但无论在何地，大多是他们在故乡建立的交游关系的延伸而已。同时，蜀籍士人宦游四方，外地士人宦游四川，使蜀籍学者又与其他地区的学者有着广泛的交往关系，从而形成更大的学术网络。换言之，一地之士人学术圈，不可理解为一个封闭的群体。限于篇幅，除必要情况外，本文一般不涉及蜀籍士人与非蜀籍士人的交往关系。

一　北宋前期之四川士人学术交游圈

唐末五代，四川社会相对较安定，统治者又喜好文艺，故成为北方士人避乱之所。自安史之乱以来，有大量的士人家族迁居入蜀，为四川的士人社会增添了新鲜血液，成为宋代四川学术发展的重要生力军。[1] 但在北宋初期，四川士人因五代之动荡，安于乡里，不乐仕进，士人学术圈子亦较为狭小。这时之主要学者有乐安先生任奉古及其弟子李畋等人。

---

[1]　参见邹重华《士族与学术——宋代四川学术文化发达原因探讨》第二章，博士学位论文，香港中文大学，1997年。

宋初蜀士不乐仕进，张咏首次治蜀（太宗淳化五年至真宗咸平元年，994—998 年），访察到有学行而为乡里所服者张及、李畋、张逵等，敦勉其就科举，结果三人悉登科入仕，蜀中士风为之一变。① 张及、张逵均为成都人，与李畋同郡。《宋元学案补遗》作者王梓材、冯云濠将李畋归为张咏门人，将张及、张逵视为李畋同调。实则李畋另有师承，且与二张为同门弟子。此三人中，以李畋在学术上的影响最大。

李畋字渭卿②，自号谷子，华阳人。张咏治蜀前，李畋以著述为志，不乐仕进，隐居永康军白沙山，从之学者甚众。③ 李畋以经术著称，著述甚丰。④ 张及为杨锡所撰《哀亡友辞》中，记述他与李畋、张逵、任玠、杨锡"结文学友，咸治经义于乐安先生（任奉古），悉潜心于六教。然后观史传，遍百家之说，探奥索微，取其贯于道者。既积中而发外，遂下

---

① 参见（宋）韩琦《故枢密直学士礼部尚书赠左仆射张公神道碑铭》，载（宋）张咏著，张其凡整理《张乖崖集》附集卷 1，中华书局 2000 年版，第 157 页。据（宋）范镇《载酒亭记群公画像记》（载傅增湘辑《宋代蜀文辑存》卷 9，香港：龙门书局 1971 年影印本，第 146—147 页），仁宗大中祥符时张为侍御史，张逵为职方员外，庆历时李畋为虞部员外。

② 本文所提及的学者，一般都在首次出现名字时标出其生卒年。但像李畋这类生卒年不详者，则只好付诸阙如。

③ 参见（宋）王辟之《渑水燕谈录》（知不足斋丛书本）卷 6《文儒·李畋》记："［李畋］为张乖崖所器，少日一出庭（廷）试。后隐居永康军白沙山，后生从之学者甚众。任中正荐，乞赐处士之号，诏以为试校书郎。凌策又荐之，召授试怀宁主簿、国子监说书。"此说意指李畋科举不第，后因荐而得官，与韩琦《张公神道碑铭》所述不同。王说为嘉庆《四川通志》及《宋代蜀文辑存》作者考所引用。（清）纪昀、陆锡熊、孙士毅等著，四库全书研究所整理《钦定四库全书总目》卷 140《〈渑水燕谈录〉提要》云："《（郡斋）读书志》称其（王辟之）'从仕四方，与贤士大夫燕谈，有可取者辄记，久而得三百六十余事'。……所记诸条，多与史传相出入。其间如'谁传佳句到幽都'一诗，乃苏辙使辽时寄其兄轼之作，而误以为张舜民；又如柳永以贪缘中官献《醉蓬莱词》为仁宗所斥，而以为仁宗大悦之类，亦间有舛讹。"（中华书局 1997 年版，第 1848 页）据（宋）黄休复《茅亭客话》（文渊阁《四库全书》影印本）卷 10《任先生》，任中正帅蜀之日，曾礼待李畋的学友任玠，后凌策帅蜀，又荐任玠于朝。或王辟之得之传闻，将两人之事混于李畋一身。诚如文渊阁《四库全书》影印本的《提要》所言："然野史传闻，不能尽确，非独此书为然。"

④ 计有《易义》《孔子弟子传赞》《道德经疏》《道德经音解》《知命录》《该闻录》《张乖崖语录》《谷子》，歌诗杂文 70 卷，《李畋集》10 卷等，惜绝大部分已佚。参见许肇鼎《宋代蜀人著作存佚录》（巴蜀书社 1986 年版，第 29—30 页）；（宋）范镇《载酒亭记群公画像记》（载傅增湘辑《宋代蜀文辑存》卷 9，第 146—147 页）。本文所提及之宋代蜀籍学者著作存佚情况，均请参见《宋代蜀人著作存佚录》，文中一般不再注明。

笔著文"①。

任奉古为成都早期著名乡先生（民间私学教师）②，其再传弟子汉州绵竹杨绘述其学术传承云："庄遵以《易》传扬雄，雄传侯芭，自芭而下，世不绝。传至沛周郏，郏传乐安任奉古，奉古传广凯，凯传绘。"③

沛周郏、广凯未见其他文字记载，生平不详，对任奉古所知亦不多。据《宋史·艺文志》所载，任奉古著有《周易发题》《孝经讲疏》《明用著求卦》（均佚）。④《孝经讲疏》有张九成解 4 卷。张九成（1092—1159年）为钱塘人，学于杨时，中绍兴二年（1132）进士第一。《宋史·张九成传》记，张九成"研思经学，多有训解"。《孝经讲疏》仅 1 卷，而张九成为其作解却达 4 卷之多，则南宋时任奉古的著作尚存世，且为张九成所看重。

任玠（？—1018 年）学识广博，人皆师仰之。曾应蜀守任中正之请，讲学文翁石室。"大集生徒，讲说六经，以绍文翁之化。由是蜀中儒士成林矣。"⑤ 后因蜀守凌策之荐，真宗赐予进士出身。明人曹学佺著《蜀中广记》卷 98 记《任玠诗集》有 1200 首，今仅存一首，收入清人厉鹗《宋诗纪事》卷 9。任玠和张逵与成都隐士黄休复相友，黄氏著有《益州名画录》和《茅亭客话》，多记唐末五代至宋初成都之事，且多涉迁蜀人士。他自称江夏人，大概也是唐末五代入蜀之家。

苏轼《记郭震诗》云："蜀人任介（玠）、郭震、李畋，皆博学能诗，晓音律。相与为莫逆之交，游荡不羁，礼法之士鄙之。然皆才识过人。"⑥苏轼称此三人为"游荡不羁，礼法之士鄙之"，当非事实，否则张咏、任中正、凌策等治蜀官员不会大力推荐和任用他们，范镇亦不会称

---

① （宋）黄休复：《茅亭客话》卷 7《哀亡友辞》引张及为亡友杨锡所作《哀亡友辞序》，文渊阁《四库全书》影印本。

② 参见邹重华《"乡先生"——一个被忽略的宋代私学教育角色》，（香港中文大学）《中国文化研究所学报》1999 年新第 8 期。

③ 中华民国《绵竹县志》卷 16《古迹志》，中华民国九年（1920）刻本。

④ 参见（元）脱脱等《宋史》卷 202《艺文志一》、卷 206《艺文志五》，中华书局 1977年点校本，第 5038、5066、5265 页。

⑤ （宋）黄休复：《茅亭客话》卷 10《任先生》，文渊阁《四库全书》影印本。

⑥ （宋）苏轼著，孔凡礼点校：《苏轼文集》卷 68，中华书局 1986 年版，第 2130 页。

李畋为蜀中贤士。① 苏轼晚出，大约得之道听途说。或苏轼之言为反语，因他本人即为不羁之士。无论如何，苏轼所记三人之交往，给我们留下了珍贵的史料。郭震为成都广都人，以诗知名，号渔舟先生，有《渔舟前后集》（又名《渔舟集》），李畋曾为其诗作序。②

李畋等人亦讲学授徒。成都杨损之甫冠，从李畋学。杨损之工词赋，通《易》《春秋》《论语》。屡举不利，于是自己也做起乡先生来，"讲授诸生，四方从学者不下数百人。每榜计偕、登第者甚众"。后杨损之于元丰中试特奏，诏赐同学究出身而入仕。杨损之致仕后，"雍容里社，日与致政承议郎任杰漠（一作汉）公、承议郎杨武仲子臧游。其后杨咸章晦之以通直郎挂冠归，即造其间，是为四老。唱和诗中可见矣"。杨审之因追念其父在生时与任杰、杨武仲、杨咸章之交谊，于普贤僧舍中建四老堂并绘像，以资纪念。③

永康军导江人代渊（985—1057 年），字蕴之，一字仲颜，自号虚一子。稍长，从李畋授经，从张逵为文章。中进士甲科，以禄不及亲，归乡授徒，从学者众，黄庭坚誉为"蜀之大儒"。④ 代渊"深探《易》性命之理，作书二十篇，紬复而推原之。《易》家取为隽腴"。田况治蜀时，尽取其书奏之朝廷，仁宗异之，即家庐拜祠部员外郎。北宋名士宋祁与代渊同登天圣二年（1024）进士第，"知之也熟"，故应其子之请，为代渊撰铭。⑤代渊著有《易论》（《周易旨要》）、《春秋义》、《总义》、《佛老杂说》等。

普州冯某（991—1065 年），未冠，求师于成都。"是时任玠温如、李畋渭卿皆以道义文章教授诸生，君执业门下，并为其高弟。"⑥

① 参见（宋）范镇《载酒亭记群公画像记》，载傅增湘辑《宋代蜀文辑存》卷 9，第 146—147 页。

② 参见（宋）王称《东都事略》卷 118《郭震传》，文渊阁《四库全书》影印本；（宋）佚名撰，（元）费著修订，谢元鲁点校：《氏族谱》，载《巴蜀丛书》第 1 辑，巴蜀书社 1988 年版，第 249 页。

③ （宋）郭印：《浣花四老堂记》，载傅增湘辑《宋代蜀文辑存》卷 39，第 513 页。

④ （宋）蒲远猷：《自撰墓志》，载傅增湘辑《宋代蜀文辑存》卷 17，第 256 页；（宋）黄庭坚：《豫章黄先生文集》卷 24《蒲仲舆墓碣》，四部丛刊本。

⑤ 参见（宋）宋祁《景文集》卷 59《代祠部墓志铭》，武英殿聚珍版丛书本。

⑥ （宋）文同：《丹渊集》卷 39《秘书丞冯君墓志铭》，四部丛刊本。

成都蒲远猷（1011—1092 年）曾学赋于代渊，受《易》于任维翰。①任维翰为成都乡先生，与代渊同时。成都双流章詧（993—1068 年）未冠治经术，往来成都，求师质问大义，亦从任维翰学，"得其要旨妙论"②。章詧博通经学，尤长于《易》、扬雄《太玄经》。③

永康军青城人何中"任道晦处，无意官禄，以聚书为能，以赋诗为乐。蜀之耆儒李畋渭卿、戈（任）渊仲颜皆与之友"。④

以上为现存资料所能描述之北宋前期西川士人学术交游圈的情况，这个学术圈基本上是以乐安先生任奉古及其弟子为主形成的。有学者将其称为"乐安学派"。⑤可补《宋元学案》之阙。

本期士人学术圈之特点：一是规模较狭小；二是主要由师生、同门关系形成；三是多为民间人士或较长时间居于民间，以讲学授徒为业（如乐安先生任奉古及其门人李畋、张逵、任玠、广凯，再传弟子杨损之、代渊等）；四是学术交游基本上局限于本地，与域外学者少有交流，其学术影响亦限于本地。将其与北宋中期学术繁荣的景象联系起来考察，表明经历了唐末五代的动荡时期之后，四川的学术正处于恢复和重新起步的阶段。兹将本期士人学术交游圈情况列表如下。

表1　　　　　　　　　北宋前期士人学术交游圈

姓名	地区	学术交游关系
任奉古	成都	门人：李畋、张及、张逵、任玠、杨锡、广凯
		再传弟子：杨损之、代渊、普州冯某、杨绘、蒲远猷

---

① 参见（宋）蒲远猷《自撰墓志》，载傅增湘辑《宋代蜀文辑存》卷17，第256页；（宋）黄庭坚《豫章黄先生文集》卷24《蒲仲舆墓碣》，四部丛刊本。

② （宋）吕陶：《净德集》卷28《冲退处士章詧行状》，武英殿聚珍版丛书本。嘉庆《四川通志》卷144《人物·何维翰传》记："何维翰，字叔良，成都人。南省不第，遂不复应举，居乡里，以教导为事。薛简肃奎荐其文行，赐粟帛。韩魏公琦安抚剑南，时蜀大旱，维翰募民间，得米千斛以助赈济。琦嘉之，荐授四门助教，辟府学说书。"薛奎于仁宗天圣四年至六年（1026—1028 年）知益州，其时任维翰的学生蒲远猷为16—18岁。何维翰很可能乃任维翰之笔误。

③ 参见（元）脱脱等《宋史》卷458《章詧传》，第13446—13447页。

④ （宋）吕陶：《净德集》卷25《何君墓志铭》，武英殿聚珍版丛书本。

⑤ 参见胡昭曦、刘复生、粟品孝《宋代蜀学研究》，巴蜀书社1997年版，第19—21页。

续表

姓名	地区	学术交游关系
李畋	成都华阳	任奉古门人，与任玠、张逵、张及、杨锡结为"文学友" 讲友：郭震、何中 门人：杨损之、代渊、普州冯某
张及	成都	任奉古门人，"文学友"成员
张逵	成都	任奉古门人，"文学友"成员 门人：代渊 讲友：黄休复
任玠	成都	任奉古门人，"文学友"成员 门人：普州冯某 讲友：郭震、黄休复
杨锡	成都？	任奉古门人，"文学友"成员
广凯	？	任奉古门人 门人：杨绘＊
黄休复＊	成都	讲友：任玠、张逵
郭震＊	成都广都	讲友：李畋、任玠
何中＊	永康军	讲友：李畋、代渊
杨损之	成都	李畋门人 讲友：任杰、杨武仲、杨咸章
代渊＊	永康军导江	李畋、张逵门人 讲友：何中 门人：蒲远猷＊
任维翰	成都	门人：蒲远猷、章甅＊

注：凡带＊者，属唐、五代迁蜀家族。

在北宋前期的学术交游圈中，有几位学者与中期的士人学术交游圈有关系。与李畋、代渊为友的永康军何中，其孙何大章与吕陶为姻亲；郭震所属的成都广都郭氏与诸多学术家族有婚姻关系；而杨绘、蒲远猷及章甅则亦为北宋中期士人学术圈中之人。

二　北宋中期之四川士人学术交游圈

（一）本期士人学术交游圈的核心：华阳范氏、眉山苏氏、梓州文同和成都吕陶

自张咏治蜀以后，历任治蜀官员亦都兴学荐士，配合朝廷科举取士名额的不断扩大，蜀中士风渐变，读书求仕蔚然成风。① 至北宋中期，文人学者大量涌现，士人学术圈子急剧扩大，此时居于核心地位之学者有华阳范氏、眉山三苏父子、梓州文同、成都吕陶。

成都华阳范氏为宋代四川著名学术家族，两宋间出了不少著名学者。范氏同两宋蜀籍重要学者多有交往，还与不少学术家族通婚。

范镇（1008—1089 年）是范氏家族崛起的关键人物，也是第一位著名学者，由于其在朝廷中的地位，其知名度亦高。苏轼云：

> 熙宁、元丰间，士大夫论天下贤者，必曰君实（司马光）、景仁（范镇）。其道德风流，足以师表当世。其议论可否，足以荣辱天下。二公盖相得欢甚，皆自以为莫及，曰："吾与子生同志，死当同传。"而天下之人亦无敢优劣之者。②

三苏父子自蜀守张方平于仁宗嘉祐间（1056—1063 年）推荐入京，再经欧阳修举荐于朝，于是名动天下。三苏扬名以前，苏洵已与蜀中士人有所交往；扬名之后，更与诸多蜀士建立了学术关系，成为北宋中期蜀士之核心人物。

范镇与苏洵为益友，苏轼从其游，关系十分密切。范镇逝世后，苏轼为其撰墓志铭。苏轼与范氏一门四代相交，与范镇三子百嘉、从子百

---

① 参见邹重华《士族与学术——宋代四川学术文化发达原因探讨》，博士学位论文，香港中文大学，1997 年，第 54—90 页。

② （宋）苏轼著，孔凡礼点校：《苏轼文集》卷 14《范景仁墓志铭》，第 435 页。

禄、从孙祖禹、曾孙范冲（祖禹长子）亦都厚善，过从甚密。①苏辙亦与范镇及其子孙辈交往密切，详见氏著《栾城集》。范氏与苏氏之婚姻关系，则连绵两宋。

文同（1018—1079年），字与可，自号笑笑先生，因为汉文翁之后，又世称石室先生。② 文同曾祖彦明、祖廷蕴、父昌翰"皆儒服不仕"，文同幼志于学，中皇祐元年（1049）进士第。③ 文同以学名世，操韵高洁，博学多才。经史之外，虽星经、地理、方药、音律，无不究心，古篆行草皆能精之。好水石松竹，每佳赏幽趣，乐而忘返。发于逸思，形于笔妙，模写四物，颇臻其极，士大夫多宝之，是北宋中期著名蜀籍学者。文彦博守成都（庆历四年至七年，1044—1047年），颇赞赏文同，以文同之文示府学学者，"一时称慕之"。时文同尚未中第。司马光、苏轼尤敬重文同，光曰："与可襟韵游处之状，高远萧洒，如晴云秋月，尘埃所不能到。某所以心服者，非特词翰之美而已也。"④文同有《丹渊集》40卷存世。南宋庆元元年（1195），为文同编集刊行的家诚之云：

> 湖州（文同）之文一出，东坡兄弟皆敬而爱之，前辈大老如文潞公（彦博）亦为之延誉，司马温公则至于心服，赵清献公（抃）则至于叹服，荆公（王安石）、蜀公（范镇）又皆形之歌咏，湖州之为人可知矣。⑤

苏轼自称为文同从表弟⑥，《苏轼文集》中有关文同的篇章颇多，反

---

① 参见（宋）苏轼著，孔凡礼点校《苏轼文集》卷50《答范蜀公十一首》《与范子功（百禄）六首》《与范子丰（百嘉）八首》《答范纯夫（祖禹）十一首》《与范元长（冲）十三首》，第1446—1463。并参见范祖禹《范太史集》卷2、卷3范祖禹与苏轼唱和诗，文渊阁《四库全书》影印本。

② 汉文翁之后留居于蜀，至蜀汉、西晋时，文立徙巴之临江，从学于著名学者、陈寿的老师谯周，门人推为颜子。其后又徙梓州永泰之新兴乡新兴里。

③ 参见（宋）范百禄《宋尚书司封员外郎充秘阁校理新知湖州文公墓志铭》，载傅增湘辑《宋代蜀文辑存》卷22，第321页。

④ （宋）司马光：《小简》，载（宋）文同《丹渊集·附录》，四部丛刊本。《宋史》卷443《文同传》将司马光此段话置为文彦博语，当为删削之误。

⑤ （宋）家诚之：《跋》，载（宋）文同《丹渊集·拾遗》，四部丛刊本。

⑥ 参见（宋）苏轼著，孔凡礼点校《苏轼文集》卷63《祭文与可文》《黄州再祭文与可文》，第1941—1943页。

映了两人极为密切的交往关系。《丹渊集》附录亦收录了不少苏轼所写有关文同的诗文，其《书与可墨竹并序》云："亡友文与可有四绝，诗一，楚词二，草书三，画四。与可尝云：世无知我者，惟子瞻一见识吾妙处。"苏辙与文同有姻亲关系，《栾城集》中涉及文同的诗文亦不少。

范百禄与文同同登仁宗皇祐元年（1049）进士第，百禄为其撰墓志铭，称凡与文同游者，"皆名节文行之士显用于今者"①。

吕陶（1027—1103 年），字符钧，号净德，成都人。蒋堂治蜀时（仁宗庆历三年至四年，1043—1044 年），吕陶为石室（成都府学）生，蒋堂赞其文乃"贾谊之文"。仁宗皇祐五年（1053）登进士第，熙宁间复登制科。历官殿中侍御史、给事中、集贤院学士，仕神、哲、徽三朝，知名于时，曾入元祐党籍，有《净德集》传世。王梓材在《宋元学案》卷99《苏氏蜀学略·修撰吕先生陶》案语中云："先生尝入元祐党籍，以其为川党羽翼，则亦蜀学之魁也。"《宋元学案》列吕陶为苏轼同调，吕陶又与周敦颐有交往。②

吕陶与范镇有交谊，范镇致仕，吕陶撰七律《和寄景仁致政侍郎》云："文章道德有源流，进退恬然信自由。身在禁林方倚望，年侵老景便归休。素云收雨还层岫，劲柏凌霜茂晚秋。何日家山纵吟赏，闲中情味更优游。"③ 范镇因反对王安石新法，于神宗熙宁三年（1070）被迫致仕，时年63岁。④ 吕陶对待新法的态度与范镇同，此诗既为颇负时望的范镇不得不离开朝廷而感惋惜，又表达了对其安慰之意。吕陶另撰有五言古诗《送翰林范侍郎》数百言，进一步表达安慰、赞赏之意。范镇回四川探亲，吕陶又以七律《和周简州寄范蜀公三章》赠之。⑤

---

① （宋）范百禄：《宋尚书司封员外郎充秘阁校理新知湖州文公墓志铭》，载傅增湘辑《宋代蜀文辑存》卷22，第322页。

② 参见（清）黄宗羲原著，全祖望补修，陈金生、梁运华点校《宋元学案》卷99《苏氏蜀学略》，中华书局1986年版，第3302页；（宋）吕陶《净德集》卷29《送周茂叔殿丞并序》，武英殿聚珍版丛书本。关于吕陶的学术思想，可参考胡昭曦、刘复生、粟品孝《宋代蜀学研究》，第65—68页。

③ （宋）吕陶：《净德集》卷37，武英殿聚珍版丛书。

④ 参见胡昭曦《宋代"世显以儒"的成都范氏家族》，《胡昭曦宋史论集》，第289—290页。

⑤ 分见（宋）吕陶《净德集》卷30、卷35，武英殿聚珍版丛书本。

吕陶与文同相友,《净德集》中有《文与可画墨竹枯木记》《寄题洋川与可学士公园十七首》《用与可韵为湖亭杂兴十首》等,反映两人的交谊。苏轼《文与可画赞》云:"友人文与可既殁十四年,见其遗墨于吕元钧之家,嗟叹之余,辄赞之。"①

华阳范氏、眉山苏氏、梓州文同和成都吕陶的关系,可以下图显示:

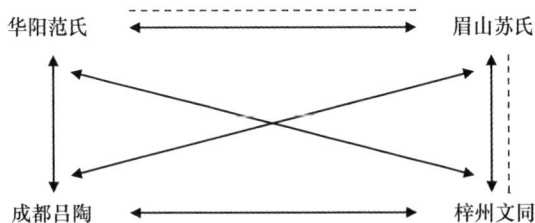

图1 范、苏、文、吕相互交往关系图

注:带箭头实线表示相互交往关系,虚线表示婚姻关系。此图由作者本人绘制。

范、苏、文、吕互为学友,相互间都保持着深厚的友谊乃至姻亲关系,他们构成了北宋中期四川士人学术交游圈的核心。

需要指出的是,学者在学术上的成就或后世所获得的评价,与他们在学术圈中所处的地位不一定成正比。华阳范氏以史学著称,眉山苏氏以文学知名,他们在宋代的声望与学术成就,与其在士人学术圈中的地位相当。而同样居于士人学术交游圈核心地位的文同和吕陶,情况就有所不同。文同多才多艺,为苏轼和苏辙兄弟、文彦博、司马光、赵抃、王安石、范镇等同时期最著名的学者和名相所称赏并与之交谊。吕陶历仕三朝,官位崇高,后世称为"蜀学之魁"。二人之声望都很高。但二人在学术上的影响及后世对他们的评价,则不及他们在当时士人学术交游圈中的地位显要。由于前后世的评价标准会有变化和差异,以及学者著述存佚情况的不同,都会导致某学者在当时及后世的学术地位出现错位。而研究士人学术交游圈,正好可以为评价一位学者在历史上的学术地位提供另一个机会。下述宇文之邵和鲜于侁两位学者,就是极好的例子。

---

① (宋)苏轼著,孔凡礼点校:《苏轼文集》卷21,第613页。

（二）围绕范氏、苏氏、文同和吕陶的学术交游圈（上）

宇文氏为宋代四川诗书名族①，范镇为汉州绵竹房的著名学者宇文之邵的母舅。宇文之邵（1029—1082 年），字公南，号止止先生，嘉祐二年（1057）进士，是宋代四川重要学者，为范镇、司马光所敬重。②《氏族谱》并称，程珦知汉州时，其子程颢、程颐曾从宇文之邵游。此说确否未可知，但程珦请宇文之邵典汉州学，足可证明程珦是很看重宇文之邵的。③《宋元学案》称宇文之邵为"蜀学之先"④。文同与宇文之邵亦有交往，曾有诗赠之云："从来绵竹多贤者，唯是扬雄识壮夫。"⑤吕陶与宇文之邵年龄相仿，自少便与之交游。吕陶《答宇文公南》诗云："少年从君游，于今已头白。逡巡三十载，光景如昨日。追怀当时事，感慨横胸臆。贤侯在泮水，多士凡数百。探道先渊源，学文重气格。君常露华采，流品推第一。西南有豪俊，自此贵名出。"⑥宇文之邵后裔尝编辑其遗文为《止止先生宇文公集》，并请南宋蜀籍著名理学家魏了翁作序，了翁称宇文之邵"名震京师"⑦。该集今已不存（仅存诗 1 联及文 2 篇），使我们不能对宇文之邵的学术及交游关系有更多的了解，但仅据其与范镇、文同和吕陶的交往关系，以及他们和司马光对宇文之邵的推崇，已足显其在当时的学术声望和地位。

阆州阆中鲜于氏为宋代四川名族，鲜于侁为其族中最著名的学者。鲜于侁（1019—1087 年），字子骏，父鲜于至自号隐居先生，为蜀名儒。鲜于侁年二十登仁宗景祐五年（1038）进士，官至集贤殿修撰。秦观

---

① 参见王德毅《宋代成都宇文氏族系考》，《国立台湾大学历史学系学报》1991 年第 16 期。

② 参见（宋）佚名《氏族谱》"宇文氏"条，载《巴蜀丛书》第 1 辑，第 266 页；（元）脱脱等《宋史》卷 458《宇文之邵传》，第 13450 页。

③ 参见（宋）程颐《为家君请宇文中允典汉州学书》，载（宋）程颢、程颐著，王孝鱼点校《二程集·河南程氏文集》卷 9，中华书局 2004 年第 2 版，第 593—596 页。

④ （清）黄宗羲原著，全祖望补修，陈金生、梁运华点校：《宋元学案》卷 6《士刘诸儒学案》，第 262 页。

⑤ （宋）文同：《丹渊集》卷 13《寄宇文公南》，四部丛刊本。

⑥ （宋）吕陶：《净德集》卷 30，武英殿聚珍版丛书本。

⑦ （宋）魏了翁：《鹤山先生大全文集》（下简称《鹤山集》）卷 55《止止先生宇文公集序》，四部丛刊本。

《鲜于子骏行状》云：

> 士之游其门者，后皆知名。治经术有师法，论注多出于新意。晚年为诗与楚辞尤精。泰山孙复尝与公论《春秋》，叹曰："今世学经术，未有如公者。"苏翰林（轼）读公《八咏》，自谓欲作而不可及；读公《元［九］诵》，以谓有屈宋之风。今天子赐之诏书亦曰："学足以迨古，才足以御今，智足以应变，强足以守官。深于经术，达于人情。"①

魏了翁《跋鲜于子骏帖》云："裕陵（神宗）称其文学，司马文正公称其政事，苏文忠公称其词章，泰山孙先生（复）称其经术。公之为人，大略可睹矣。"② 鲜于侁有文集、《诗传》、《周易圣断》、《典说》、《治世说言》、《谏垣奏稿》、《刀笔集》等，其余未编次者尚多。其著作多佚，今仅存诗50余首，文1篇及《鲜于侁文粹》。③

《宋史·鲜于侁传》谓："侁刻意经术，著《诗传》《易断》，为范镇、孙甫（复）推许。"④ 范镇又为其撰墓铭，可见范镇与鲜于侁交谊不浅。

鲜于侁少而好学笃行，时苏轼伯父苏涣通判阆州，"礼之甚厚，以备乡举，侁以获仕进"⑤。故苏涣于鲜于侁有知遇之恩。苏轼、苏辙兄弟与鲜于侁交厚。《苏轼文集》存有苏轼写给鲜于侁的三封书信，其一云："伏辱手教，并新文石刻等，疾读，喜快无量。即辰起居佳否？公文学德度，宜在朝廷，久此外远何也？"其二云："所惠诗文，皆萧然有远古风味。然此风之亡也久矣。……所索拙诗，岂敢措手，然不可不作，特未暇耳。近却颇作小词，虽无柳七郎风味，亦自是一家。"苏轼并将近日打

---

① （宋）秦观：《淮海集》卷36，四部丛刊本。
② （宋）魏了翁：《鹤山集》卷59，四部丛刊本。
③ 参见（宋）范镇《鲜于谏议侁墓志铭》，载傅增湘辑《宋代蜀文辑存》卷10，第160—161页；（宋）秦观《淮海集》卷36《鲜于子骏行状》，四部丛刊本；许肇鼎《宋代蜀人著作存佚录》，第206—208页。
④ （元）脱脱等：《宋史》卷344《鲜于侁传》，第10938页。
⑤ （宋）苏辙著，曾枣庄、马德富校点：《栾城集》卷25《伯父墓表》，上海古籍出版社1987年版，第519—520页。

猎所作一阕，"写呈取笑"①。苏轼对鲜于侁《八咏》《九诵》之叹赏，分见《苏轼文集》卷68《题鲜于子骏八咏后》、卷66《书鲜于子骏楚词后》。

苏辙与鲜于侁亦多唱酬，《栾城集》中有《和鲜于子骏益昌官舍八咏》《喜雪呈鲜于子骏三首》《送鲜于子骏还朝兼简范景仁》《次韵鲜于子骏游九曲池》《游金山寄扬州鲜于子骏从事邵光》等。② 其中《送鲜于子骏还朝兼简范景仁》云："蜀中耆旧今无几，相逢握手堪流涕。……犹有城西范蜀公，买地城东种桃李。花絮飞扬酒满壶，谈笑从容诗百纸。"反映了苏辙与鲜于侁、范镇之间的深厚友谊。为鲜于侁撰行状的秦观，本为苏轼门人。秦观在《鲜于子骏行状》末云："某被遇最厚，又尝辱荐于朝。"则秦观亦承鲜于侁之学泽矣。

文同亦与鲜于侁交厚，常有诗相唱酬，文同《丹渊集》中现存有《子骏运使八咏堂八首》《子骏游沙溪洞》《寄子骏运使》《依韵和子骏雪山图》及应鲜于侁之请而作的《绵州通判厅伐木堂记》等。③

鲜于侁与宇文之邵一样，学术著作大多散佚不存，仅剩下若干诗文残篇，今已难窥其学术之全豹。只是根据当年与之交游学者保存下来的记载，可知他们在当时都是有很高学术声望的学者。

眉山任氏和青神陈愭也是当时颇负名望而后世寂寂无闻的学者。眉山任伋（一作汲，1018—1081年），字师中，庆历进士，与其兄孜相继中第，兄弟二人并知名于时，眉人敬之，号"二任"。"二任"与苏洵厚善，及于苏轼、苏辙，苏轼称为大任、小任。任孜字遵圣，以学问气节推重乡里，名与苏洵等，仕至光禄寺丞。④ 秦观从苏轼游，久闻"二任"之风，后识任伋次子大防，故为任伋撰墓表。⑤ 苏轼《祭任师中文》记其与眉山陈愭，犍为王齐愈、王齐万兄弟，黄州进士潘丙、古耕道等致祭任伋云："允义大夫，维蜀之珍。《诗》之老成，《易》之丈人。"谈到与任

① （宋）苏轼著，孔凡礼点校：《苏轼文集》卷53《与鲜于子骏三首》，第1559—1560页。
② 前两篇分载苏辙《栾城集》卷6、卷8，第125—127、190页；后三篇载《栾城集》卷9，第194—195、214、216页。
③ 分载（宋）文同《丹渊集》卷14、卷16、卷17、卷23，四部丛刊本。
④ 参见（元）脱脱等《宋史》卷345《任伯雨传》，第10964页。
⑤ 参见（宋）秦观《淮海集》卷33《泸州使君任公墓表》，四部丛刊本。

伋的关系曰："惟愷与轼，匪友则亲。"①苏辙《栾城集》卷3有《送任师中通判黄州》《次韵任遵圣见寄》诗二首。

任孜有一子，名伯雨，字德翁，中进士第，邃于经术，笔力雄健。著有《春秋绎圣新传》《得得居士戆草》《乘桴集》等。《苏轼文集》卷57有苏轼写给任伯雨的信，其一云："昆仲首捷，闻之欣快，起我衰病矣。当遂冠天下士，蔡州未足云也。陈季常（愷）归，又得动止之详，小四乃能尔，师中不死矣。"②"昆仲"当指任伋（师中）二子大节、大防，时任伋已去世，其家在蔡州。③"首捷"指大节、大防兄弟通过州试，故苏轼称"师中不死矣"，意指其二子能继承父志，向学从事举业。

文同与眉山"二任"（任孜、任伋）为友。④对于任孜所赠诗，文同视作美食、良药，其《谢任遵圣光禄惠诗》云："寻常得君诗，如隼饥见肉。凡当忧愤际，不可不取读。……闻君有诗至，猛起捧大轴。拆开得累纸，半日了一幅。使我困病除，如药清头目。把诗坐前轩，愤惋几欲哭。君也实高才，径庭无龃曲。"⑤任伋任官泸州，特意遣人送荔枝给文同。⑥任伋妻眉山宋氏亡，文同为之撰墓志铭。

吕陶与眉山"二任"（任伋、任孜）及任孜子任伯雨均有交往，与"二任"时有诗唱和。⑦吕陶称任伯雨"学有本原，强明重气节"，"士林多推之"。⑧

陈愷，字季常，自号龙丘居士，为青神陈希亮之子。稍壮，折节读书，欲以此驰骋当世。然终不遇（举进士未第），晚年隐居于光州、黄州间。陈愷与苏轼乃故交，轼为其撰《方山子传》。⑨《苏轼文集》卷53有苏轼致陈愷函十六封，其六云："欲借《易》家文字及《史记》索隐、

① （宋）苏轼著，孔凡礼点校：《苏轼文集》卷63《祭任师中文》，第1944页。
② （宋）苏轼著，孔凡礼点校：《苏轼文集》卷57《与任德老二首》，第1707页。
③ 参见（宋）文同《丹渊集》卷40《任郎中夫人宋氏墓志铭》，四部丛刊本。
④ 参见（宋）文同《丹渊集》卷1《哭任遵圣》、卷40《任郎中夫人宋氏墓志铭》，四部丛刊本。
⑤ （宋）文同：《丹渊集》卷4，四部丛刊本。
⑥ 参见（宋）文同《丹渊集》卷4《谢任泸州师中寄荔枝》，四部丛刊本。
⑦ 参见（宋）吕陶《净德集》卷27《夫人吕氏墓志铭》、卷30《答任师中》、卷35《送任遵圣之官富顺二首》，武英殿聚珍版丛书本。
⑧ （宋）吕陶：《净德集》卷27《夫人吕氏墓志铭》，武英殿聚珍版丛书本。
⑨ 参见（宋）苏轼著，孔凡礼点校《苏轼文集》卷13《方山子传》，第420—421页。

正义。如许，告季常为带来。季常未尝为王公屈，今乃特欲为我入州（指黄州），州中士大夫闻之耸然，使不肖增重矣。不知果能命驾否？"其七云："郑巡检到，领手教。……《易》义须更半年功夫练之，乃可出。想秋末相见，必得拜呈也。"《钦定四库全书总目》云："苏籀《栾城遗言》记苏洵作《易传》未成而卒，属二子述其志。轼书先成，辙乃送所解于轼，今《蒙卦》犹是辙解。则此书实苏氏父子兄弟合力为之。题曰轼撰，要其成耳。"① 著名的乌台诗案了结后，苏轼谪居黄州（神宗元丰三年至七年，1080—1084 年），邻近陈慥隐居之所，向陈慥借书，当是为了完成《易传》的撰写。由苏轼前一封信，可知陈慥是颇负时名的。

吕陶与陈慥亦有交谊，所撰七律《次韵赠陈季常》云："一辰殊不挂胸中，标韵高闲辩论雄。诗得江山深有助，道因橐钥易为功。平生拟效漆园吏，何日相逢黄石公。可惜壮年长策在，却陪明月与清风。"②吕陶此诗，既表达了对陈慥才华的推崇，又对其怀才不遇表示惋惜。苏轼《答吕元钧三首》中，第二、三封书信都提到了陈慥（季常）③，可见他们三人的关系是很密切的。

兹再以下图显示华阳范氏、阆中鲜于侁、眉山苏氏、青神陈慥、眉山任氏、梓州文同、成都吕陶、绵竹宇文之邵的交游关系。

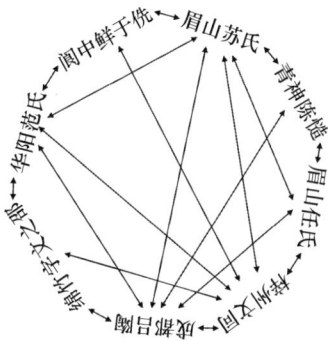

图 2 华阳范氏与眉山苏氏等的交游关系图

注：此图由作者本人绘制。

---

① （清）纪昀、陆锡熊、孙士毅等著，四库全书研究所整理：《钦定四库全书总目》卷 2《〈东坡易传〉提要》，第 11 页。
② （宋）吕陶：《净德集》卷 36，武英殿聚珍版藏丛书本。
③ 参见（宋）苏轼著，孔凡礼点校《苏轼文集》卷 59《答吕元钧三首》，第 1799 页。

（三）围绕范氏、苏氏、文同和吕陶的学术交游圈（下）

北宋前期士人学术交游圈之核心人物乐安先生任奉古的两位再传弟子杨绘、蒲远献以及蒲的同门章詧，也是中期学术交游圈中之人。

杨绘（1027—1088 年）属绵竹杨氏，字元素，号无为子。自幼聪颖，读书五行俱下，老不复忘。专治经术，工古文，尤长于《易》《春秋》，以其学背时好，名所居曰"自信堂"。中皇祐五年（1053）进士第二，为仁宗、英宗、神宗所器重。有《群经索蕴》《书九意》《诗旨》《春秋辨要》《无为编》《西垣集》《杨绘集》等著作多种。绵竹杨氏与华阳范氏为世婚，故范祖禹"知公（杨绘）最详"①。绵竹杨氏又与四川诗书名族宇文氏有密切的婚姻关系。杨绘与文同、成都宋璋、绵竹章彙相友。宋璋第进士，官太常博士。② 绵竹章彙学行高，尤邃于《易》，与杨绘、宇文公南友善。章彙一试礼部不第，退而结庐紫微山下，号知退处士。③

成都蒲远献（1011—1092 年）为北宋前期士人学术交游圈中代渊和任维翰的门人，"少而能赋，与女弟幼芝俱有声于剑南"，与黄庭坚为友。蒲远献为庆历六年（1046）进士，同眉山任氏之任伋有交往，与青神陈氏、成都郫县张愈都有姻亲关系。④

成都双流章詧（993—1068 年）为任维翰的另一门人，前一节提到，章詧博通经学，尤长《易》和扬雄《太玄经》。章詧与里人范百禄（范镇从子）有交往，曾为范百禄解述《太玄经》大旨。⑤ 苏轼有《书章詧诗》，称其"善属文"⑥。章詧著有歌诗杂文 20 卷、《太玄图》、《太玄图经发隐》、《卦气图》等，《卦气图》以石刻于成都府学之西，《太玄图》

---

① （宋）范祖禹：《范太史集》卷 39《天章阁待制杨公墓志铭》，文渊阁《四库全书》影印本。

② 参见（宋）文同《丹渊集》卷 40《仁寿县太君李氏埋铭》，四部丛刊本；（宋）佚名《氏族谱》"宋氏"条，载《巴蜀丛书》第 1 辑，第 255 页。

③ 参见（宋）李流谦《澹斋集》卷 17《仲结章君墓铭》，文渊阁《四库全书》影印本。

④ 参见（宋）蒲远献《自撰墓志》，载傅增湘辑《宋代蜀文辑存》卷 17，第 256 页；（宋）黄庭坚《豫章黄先生文集》卷 24《蒲仲舆墓碣》，四部丛刊本。

⑤ 参见（元）脱脱等《宋史》卷 458《章詧传》，第 13446—13447 页。

⑥ （宋）苏轼著，孔凡礼点校：《苏轼文集》卷 68《书章詧诗》，第 2161 页。

并文集刻于中兴寺子云祠堂。^① 吕陶与章詧游，其《贻草莱章詧诗》云：
"著图课见历象运，发隐扣达乾坤机。……愚闻是书百日就，沥恳再拜求观之。先生训我有大略，笔端粗可言毫厘。……我从诲言日勉勉，始若得济终无涯。性庸才下道悠远，策发未进吁可悲。愿从诸生北面请，庶几一释终身疑。"^②吕陶以章詧道义充于身，文章传于世，其清名皆可书，故为其撰行状，"以备史馆之载录云"^③。

张愈（一作俞），字少愚，号白云先生。游学四方，屡举不第，文彦博治蜀，曾以礼待之。为蜀中名士，著有《白云集》。张愈娶成都蒲远猷之妹，俱有文名。^④ 张愈虽无功名，但在当时的声望却很高，与苏洵、员安舆同为四川学士所景仰的人物。

员安舆祖父员延禀曾从宋初名士陈抟习道论，安舆与其弟安宇皆以学自力，登进士第（安舆登皇祐第）。安舆，字文饶，为仁寿人，乡人谥曰文质先生。员氏后裔员兴宗云：员安舆"词最高伟，大儒苏洵明允、文同与可皆与之定交。此两人者，立名天下，于世无所推第，独敬尚文饶甚备"。又云："文饶才茂异常，与西州处士苏洵明允、张愈少愚通书周旋文谊。当是时，巴蜀学士深心翰墨者，莫不共高此三人。"^⑤员安舆和张愈与苏洵、文同一样，都是当时四川的著名学者。

成都郫县李慎从与文同为密友，其母文氏，与文同为亲戚。慎从与名士张愈为友，为张愈所敬重。其弟李慎思与吕陶为同年（皇祐五年，1053年）进士。李慎思好《易》《春秋》，每多论述，著《治策》50篇，讲明世务。李氏与华阳范氏、梓州文氏有婚姻关系。^⑥ 蜀州晋原李彤（1019—1072年）与郫县李氏同族，吕陶少与李彤游。李彤中庆历六年

① 参见（宋）吕陶《净德集》卷28《冲退处士章詧行状》，武英殿聚珍版丛书本。
② （宋）吕陶：《净德集》卷31，武英殿聚珍版丛书本。
③ （宋）吕陶：《净德集》卷28《冲退处士章詧行状》，武英殿聚珍版丛书本。
④ 参见（宋）黄庭坚《豫章黄先生文集》卷24《蒲仲舆墓碣》，四部丛刊本；（宋）蒲芝《白云先生张少愚诔》，载杨慎编，刘琳、王小波点校《全蜀艺文志》卷50，线装书局2003年版，第1520—1521页。
⑤ （宋）员兴宗：《九华集》卷21《左奉议郎致仕员公墓志铭》《夫人员氏墓志铭》，文渊阁《四库全书》影印本。
⑥ 参见（宋）文同《丹渊集》卷38《李公泽墓志铭》，四部丛刊本；（宋）吕陶《净德集》卷25《秭归县令李君墓志铭》，武英殿聚珍版丛书本。

（1046）进士，尝从晋原乡先生张中行学，得《易》《春秋》大旨，朋友畏其博闻。尝著《史断》12 篇，以鉴治乱。①

荣州王梦易（？—1086 年），皇祐元年（1049）进士，与成都范镇、蜀州新津张商英、南充何涉、成都郫县杨天惠等名学者均有交往。②

张商英（1043—1121 年），字天觉，号无尽居士，治平二年（1065）进士，官至宰相。有《三坟书》《神宗政典》《大象星经》《无尽居士注素书》《宗禅辩》《张无尽集》等儒、佛、道及诗文著作十余种。

何涉，字济川，父、祖皆业农，涉始读书，昼夜刻苦，泛览博古。上自六经、诸子百家，旁及山经、地志、医卜之术，无所不学，一过目不复再读，而终身不忘。人问书传中事，必指卷第册叶所在，验之果然。登景祐元年（1034）进士第，为官所至多建学馆，劝诲诸生，从之游者甚众。虽在军中，亦尝为诸将讲《左氏春秋》，狄青之徒皆横经以听。有《春秋本旨》《治道中术》《庐江集》。③

杨天惠，字佑父，元丰进士，以儒学称，自号回光居士。④ 有《杨天惠集》《三国人物论》等著作。

张唐英（1026—1068 年），为张商英之兄，皇祐元年（1049）进士，为名臣，有史才，《宋代蜀人著作存佚录》录其著作十种，著名的有《蜀梼杌》《九国志补》。唐英与范镇相知，其父特嘱唐英，请范镇为其撰墓铭。⑤ 唐英以文名，翰林学士眉山孙抃、绵竹杨绘与成都白云先生张愈皆称赏之。唐英官归州时，与夷陵令蒋概、秭归令邓绾为文友，名声著于荆湖间。⑥

---

① 参见（宋）吕陶《净德集》卷 25《李太博墓志铭》，武英殿聚珍版丛书本。

② 参见（宋）张商英《王梦易墓表》，载傅增湘辑《宋代蜀文辑存》卷 14，第 216—217 页。

③ 参见（元）脱脱等《宋史》卷 432《何涉传》，第 12842—12843 页。

④ 参见（清）王梓材、冯云濠撰，杨世文等校点《宋元学案补遗》卷 4《庐陵学案补遗》，人民出版社 2012 年版，第 344 页；（宋）佚名《氏族谱》"杨氏"条，载《巴蜀丛书》第 1 辑，第 271 页。

⑤ 参见（宋）范镇《张寺丞文蔚墓志铭》，载傅增湘辑《宋代蜀文辑存》卷 10，第 166 页。

⑥ 参见（宋）张商英《张御史唐英墓志铭》，载傅增湘辑《宋代蜀文辑存》卷 14，第 213—214 页。

邓绾为成都双流"二江先生"邓至之子，曾任翰林学士，官至知枢密院。著有《洪范建极锡福论》《驳臣鉴古论》《治平文集》及杂文诗赋等。邓至为著名乡先生，学问渊博，号"二江先生"。范镇与邓至为友，范百禄则从之游。①

王梦易之子王序与黄庭坚为师友，王序兄王庠婿于东坡之兄，学有渊源。② 王庠早岁上范纯仁、苏辙、张商英书，皆持中立不倚之论，吕陶、苏辙皆器重之。尝以《经说》一篇寄苏轼，为苏轼所称赏。王庠与苏轼、苏辙、范纯仁为知己，吕陶、王吉尝荐举，又与黄庭坚、张舜民、任伯雨（眉山任孜之子）相交游。王庠尝举八行，事下太学，大司成考定为天下第一。③ 除《经说》外，王庠还有《王庠文集》；王序有《雅歌》、诗赋杂著等。④

仙井（隆州）李新与王庠交往近 30 年。⑤ 李新字符应，自号跨鳌先生。元祐五年（1090）进士，刘泾尝荐于苏轼，命赋墨竹，口占一绝立就。受知于苏轼。刘泾出自富于家学传统的简州阳安刘氏，号前溪先生，以文知名，王安石荐其才。⑥ 李新有《送刘前溪》诗⑦，表明两人之交谊不浅。李新有《跨鳌集》存世，同郡人韩驹为李新的文集作序。⑧ 清代四库馆臣谓："其诗气格开朗，无南渡后喁唶之音。其文、序、记诸篇，忽排（俳）忽散，虽似不合格，而他作亦多俊迈可诵。在北宋末年，可以称一作者。"⑨

韩驹（？—1135 年），字子苍，少有文称，政和初召试舍人院，赐进士出身，累官至集英殿修撰。尝从苏辙学，又与范祖禹长子范冲交往。⑩

---

① 参见（宋）佚名《氏族谱》"邓氏"条，载《巴蜀丛书》第 1 辑，第 286 页。

② 参见（宋）马骐《王典孙墓表》，载傅增湘辑《宋代蜀文辑存》卷 61，第 789 页。

③ 参见（元）脱脱等《宋史》卷 377《王庠传》，第 11657—11658 页。

④ 参见中华民国《荣县志》卷 14《王商彦墓碑》，中华民国十八年（1929）刻本。

⑤ 参见（宋）李新《跨鳌集》卷 29《王朝奉谏》，文渊阁《四库全书》影印本。

⑥ 参见（元）脱脱等《宋史》卷 443《刘泾传》，第 13104 页。

⑦ 参见（宋）李新《跨鳌集》卷 1，文渊阁《四库全书》影印本。

⑧ 参见（宋）佚名《氏族谱》"新繁彭氏"条，载《巴蜀丛书》第 1 辑，第 283 页。

⑨ （清）纪昀、陆锡熊、孙士毅等著，四库全书研究所整理：《钦定四库全书总目》卷 155《〈跨鳌集〉提要》，第 2088 页。标点有调整。

⑩ 参见（元）脱脱等《宋史》卷 445《韩驹传》，第 13140—13141 页；（宋）韩驹《陵阳集》卷 4《次范元长韵兼简郑有功博士》，文渊阁《四库全书》影印本。

有《陵阳集》，学者称陵阳先生。

冯澥为王梦易夫人向氏撰墓志铭。冯澥（？—1140年），字长源，普州安岳人。父冯山，时称鸿硕先生，嘉祐二年（1057）进士。熙宁末为秘书丞、通判梓州，成都邓绾荐为台官，不就。退居20年，范祖禹荐于朝，官终祠部郎中。有《春秋通解》《冯安岳集》，刘泾从曾孙刘光祖为其集作序。① 冯澥年二十三登元丰进士第，名声籍甚，绍兴三年（1133）以资政殿学士致仕。为文师苏轼，有《左丞集》。②

（四）士人学术交游圈中的藏书家

眉山石氏为藏书世家，号"书台石家"。石扬休（995—1057年），字昌言，与范镇同年登科（宝元元年，1038年），又曾同官，故范镇为其撰墓铭。石扬休喜聚古图书，有《南郊野录》《燕申编》《角上丛编》《西斋文集》及诗、杂文、制诰千余篇。石扬休年18州举进士，于数百人中为之首，声振西蜀。凡四举进士，皆为选首。司马光儿时读书，即闻扬休之名，可见扬休声名之远播；但扬休至43岁始及第。有趣的是，同时登第者中即有司马光，两人均中进士甲科。司马光从此与石扬休交游达20年，直至石扬休去世。③

石扬休之子石康伯（1020—？年），字幼安，石康伯举进士不第，当以荫补官，亦不就，以读书赋诗自娱。石康伯独好书画，与文同相交如兄弟，得文同画为多。又与苏轼为友，亦得其画藏诸画苑，并获苏轼为其画苑写记。石康伯病逝，苏轼撰文祭之。④

蜀州阎太古藏书丰富，"刻意于学，酣嗜典册，颠倒熟烂。尤喜《左氏春秋》，最为学者左右采获持去精义，以下其它师"⑤。表弟罗致恭从其学，太古授以《左氏春秋》，尽通其学。致恭复以所能，勉励太古之子

---

① 参见（宋）刘光祖《安岳冯公太师文集序》，载傅增湘辑《宋代蜀文辑存》卷70，第895—896页。

② 参见（元）脱脱等《宋史》卷371《冯澥传》，第11521—11522页。

③ 参见（宋）司马光《温国文正公文集》卷75《石昌言哀辞》，四部丛刊本；（宋）范镇《石工部扬休墓志铭》，载傅增湘辑《宋代蜀文辑存》卷10，第156页。

④ 参见（宋）苏轼著，孔凡礼点校《苏轼文集》卷11《石氏画苑记》，第364—365页；卷63《祭石幼安文》，第1948页。

⑤ （宋）文同：《丹渊集》卷36《屯田郎中阎君墓志铭》，四部丛刊本。

颛。阎颛中天圣八年（1030）进士。自读书便好追订古圣贤所以立言示后世之意，其为文章，浩荡闳硕，腾高踔远，解理析义，夷易明白，"西南士人宗师之"。文同"尝论文于公之左右"，故与阎颛为讲友。① 罗致恭"有文行，为西南名人"。致恭悉心培育其子，求名儒为之师友，其子罗登于景祐（1034—1038 年）中登进士第。文同与罗氏亦有交往，罗致恭逝后，文同应罗登之请，为其父撰铭。② 吕陶早年从阎颛学。阎颛"以道德自任，名重一时，与后进少许与"，却每称李逢之才，吕陶因而与李逢交往。李逢（？—1075 年），蜀州人，登嘉祐二年（1057）进士第，官至著作佐郎，善文辞。③

阆州新井蒲氏为藏书世家，蒲宗孟曾祖即善藏书，家有藏书楼名"清风阁"。蒲宗孟为仁宗皇祐五年（1053）进士，历官翰林学士兼侍读、资政殿学士。神宗称为有史才，命同修两朝国史。④ 有《蒲左丞集》《清风集》等著作多种。蒲宗孟与苏轼、苏辙兄弟皆有交往。苏辙《寄题蒲传正学士阆中藏书阁》诗云："朱栏碧瓦照山隈，竹简牙签次第开。读破文章随意得，学成富贵逼身来。诗书教子真田宅，金玉传家定粪灰。更把遗编观得失，君家旧物岂须猜？"⑤

范祖禹与其父范百祉（一作之）曾借阅过蒲氏藏书。范祖禹亦有诗云："惟昔隐君子，卜筑兹考盘。图书侔藏室，一一手自刊。……来为廊庙重，归为里闾欢。乃知哲人训，基构自艰难。我昔侍先君，借书尝纵观。题诗尚可记，手泽想未干。尔来三十载，感事一汍澜。侧身西南望，安得陵风翰。"⑥

蒲氏与眉山苏氏及阆中陈氏也有婚姻关系。苏洵之兄苏涣于庆历中任阆州通判，与蒲师道相友，遂结为姻亲，苏涣子苏不欺娶蒲师道之女、

---

① 参见（宋）文同《丹渊集》卷 36《屯田郎中阎君墓志铭》，四部丛刊本。

② 参见（宋）文同《丹渊集》卷 37《屯田员外郎罗君墓志铭》，四部丛刊本。阎颛及其父太古之名见于此铭。

③ （宋）吕陶：《净德集》卷 25《著作佐郎李府君墓志铭》、卷 26《陇西李君墓志铭》，武英殿聚珍版丛书本。

④ 参见（元）脱脱《宋史》卷 328《蒲宗孟传》，第 10570—10571 页。

⑤ （宋）苏辙著，曾枣庄、马德富校点：《栾城集》卷 5《寄题蒲传正学士阆中藏书阁》，第 107 页。

⑥ （宋）范祖禹：《范太史集》卷 2《寄题蒲氏清风阁》，文渊阁《四库全书》影印本。

蒲宗孟之姊为妻。① 蒲师道年二十登天圣八年（1030）进士第，十余岁能诵经传，属诗赋。与蒲氏同州的北宋名相陈尧佐从子陈渐号"金龟子"，以文学名于蜀，一见蒲师道所为词章，乃以女妻之。②

上述诸文人学者，围绕着华阳范氏、眉山苏氏、梓州文同、成都吕陶，形成纵横交错的学术交往关系。另外，分别与他们交往的文人学者尚多，兹不一一列举。

"庆历之际，学统四起"③，新儒大量涌现，百家争鸣，学术文化呈现出空前繁荣的景象。四川与之同步，士人家族多崛起于北宋中期，北宋四川最重要的学者，亦都在这一时期产生。上述北宋中期四川士人学术交游圈，就包括了所有这些重要学者。正如笔者在本节开始时所言，在这个学术交游圈里，居于核心地位的学者是华阳范氏、眉山三苏父子、梓州文同、成都吕陶。其他重要学者，则有汉州绵竹宇文之邵、阆州阆中鲜于侁、眉山"二任"（伋、孜）、成都郫县张愈、隆州仁寿员安舆、汉州绵竹杨绘等。通过对本期士人学术交游圈的考察，我们对北宋中期四川学术繁荣的情况，当有较为直观的认识。而从四川的例子可以看出，正是由于各个区域学术文化的发达，才形成了整个北宋中期学术鼎盛的局面。

三　两宋之际之四川士人学术交游圈

（一）由一篇墓志铭所引出的西川士人学术交游圈

《宋代蜀文辑存》卷33载有《李仲侯墓志铭》，由前通判巴州李安仁撰，昌州永川县尉任续书碑，前知潼川府铜山县文兑篆盖。李仲侯为绵州巴西人，其祖李哲、父伯谊与文同都有交往，其家有学术传统。李哲之父李鋿博学，以行医为业，生哲，始令习进士业。李哲博通经史，景祐初就进士举，试礼部不得，乃归教其子，子伯谊登皇祐五年（1053）

---

① 参见（宋）吕陶《净德集》卷27《静安县君蒲氏墓志铭》，武英殿聚珍版丛书本。

② 参见（宋）蔡襄《端明集》卷39《蒲君墓志铭》，文渊阁《四库全书》影印本。

③ （清）黄宗羲原著，全祖望补修，陈金生、梁运华点校：《宋元学案》卷6《士刘诸儒学案》全祖望案语，第251页。

进士第。李哲临终,嘱伯谊请文同为其撰铭。伯谊于文无不能,尤长于诗。[1] 李仲侯科举不第,其父劝仲侯姑以荫入官,以俟后图。历官至潼川府司录,迁朝奉大夫。李仲侯负时名,"一时名人学士胥纳交出门下"[2],喜读书著述,藏书万卷,有文集、《归田唱和集》。

李安仁为隆州仁寿人,哲宗元符三年(1100)进士[3],获交于李孟侯、李仲侯伯仲间,为学术同调。

任续为潼川府(梓州)郪县人,任氏"世以儒科显","文献相承,衣冠不绝,蜀人论氏族者推焉"。任续初以父荫入仕,绍兴十三年(1143)任昌州永川县尉,绍兴二十一年(1151)中进士第,选为沣州州学教授,后任开州教授。任续"笃学喜为文",有《仙云集》《任氏春秋》《春秋五始五礼论》《篆隶石刻谱》等。任续与南宋著名学者周必大(1126—1204年)有同年之谊,故得周氏为之撰铭。周氏称其子任义问"博学能文,奥篇隐帙,问无不知,君可谓有后矣"[4]。

文兑为绵州巴西人文正伦子。李仲侯与同县文正伦、怀安军金堂蹇汝明、眉山王赏、汉州绵竹李良臣、眉山杨椿有诗文唱和。[5] 文正伦,字济道,汉文翁之后,元祐、绍圣间与其弟文正思同学于太学。时"太学诸生三千人,更相甲乙,其推蜀人者中,有二文之目"。文正伦进士出身,为文宏赡博洽,一时称之。所著有《左氏纲领》《东岩野老集》《小名录》《西汉隽永》《唐史囊括》等。[6]

蹇汝明为绍圣中进士,《宋诗纪事补遗》卷30收有其诗二首,《宋代蜀文辑存》卷33有记一篇。另一存世之文,即为文正伦所撰墓铭。蹇汝

---

① 参见(宋)文同《丹渊集》卷38《绵州李处士墓志铭》,四部丛刊本;(宋)李安仁《李仲侯墓志铭》,载傅增湘辑《宋代蜀文辑存》卷33,第442—443页。李鈞、李哲之名见《李仲侯墓志铭》。

② (宋)李安仁:《李仲侯墓志铭》,载傅增湘辑《宋代蜀文辑存》卷33,第442—443页。

③ 参见嘉庆《四川通志》卷122《选举志一》,清嘉庆二十一年木刻本。

④ (宋)周必大:《文忠集》卷34《恭州太守任君续墓志铭》,文渊阁《四库全书》影印本。许肇鼎《宋代蜀人著作存佚录》仅录其诗一首,见该书第173页。

⑤ 参见(宋)李安仁《李仲侯墓志铭》,载傅增湘辑《宋代蜀文辑存》卷33,第442—443页。

⑥ 参见(宋)蹇汝明《文正伦墓志铭》,载(清)刘喜海编《金石苑》卷3,台北:艺文印书馆1967年版。

明称文正伦"文章如班固"。

王赏为《东都事略》作者王称之父，王氏乃眉山一个富有学术传统的家族，以史学传家。王称祖辈王朝隐博物洽闻，号"经史笥"①。王赏兄王当博览古今，尝举进士不中，退居田野，著《春秋列国名臣传》50卷，人竞传之。于经学尤邃《易》与《春秋》，皆为之传，得圣人之旨居多。又著有《经旨》《史论》《兵书》等。元祐中苏辙尝以贤良方正荐。②王赏中崇宁二年（1103）进士第，绍兴中曾为实录修撰，为文师苏轼，有《玉台集》40卷。曾考订唐、五代及宋朝故实，为《东都事略》做过许多前期工作。王称承家学，旁搜宋九朝事实，完成《东都事略》。洪迈修四朝国史，奏进其书。其书卓具史识，为考宋史者所宝贵。③《钦定四库全书总目》云："宋人私史卓然可传者，唯偁（称）与李焘、李心传之书而三，固宜为考宋史者所宝贵矣。"④

李良臣于徽宗大观元年（1107）肄业州学，师从教授苏元老（苏轼侄孙），获苏公栽培。⑤李良臣登徽宗政和五年（1115）进士第，绍兴中授馆职，为尚书郎。⑥今存有诗4首、文5篇及《李良臣文粹》。《四库全书总目》卷157《〈澹斋集〉提要》称李良臣尝出张浚门下，为所论荐。张浚年16入汉州学，亦师从苏元老，登政和八年（1118）进士第。张浚入州学及登第均晚于李良臣，两人应为同门友，而非师徒关系。绍兴七年（1137）六月，宋高宗与张浚谈论政事，云："蜀中多士，几与三吴不殊。近日上殿如李良臣、蒲贽，极不易得。"高宗"因论士人各随所习，如蜀中之士多学苏轼父子，江西之士多学黄庭坚"。张浚等人响应说：

---

① （宋）吴泳：《鹤林集》卷34《王立言墓志铭》，文渊阁《四库全书》影印本。

② 参见（元）脱脱等《宋史》卷432《王当传》，第12848页。

③ 参见（清）陆心源《宋史翼》卷29《王称传》，中华书局1991年影印本，第309页；陈述《东都事略撰人王赏称父子》，载《中央研究院历史语言研究所集刊》第8本第1分，1939年10月。

④ （清）纪昀、陆锡熊、孙士毅等著，四库全书研究所整理：《钦定四库全书总目》卷50《〈东都事略〉提要》，第692页。

⑤ 参见（宋）李良臣《送教授苏公序》，载傅增湘辑《宋代蜀文辑存》卷35，第473—474页。

⑥ 参见《四库全书·〈澹斋集〉提要》，见文渊阁《四库全书》影印本《澹斋集》卷首。中华书局1981年版《四库全书总目》卷157《〈澹斋集〉提要》及该局1997年整理本均阙有关李流谦之父李良臣的这段记载。

"大抵耳目所接，师友渊源，必有所自。"①此段对话，表明高宗对李良臣的才干甚为赏识。而各地的士人，多受当地学术传统的影响。李良臣和张浚都出自苏氏后人苏元老门下。

绵州孙观国少学于魏城阎实，未冠入太学，从临邛赵雍学《易》。后从观国学习之学子所在如市，其门多成立者。工于诗，有文集及《游吴录》《龙川笔录》等。观国试外省，冯楫识其文，擢殊等。李良臣夫人任氏之外家为孙观国族人，李良臣平生待观国如师友，其子李流谦与彭州教授陈大临（字彦博）少从观国游。②

李流谦（1123—1176 年），字无变，号澹斋，以父荫入官。以文学知名，三嵎（隆州）喻迪圣"以文豪一世"，读李流谦诗，曰："此殆唐人之作。"③今存有《澹斋集》。李良臣晚年家于紫岩，"士凑问学"，绵竹章绶（字仲结，？—1167 年）亦从其学，且为良臣所称赏之少数学生之一。李流谦描述与章绶之友情曰："章仲结，予三十年故人。与之游，如践芳荪之畔，香菲菲来袭人，如酌醇醪，竟日陶然而不知醉。"章绶曾祖章棐与杨绘相交，前已述及。其父章骘特试策第一，赐进士第。章绶侍其父官阆中时，知州为山东名儒梁激④，见章绶之诗，"大嗟赏，目为千里驹"。海陵人查匡躬（名许国）"不妄可人，自童时亦喜称君，于是始以诗名"。⑤ 试文翁石室，数出诸生之上，绍兴十七年（1147），冠州里之士。于书无所不读，文章醇深婉约，有作者风，有诗文 50 卷。

杨椿（1094—1166 年），字符老，徽宗宣和六年（1124）省试第一，

① （宋）李心传：《建炎以来系年要录》卷 111，"绍兴七年六月乙卯"条，中华书局 1988 年版，第 1808 页。

② 参见（宋）李流谦《澹斋集》卷 17《朝奉大夫知嘉州孙公墓志铭》，文渊阁《四库全书》影印本。

③ （宋）李益谦：《李流谦行状》，载（宋）李流谦《澹斋集》附录，文渊阁《四库全书》影印本。喻迪圣之名，昌彼得、王德毅等编《宋人传记资料索引》（台北：鼎文书局 1974 年版）及李国玲编《宋人传记资料索引补编》（四川大学出版社 1994 年版）均阙载。

④ 梁激《宋人传记资料索引》未录，《宋人传记资料索引补编》据《北京图书馆藏中国历代石刻拓片汇编》第 42 册第 117 页所收 "《梁激题名》立"条，记梁激宣和间以朝请大夫知华州。

⑤ （宋）李流谦：《澹斋集》卷 17《仲结章君墓铭》，文渊阁《四库全书》影印本。许肇鼎《宋代蜀人著作存佚录》漏收章绶。查许国精于六经，侨居荆南，开门教授。见（清）王梓材、冯云濠撰，杨世文等校点《宋元学案补遗》别附卷 1，第 4028 页。

第进士，历官秘书少监、兵部尚书兼国子祭酒兼侍讲、翰林学士，绍兴三十一年（1161）拜参知政事。有文集 50 卷，已佚，今仅存文 15 篇及《杨椿文粹》。晚宋著名学者杨栋为杨椿族人。

由一篇《李仲侯墓志铭》，引出了一个范围不小的士人学术交游圈子。这个圈子既上承北宋中期士人学术交游圈，又下联南宋，显示了宋代四川士人学术交游圈的延续性。在这个学术交游圈中，我们仍可看到文同和眉山苏氏的影响。

（二）以谯定为首的东川士人学术交游圈

两宋之际的另一个学术交游圈，是以谯定为首形成的。谯定，字天授，涪陵（今重庆涪陵）人，初学《易》于南平（今重庆南川）人郭曩氏。"郭曩氏者，世家南平，始祖在汉为严君平之师，世传《易》学，盖象数之学也。"谯定后学于程颐，学行高洁，蜀人敬之称"谯夫子"。[①]谯定为两宋之际蜀籍著名学者，理学"涪陵学派"的创始人。[②] 其学术源流如图 3 所示：

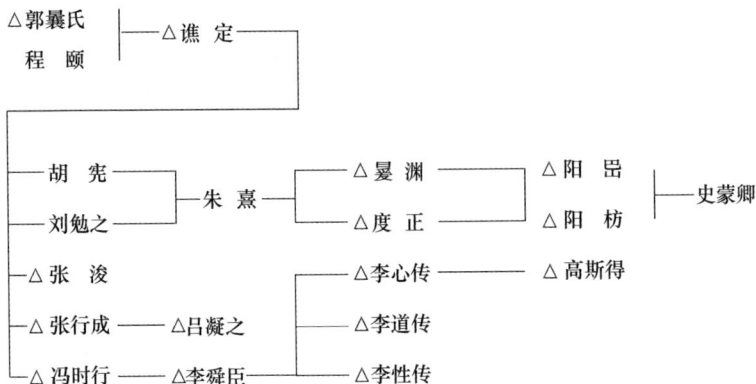

图 3　谯定学术源流图

注：本图录自《宋代蜀学研究》第 83 页，凡有 △ 者为蜀人。吕凝之为笔者所补。

---

① （元）脱脱等：《宋史》卷 459《谯定传》，第 13460—13461 页；（清）黄宗羲原著，全祖望补修，陈金生、梁运华点校：《宋元学案》卷 30《刘李诸儒学案》，第 1079 页。
② 参见胡昭曦、刘复生、粟品孝《宋代蜀学研究》，第 78—86 页。

北宋末，钦宗召涪陵处士谯定至京师，将处以谏职，谯定以言不用，力辞，杜门不出。南宋理学大师张栻之父、绵竹张浚往见再三，定乃开门延入。张浚问所得于前辈者，谯定告之曰："但当熟读《论语》。"①张浚自是益潜心于圣人之微言。张浚尤深于《易》《春秋》《论语》《孟子》，有著作多种。

冯时行（？—1163 年），字当可，恭州璧山人，宣和六年（1124）进士。尝居县北缙云山授徒，因以为号。时行学于谯定，精易学，文尤高古，人称缙云先生。著有《易论》《缙云文集》。其学传于著名史学家李心传之父李舜臣。②

张行成为临邛人，绍兴二年（1132）进士，由成都府路钤辖司干办公事丐祠归，杜门十年，著书79卷，上于朝廷，学者称为"观物先生"。亦精于《易》，有《周易通变》《周易述衍》《观物篇》等著作多种。③ 张行成门人吕凝之为成都吕陶第三子缘嗣之子，绍兴二十七年（1157）登进士第，以才为茶马使者，入对又以易学受知孝宗，留为太府寺丞。④ 著有《易书》40卷。

宋代四川学术交游圈多以西川士人为主，谯定之学术交游圈，却以东川人为主。谯定与门人冯时行为东川人，而门人张浚、张行成则为西川人。张浚之学术交游关系，则横跨上述两个学术交游圈。谯定的老师家世传易学，谯定与其门人、再传弟子亦都精于易学，体现了学术传承上的一致性。

---

① （宋）朱熹：《晦庵先生朱文公文集》卷95上《张公（浚）行状上》，四部丛刊本。
② 参见（清）陆心源《宋史翼》卷10《冯时行传》，第108—110页；（清）黄宗羲原著，全祖望补修，陈金生、梁运华点校《宋元学案》卷30《刘李诸儒学案》，第1085页；（元）脱脱等《宋史》卷459《谯定传》，第13461页；（清）纪昀、陆锡熊、孙士毅等著，四库全书研究所整理《钦定四库全书总目》卷158《〈缙云文集〉提要》，第2117页；（宋）塞驹《古城冯侯庙碑》，载（宋）冯时行《缙云文集》附录，文渊阁《四库全书》影印本。
③ 参见（清）陆心源《宋史翼》卷28《张行成传》，第298—301页；（清）黄宗羲原著，全祖望补修，陈金生、梁运华点校《宋元学案》卷78《张祝诸儒学案》，第2616—2618页。
④ 参见（清）黄宗羲原著，全祖望补修，陈金生、梁运华点校《宋元学案》卷78《张祝诸儒学案》，第2619页；（宋）佚名《氏族谱》"吕氏"条，载《巴蜀丛书》第1辑，第263页。

四 南宋前期之四川士人学术交游圈

南宋时期，四川学术持续发展，士人学术交游圈以资州李石、隆州虞氏、华阳范氏、眉州李氏（焘）、隆州李氏（心传）、汉州绵竹张氏、邛州魏高氏、潼川杨子谟、简州刘光祖等为主。前期仍以传统经学、史学为学术发展之主流，中期以后，理学成为主流。

南宋前期之士人学术交游圈，基本上是以资州李石为主形成的，华阳范氏、眉山苏氏在其中仍扮演着重要角色。

李石（1108—? 年），字知几，号方舟，登绍兴二十一年（1151）进士乙科。李石曾任太学博士，改任成都学官，出主石室，学生至一千多人。① 邓椿《画继》称其出主石室，就学者如云，闽越之士万里而来，刻石题诸生名几千人，蜀学之盛，古今鲜俪。石室藏书丰富，博学而精经术，著述颇多，为南宋四川著名学者。

李石与华阳范氏有很深的交往，他在为范溉所撰的墓志铭中谈到与范氏的关系云，"石蚤客于范氏，获交其群从子弟"，并与范溉、范仲黼父子"盖数世之交，且斯文相与不薄"。② 范溉为范百禄之孙、范祖述之子。范溉之子范仲黼久从李石学，这表明李石曾受聘为范氏家庭教师。后范仲黼从张栻学，成为南宋晚期著名理学家。范镇曾孙范圭（字符功），生于许，靖康元年（1126）被金人俘往北方，以其为是年拔解有名进士，而与宇文虚中等受到优待。范圭后辗转逃归成都，与李石等为文友，详下述。

李石与眉山苏氏亦相交深，与苏轼孙苏符（轼长子苏迈之子）、苏籍（轼幼子苏过之子）、曾孙苏峤都有交游，其子李开（1131—1176 年）为苏峤（苏籍兄苏籥之长子）所知。③ 李石《方舟集》卷 13 有为苏峤所作《苏文忠集御序跋》，《钦定四库全书总目》称其"文字渊源出于苏氏"，

---

① 参见（宋）李石《方舟集》卷 10《自叙》，文渊阁《四库全书》影印本。
② （宋）李石：《方舟集》卷 15《范叔源墓志铭》，文渊阁《四库全书》影印本。
③ 参见（宋）李石《方舟集》卷 17《小舟墓志铭》，文渊阁《四库全书》影印本。

"诸体诗纵横跌宕，亦与眉山门径为近也"。① 李石为眉州彭山程揆所撰《资州程使君墓志铭》云：

> 凡［程揆］向之以文字往来者，如大苏尚书公符、小苏博士公籍、喻驾部汝砺、运副范公攒、检讨邵公博。石与使君日处其间，其诸公之群从子弟执门生弟子礼者多名人，日沓沓说文不离口。而所得于渊源有自者，未论其人，文可知也。②

又为范圭所撰《范元功墓志铭》云："方元功西归，石亦客成都。时苏子籍、程子揆、王子灼、谭子拂云与石群从多俊人，日夕文字往来。或顷不见，折简遣人，杯酒相钩。"③

范圭与苏籍相交游，范祖禹长孙范仲苢（范冲子）为苏符侄婿。④范、苏两家之交谊，至南宋仍然延续。

程揆（1104—1164 年）祖先于唐末入蜀，家眉州彭山，为眉之闻家。北宋熙宁年间（1068—1077 年），祖父程沂以经学教授犍为，因为犍为人。宣和初入太学，受知于太学博士眉山孙逢。程揆登建炎二年（1128）进士第，历任潼川府、成都府学教授，知昌州、资州等。有《文集》《通鉴发挥》《春秋外传》《尚书外传》《史评》《杂志》《佛心印》等著作。程揆不仅在成都时与李石等日夕以文字往来，程揆知资州，李石通判彭州，依然"书问不间断如昨"。程揆病重时嘱其子，必欲得李石为其铭，两人相交可谓深矣。而程揆第三子师夒又从李石学经。⑤

喻汝砺（？—1143 年），仁寿人，崇宁五年（1106）赐学究出身，

---

① （清）纪昀、陆锡熊、孙士毅等著，四库全书研究所整理：《钦定四库全书总目》卷159《〈方舟集〉提要》，第 2128 页。

② （宋）李石：《方舟集》卷 16，文渊阁《四库全书》影印本。

③ （宋）李石：《方舟集》卷 15，文渊阁《四库全书》影印本。

④ 参见（宋）苏山《苏符行状碑》，载高文、高成刚编《四川历代碑刻》，四川大学出版社 1990 年版，第 185 页。碑文由苏符子苏山撰文，侄婿蜀郡范仲苢书。

⑤ 参见（宋）李石《方舟集》卷 16《资州程使君墓志铭》、卷 15《范元功墓志铭》，文渊阁《四库全书》影印本。

自号扪膝先生。① 工诗文，著有《扪膝先生文集》。简州刘光祖为其集作序云："先生之于学不古不好，于文不古不嗜，于事不古不慊，故其于名节不古不止也。……盖先生之文，一字不肯苟于下笔，每篇率能驰骋上下，涛起阜涌，力有余而气不竭，辞既工，于理与事又欲明白而深切。"②

范瓒生平不详。邵博（？—1158年）为邵雍孙、邵伯温次子，曾知果州、眉州，卒于犍为县。③

王灼，字晦叔，号颐堂，遂宁人。④ 著有《糖霜谱》《碧鸡漫志》《颐堂词》《疏食谱》《颐堂先生文集》等。绍兴十五年（1145）冬，王灼客居成都碧鸡坊⑤，与李石等交游当在此时。今存《颐堂先生文集》卷5中，有《次韵李知几》《答李知几》等诗。王灼与许多士人有诗唱和，可知其交游是相当广的。绍兴九年（1139），王灼为夔州钤辖安抚司幕府官，邛州李亮、李防兄弟，以其父李颙之命游学吴中，来叩门求交。可见王灼当时颇负名望。⑥

成都双流李嘉谋兄弟皆从李石学。⑦ 李嘉谋与其弟嘉猷同中乾道二年（1166）进士第，与李心传之父李舜臣同科。嘉谋博通经子百氏而深于《易》，世号息斋先生，其弟嘉量（1160—1224年）从其学。李氏与成都宋氏、成都句氏、简州阳安刘氏、邛州蒲江魏氏等学术家族有婚姻亲戚关系。

简州阳安刘氏为学术世家，族人刘伯熊号"东溪先生"，为资州李石门人，精于《易》，为李石编《易十例》《略互体例》《象统左氏卦例》

---

① 参见傅增湘《宋代蜀文辑存作者考》，《宋代蜀文辑存》第32页；（清）陆心源《宋史翼》卷8《喻汝砺传》，第86—90页。据《宋史》卷453《孙逢传》，张邦昌僭立，有司趣百僚入贺。汝砺时任祠部员外郎，与程揆恩师太学博士孙逢独不入贺，扪其膝曰："不能为贼臣屈。"遂挂冠去。第13330页。

② （宋）刘光祖：《扪膝先生文集序》，载傅增湘辑《宋代蜀文辑存》卷70，第894页。该文集已佚，仅有文16篇、诗32首传世。

③ 参见（清）陆心源《宋史翼》卷10《邵博传》，第112页。

④ 参见（宋）王灼《颐堂先生文集》卷末跋，四部丛刊本。

⑤ 参见（宋）王灼《碧鸡漫志序》，载傅增湘辑《宋代蜀文辑存》卷63，第810页。

⑥ 参见（宋）王灼《李教授墓志铭》，载（明）解缙等纂修《永乐大典》卷10421"李"字引王灼《颐堂集》，第4333页。李氏兄弟入临安上庠学习，绍兴十二年（1142），王灼被邀至临安，李氏兄弟续从王灼游。李氏兄弟以勤学闻名，"吴中士大夫以是盛称蜀二李"。李亮（1104—1152年）登进士第，终绵州学教授。

⑦ 参见（宋）李石《方舟集》卷17《庞氏母墓志铭》，文渊阁《四库全书》影印本。

《诗如例》《左氏君子例》《圣语例》《诗补遗》诸篇。① 自著有《东溪易传》《东溪先生集》，南宋著名学者叶适为其集作序。族亲刘光祖（南宋名臣、名学者）少从其学，故刘光祖为李石再传弟子。刘光祖著有《续东溪易传》，朱熹与刘光祖书云："《东溪语说》伏读再三，乃知师友渊源所自深远如此。"②

临邛李侨早从李石、寂通先生宋兴游，其父卒，诸弟事李侨如师。其弟李民彝早登第，李侨肆力于学，昼诵夕思，凡十有六年。为刘光祖提拔于类省试，遂登绍熙四年（1193）进士第，时年 54 岁。初释褐即乞致仕，退居乡里，号枕流居士。前后镇蜀者，率致书币，咨以阙失。③

绵州冯诚之（1143—1206 年），号复庵先生，曾师事李石、史楠、李叔献，与刘仪凤、黄钧、陈损之、章森、李鉴等为友，蜀中名士杨子谟、虞刚简皆愿与其交游。北宋末，其祖父冯汝舟以太学上舍生同陈东上书论时政，请斩六贼，后在应天府劝高宗即位，廷叱王时雍，名噪一时，与张浚为至交。冯诚之三兄皆登进士第，而诚之屡举不第，乃著书授徒，从游者数百人。嗜周程子书，有《复庵读论语》《诗解》《书传》《易英》及志铭赞记诗文 50 卷等。诚之以累举恩入仕，任江油县尉，魏了翁岳父杨熹为龙州守，首加论荐。魏了翁守潼川日，诚之子冯甲为了翁下属。④

刘仪凤（字韶美，1110—1175 年）为普州人，绍兴二年（1132）进士。少以文谒左丞冯澥（见上文"北宋中期之四川士人学术交游圈"一节），澥甚推许，遂知名。赵逵以"富有词华，恬于进取"向朝廷荐举刘仪凤，遂入朝任职，所草笺奏，以典雅称。仪凤苦学，至老不倦，尤工于诗。好蓄书，凡万余卷。⑤ 前述李石讲友王灼，亦与刘仪凤为友，其残存之《颐堂先生文集》中，有《次韵韶美义夫两家举孙》和《九日同韶美谊夫登妙明分韵得光字》诗二首。

---

① 参见（清）纪昀、陆锡熊、孙士毅等著，四库全书研究所整理《钦定四库全书总目》卷 159《〈方舟集〉提要》，第 2128 页。

② （清）王梓材、冯云濠撰，杨世文等校点：《宋元学案补遗》卷 99《苏氏蜀学略补遗》，第 3932 页；（宋）叶适：《水心先生文集》卷 12《东溪先生集序》，四部丛刊本。

③ 参见（宋）魏了翁《鹤山集》卷 73《李公墓志铭》，四部丛刊本。

④ 参见（宋）魏了翁《鹤山集》卷 79《江油县尉冯君墓志铭》，四部丛刊本。

⑤ 参见（元）脱脱等《宋史》卷 389《刘仪凤传》，第 11940—11941 页。

黄钧，字秉仲，绵竹人，治诗，登绍兴二十四年（1154）进士第，历任馆阁之职。与张栻有"乡曲之契"，"意好特深"。[1]

陈损之，隆州籍县人，乾道二年（1166）进士，历任馆阁之职。章森为广汉人，淳熙十五年（1188）以敷文阁待制知建康府，官终吏部尚书。[2]

史楠、李叔献、李鉴生平不详。杨子谟与虞刚简为南宋中晚期士人学术交游圈中的核心和重要成员，参见下述。

在这个学术交游圈中，除李石本人和刘仪凤为藏书家以外，李石另有两位藏书家朋友。

彭州藏书家赵㮚年与李石为文字之友。赵㮚年长于《春秋》，其说破凡例传注，以尊圣人之经。又精于古律诗，多奇语，至其他文，皆有法，有《赵㮚年集》。其子赵恕以《春秋》世传其学。[3]

普州乐至藏书家冯知微之长子冯懋与李石为友，李石主成都府学，生徒负笈至千人以上，冯懋时为钱粮官，乃大力给予物质支持。知微幼子冯恕则入成都府学为李石学生。[4]

《宋元学案》未收李石，《宋元学案补遗》将其补入，列为苏符（仲虎）门人。由上引李石为程撰、范圭所撰墓铭，可知李石与苏符、苏籍实为讲友，而非师徒关系。以李石为核心，连同华阳范氏、眉山苏氏，形成南宋前期四川最具影响力的士人学术交游圈。其学术内容，以经学、文学为主。以李石之学术地位和影响，应可单列为一学案，名之曰《方舟学案》。

五　南宋中晚期之四川士人学术交游圈

（一）以"二江九先生"为中心的士人学术交游圈

本期的士人学术交游圈，首当提到的是"二江九先生"。虞刚简与

---

① （宋）张栻：《南轩集》卷43《祭黄侍郎仲秉》，文渊阁《四库全书》影印本。

② 参见昌彼得、王德毅等编《宋人传记资料索引》，台北：鼎文书局1974年版，第3册，第2631、2078页。

③ 参见（宋）李石《方舟集》卷16《忠州文学赵君墓志铭》，文渊阁《四库全书》影印本。

④ 参见（宋）李石《方舟集》卷15《冯主簿墓志铭》，文渊阁《四库全书》影印本；（清）王梓材、冯云濠撰，杨世文等校点《宋元学案补遗》卷99《苏氏蜀学略补遗》，第3935页。

"华阳四范"（范仲黼、范荪、范子长、范子该）、薛绂、程遇孙、宋德之、邓谏从在成都讲学，皆传绵竹南轩先生张栻之学，影响很大，被称为"二江九先生"。四范与宋德之为张栻门人，虞氏等四人则为南轩私淑。围绕他们，形成了一个范围颇广的学术交游圈子，范仲黼与虞刚简为其核心人物，尤以虞刚简的交游关系最广。

虞刚简（1163—1226 年），字仲易，一字子韶，隆州仁寿人，南宋名相虞允文孙，南宋蜀籍重要理学家，蜀人尊其为师，称沧江先生。虞刚简为资州赵雄（南宋宰相）之婿，赵雄子赵昱少苦学，以司马、周、程氏为师，又私淑张栻。虞刚简从赵昱得周、程等诸子之学，"因知学统所在"①。虞刚简居官华阳，又得与华阳范氏之范仲黼、范荪、范子长、范子该及李修己、张士佺、薛绂、程（原写作陈）遇孙、李心传、李道传、宋德之、邓谏从等切磋义理之学。魏了翁试吏佐四川幕府，与虞刚简"倾盖如故交"。潼川杨子谟与虞刚简论《易》，由是定交。虞刚简与魏了翁之仲兄高稼、简州阳安刘光祖、眉州丹棱李埴亦有交往。这样，虞刚简与多数南宋中晚期的蜀籍重要学者，都建立了学术联系。

虞刚简自上华阳，筑室于成都之合江，以成其祖虞允文卜居未遂之志。范荪为榜曰"沧江书院"。虞刚简潜究六经于其室，于《易》尤为精诣，参贯融会理学诸子之说，学问大进。张栻门人，曾任四川安抚制置使的长沙人吴猎谓人曰："湘中胡〔宏〕张子〔栻〕流风所被，而得其学若此者鲜。"虞刚简在沧江书院会友讲学，"士之请益者，肩摩袂属，谒无留门，坐无虚席，爨无停炊。自二十年来，知与不知，皆曰沧江先生"。卒之日，蜀之士民途泣巷吊，学于成都者二百余人聚哭于沧江书院。李埴为文吊之曰："天禀超轶之才，世传经济之学。"②虞氏之学术影响，于此可知矣。著作有《论语解》《易说》《诗说》《永康军图志》及文集等，但都散佚不存，其学术成就已无从得知。

范仲黼为李石门人，前已述及。仲黼登孝宗淳熙五年（1178）进士第，仕至国子博士兼皇侄许国公府教授，学者称月舟先生。初，张栻虽

---

① （清）黄宗羲原著，全祖望补修，陈金生、梁运华点校：《宋元学案》卷50《南轩学案》，第1644页；卷72《二江诸儒学案》，第2413页。

② （宋）魏了翁：《鹤山集》卷76《虞公墓志铭》，四部丛刊本。

为蜀人，而居湖湘，其学未甚通于蜀。范仲黼始从张栻学，杜门十年，不汲汲于进取。晚年与虞刚简等讲学成都二江之上，"南轩之教，遂大行于蜀中"。魏了翁谓其剖析精微，罗络隐遁，直接五峰（胡宏）之传；朱熹与吕祖谦皆推敬之。① 范仲黼为南宋重要理学家，但却无著作留传下来，连他著过何书都不清楚，其学术已无从窥知，今仅存诗一首。范子长、子该兄弟为仲黼从子，范荪世系未详。范子长以进士官太学，范子该与兄同游张栻之门，与陈亮为友。范子长有《格斋集》《皇朝郡县志》，范荪著有《五代史正误》，二人在传播理学之余，仍保持了范氏的家学传统——史学。

黄宗羲云，范仲黼、范荪从张栻学，皆陈概倡导之功。陈概为隆庆府普成（今四川剑阁南）人，字平甫，乾道进士。对策慷慨，张栻之友魏掞之读而奇之②，告以"君乡有张敬夫（栻）者，醇儒也"。陈概遂以书信向张栻问学，与兄栗同刻志于圣贤之道。"淳熙、嘉定而后，蜀士宵续灯、雨聚笠以从事于南轩之书，湖、湘间反不如也。然则平甫之功大矣！"③

与陈概同县的黄裳，尝与陈概兄弟讲学论道，间接熏染到张栻之学。④ 黄裳（1146—1194 年），字文叔，号兼山，累官太学博士、嘉王府翊善、礼部尚书兼侍读。精经术，有《王府春秋讲义》《兼山集》《兼山家学》《乐记论》等，为著名学者。⑤ 黄裳又是杰出的天文学家，所绘天文图被译成多国文字，得到李约瑟等世界科学史名家的高度评价。⑥ 黄裳曾做过乡先生，著名学者和藏书家、青神杨泰之少从其学。黄裳与刘光祖为友，其行状即为刘氏所撰。

---

① 参见（清）黄宗羲原著，全祖望补修，陈金生、梁运华点校《宋元学案》卷72《二江诸儒学案》，第2410页；（宋）魏了翁《鹤山集》卷86《苏和父墓志铭》，四部丛刊本。

② 魏掞之（1116—1173 年），初字元履，后字子实，建州建阳（今福建建阳）人，师胡宪，与朱熹游，人称艮斋先生。见（元）脱脱等《宋史》卷459《魏掞之传》，第13468页。

③ （清）黄宗羲原著，全祖望补修，陈金生、梁运华点校：《宋元学案》卷72《二江诸儒学案》，第2409页。

④ 参见（元）脱脱等《宋史》卷393《黄裳传》，第12006页。

⑤ 参见（宋）楼钥《攻媿集》卷99《黄公墓志铭》，四部丛刊本。

⑥ 参见刘复生《宋代四川科学技术的发展》，载胡昭曦、刘复生、粟品孝《宋代蜀学研究》，第336—360页。

宋德之为蜀州人,擢庆元二年(1196)外省第一,为南宋名臣。① 著有《青城遗稿》,并与程遇孙等汇编《成都文类》。

薛绂为龙游(今四川乐山)人,淳熙十一年(1184)进士,于书无所不读,学者称符溪先生。薛绂知黎州时,筑玉渊书院以讲学。曾任成都教授,召为秘书郎。所著有《易则》,皆谈易理,魏了翁自以为不及。

程遇孙与虞刚简同为仁寿人,累官太常寺丞、潼川漕使。少年雄于文,已而从事于南轩之学。尝参与汇编《成都文类》。

邓谏从为汉嘉(今四川雅安)人,尝通判黎州。李心传、道传兄弟出自隆州井研史学世家,毋庸赘述。李修己为丰城(今江西丰城)人,乾道进士,从朱熹、张栻游,有《李成州集》。通判成都府,值范仲黼等讲学于此,乃与张仕佺参与其事。张仕佺为剑浦(今福建南平)人,张栻高弟,大概亦因任官而居成都。②

资州人张方,亦参与范、虞等人之讲学活动。张方为庆元五年(1199)进士,官简州教授,入为国子监正转太常博士,历知邛、眉、果等州。学者称为亨泉先生,有《亨泉遗稿》等著作。魏了翁与张方为友,极重之。③

虞刚简与魏了翁交谊尤深,刚简曾孙、元代大学者虞集述及曾祖与魏了翁等之关系云:

> 如刘后溪(光祖)、杨浩斋(子谟)、张亨泉(方)、魏鹤山其人也,是数君子,与某曾大父友谊最厚。……而鹤山公则东南之士习闻之,其文集无卷无曾大父之名,而曾大父集中亦无卷无与鹤山讲学者也。④

---

① 参见(元)脱脱等《宋史》卷400《宋德之传》,第12155—12157页。

② 以上参见(清)黄宗羲原著,全祖望补修,陈金生、梁运华点校《宋元学案》卷72《二江诸儒学案》,第2412—2418页;(清)王梓材、冯云濠撰,杨世文等校点《宋元学案补遗》卷72《二江诸儒学案补遗》,第2687—2691页。

③ 参见(清)黄宗羲原著,全祖望补修,陈金生、梁运华点校《宋元学案》卷72《二江诸儒学案》,第2416—2417页;(清)陆心源《宋史翼》卷22《张方传》,第233页;(宋)魏了翁《鹤山集》卷91《哭张义立提刑郎中》,四部丛刊本。

④ (元)虞集:《道园学古录》卷10《题赵秘书景纬所撰知郡王公庚应墓碑后》,四部丛刊本。

刘光祖出自富于学术传统的简州阳安刘氏，其族祖"前溪先生"刘泾为北宋中期学术圈中之人，与苏轼和"跨鳌先生"李新相友，族亲刘伯熊为李石门人。刘光祖为南宋名臣和著名学者，其学问为张栻、朱熹所称赏，又与张栻弟子、眉州丹棱李壁、李埴兄弟及魏了翁等致力于弥合洛蜀之争。① 刘光祖与许多蜀籍学者有交往，是南宋四川士人学术交游圈中的重要成员。惜刘氏长达100卷的《后溪集》已佚，他与许多学者交往关系的详情已无从知道。

杨子谟（1153—1226年），字伯昌，潼川（梓州）人，蜀中名学者，人称浩斋先生。父杨知章，不仕，自号云山老人。杨子谟既冠，时周程子诸书虽传于蜀，却流传未广。杨知章游广汉，得张栻之学，以授子谟。淳熙八年（1181）廷对策，孝宗嘉其直，擢置甲科（第八）。历绵州广安军、成都府教授，皆以义理训迪诸生。"成都学官盖四蜀之士咸在，公之余论，渐被滋广。"主四川类省试事兼监试事，以取文之要五、校士之目七示同事者，"大要先义理而后文采，虚心从众而不断以己见，且专以论策定去取"。蜀帅杨辅遂以"五要七目"闻上，且刻诸试院，以为取士之标准。杨子谟曾于家乡郪县南山筑室聚友，号云山书院。退休后，"即云山书院讲授后进，吉月、月半诵《论》《孟》《中庸》《大学》，语或至旰，听之者各充然有得"。② 著有《浩斋退稿》，魏了翁为其集作序，称杨子谟"经德守道，行为世师……虽不及登张子（栻）之门，而师友渊源实自之"③。杨子谟与李焘子李壁亦有交往。

以"二江九先生"为中心的士人学术交游圈，其特别之处，在于一群颇有学养、志同道合的学者因聚集讲学而形成学术交游圈的核心。他们或受教，或私淑，皆传理学大师张栻之学，为理学在蜀中的广为流传及追上发达地区的水准作出了重要贡献。南宋晚期两位理学代表人物之一的魏了翁，就是从这个学术圈中培育出来的。

南宋中晚期的蜀籍重要学者如隆州井研李心传、李道传兄弟、简州阳安刘光祖、梓州杨子谟等，也都在这一学术圈中。令人惋惜的是，这

① 参见胡昭曦、刘复生、粟品孝《宋代蜀学研究》，第111—116页。
② （宋）魏了翁：《鹤山集》卷74《杨公墓志铭》，四部丛刊本。
③ （宋）魏了翁：《鹤山集》卷55《杨伯昌浩斋集序》，四部丛刊本。

个学术圈中学者的著述大多散佚不存，像虞刚简、范仲黼、刘光祖、杨子谟等当时著名的学者，如今的学术史已无法为他们写下应有的篇章了。

华阳范氏在"二江九先生"中占四位，这个家族活跃于四川士人学术交游圈中并居于重要地位，自北宋中期至南宋中晚期，绵延不绝。

（二）以魏了翁为中心的士人学术交游圈

"二江九先生"之外，以魏了翁为中心，形成了另一个士人学术交游圈。

魏了翁（1178—1237年），字华父，邛州蒲江人，庆元五年（1199）进士，官至端明殿学士同签书枢密院事，为南宋晚期著名理学家，与真德秀齐名。有《鹤山集》《九经要义》《古今考》《国朝通典》《师友雅言》等著作多种。魏氏与蒲江高氏有密切之婚姻及过继祧嗣关系。了翁与其亲兄高载、高稼、高崇、高定子及从弟魏文翁、从子高斯得先后登第，了翁与高定子、高斯得均官至执政，家势可谓盛极一时。胡师昭曦教授撰《诗书持家，理学名门——宋代蒲江魏氏家族研究》①，对魏高氏家世及学术作了深入细致的探讨。蔡方鹿《魏了翁评传》一书②，集中讨论了其理学思想。本文之重点，则是魏了翁的学术交游关系及由此形成之士人学术圈子。

魏了翁初志于学，由"二江九先生"之范子长、子该兄弟及薛绂以得门户，其后始友朱熹门人李公晦（方子）、辅潜庵（广）。③缪荃孙《魏文靖公年谱》云，魏了翁二十岁时，受教于"二江九先生"之另一位学者、知邛州范荪。④宁宗嘉泰时（1201—1204年），魏了翁与范子长、宋

---

① 文载《中国近世家族与社会学术研讨会论文集》，又收载《胡昭曦宋史论集》，略去世系表。

② 参见蔡方鹿《魏了翁评传》，巴蜀书社1993年版。

③ （清）黄宗羲原著，全祖望补修，陈金生、梁运华点校《宋元学案》卷72《二江诸儒学案》及卷80《鹤山学案》黄百家案语引《宋史·魏了翁传》，均误记李方子为李敬子（第2411、2651页）。参见（宋）魏了翁《鹤山集》卷35《答朱择善》、卷54《朱文公年谱序》，四部丛刊本。

④ 烟画东堂本。转引自胡昭曦《诗书持家，理学名门——宋代蒲江魏氏家族研究》，载《中国近世家族与社会学术研讨会论文集》，台北："中央研究院"历史语言研究所1998年印行。

德之都任职朝中，有同僚之谊。①魏了翁与薛绂交，薛绂逝后，了翁撰《哭薛秘书文》以祭之。②魏了翁与虞刚简之关系，前述已见。

魏了翁长兄高载，字东叔，通六学，尤精于毛氏《诗》，旁及子史百氏、异端小说，登嘉泰二年（1202）第。调泸州录事参军，简州许奕为知州，相处融洽。范子长继任之，高载治任将归，范氏挽留于幕府，"主宾从容，惟孜孜讲学之务"。范子长即郡斋修地理书，以高载为主，辅以刘湜、史尧辅。③《宋史·艺文志》史类记有范子长《皇州〔朝〕郡县志》一百卷，当即委付高载所修之地理书。惜其书已佚。④此外，高载尚著有《通鉴巨编》。全祖望称高载为范氏门人⑤，实应为范子长讲友。史尧辅与魏了翁等相知，详后。

魏了翁三兄高崇（1173—1232年），字西叔，嘉定七年（1214）进士。为眉山县尉，故参知政事李壁方家居，"二江九先生"之一的宋德之为眉州知州，高崇从之游。参与过"二江九先生"讲学活动的张方继知眉州，尤敬礼高崇。高崇有《周官解》《经史杂议》若干卷。⑥

范仲黼弟子苏在镕与魏了翁交，苏在镕（1153—1234年）较魏了翁年长二十余岁，故了翁称其为忘年友人。苏在镕，字和父，其先为简州阳安人，后迁郫，为著姓。年三十一与乡举，年五十六始登进士第。苏在镕早年淹贯诸子百家，旁及老释二氏，旁搜博采，晚而敛博归约，落华就实。退居七年，诸公要人，造门请益，讲学不断。临终，以五峰先生（胡宏）遗文授其幼子苏子礼曰："此吾从月舟先生（范仲黼）得之，吾手自雠校，汝可细观，当自得之。"⑦

---

① 参见（宋）魏了翁《鹤山集》卷59《跋宋常丞送行诗后序》，四部丛刊本。
② 参见（宋）魏了翁《鹤山集》卷91，四部丛刊本。
③ 参见（宋）魏了翁《鹤山集》卷88《高君行状》，四部丛刊本。
④ 明代曹学佺《蜀中广记》（文渊阁《四库全书》影印本）卷96记为《泸州地理书》，大概是据"范公即郡斋修地理书"一句而推之，以为修的是泸州的地理志。但据高载行状，应为全国性的地理总志。
⑤ 参见（清）黄宗羲原著，全祖望补修，陈金生、梁运华点校《宋元学案》卷80《鹤山学案》，第2649页。
⑥ 参见（宋）魏了翁《鹤山集》卷88《高公行状》，四部丛刊本。
⑦ （宋）魏了翁《鹤山集》卷86《苏和父墓志铭》，四部丛刊本；（清）黄宗羲原著，全祖望补修，陈金生、梁运华点校《宋元学案》卷72《二江诸儒学案》，第2422—2423页。

成都宇文绍节为蜀士最早从学于张栻，故《二江诸儒学案》列之为首。宇文绍节（？—1213 年），字挺臣，号顾斋。为宇文虚中孙、师瑗子。登进士第，累官至端明殿学士、签书枢密院事。① 魏了翁述其与宇文绍节之关系云："某景以诸生，受知于公，他日又得侍同朝，甚喜。"② 魏了翁与绵竹房宇文之邵的五世孙宇文史午、从弟宇文公诣相友，应其请，为宇文之邵文集撰序。③

全祖望《程氏春秋分记序》云："眉人程克斋（公说）兄弟并游于宇文之门，而克斋之学最醇。"④ 程公说（1171—1207 年），字伯刚，号克斋。教其弟公硕学，二人同年举进士，既仕，俱以所学质于刘光祖。公说其先本丹棱程氏，六世祖自汴归蜀，居叙州宣化。公说积学苦志，平生精研《春秋》，服膺伊洛诸书，有《春秋分纪》《左氏始终》《左氏通例》《左氏比事》《语录》《士训》《诗文》《程氏大宗谱》等著作多种，仅《春秋分纪》存，收入《四库全书》中。⑤ 公说另一弟公许，举嘉定四年（1211）进士。为文才气磅礴，有著作多种，今残存有《沧洲尘缶编》十四卷，收入《四库全书》。⑥ 公说之母出身于眉山著名的藏书世家"书楼孙氏"。

魏了翁与梓州中江吴之巽（1160—1221 年）相知深。吴氏富家学传统，吴之巽虽未中第，学问却颇深厚。吴之巽受小戴氏书于其父，著述颇丰，于历代史书，凡数四雠校，于国朝故实、天文地理、字书罔不精治。为文沉涵有雅致，有《诸经讲义》《中庸口义》《通鉴类编》《国典》等。吴氏以儒学传家，自入蜀四世孙吴行真、吴行轸登进士第以后，科宦不断。魏了翁云："吴氏累世登科，至君兄弟，为学益力，竟赍志以死。然自淳熙至今，一门以儒学显，凡与乡赋（此指地方州县的发解试）

---

① 参见（元）脱脱等《宋史》卷 398《宇文绍节传》，第 12116—12117 页。

② （宋）魏了翁：《鹤山集》卷 91《哭宇文枢密文》，四部丛刊本。

③ 参见（宋）魏了翁《鹤山集》卷 55《止止先生宇文公集序》，四部丛刊本。

④ （清）黄宗羲原著，全祖望补修，陈金生、梁运华点校：《宋元学案》卷 72《二江诸儒学案》，第 2419 页。

⑤ 参见（宋）刘光祖《临邛教授程伯刚墓志铭》，载傅增湘辑《宋代蜀文辑存》卷 70，第 896—897 页；许肇鼎《宋代蜀人著作存佚录》，第 275 页。

⑥ 参见（元）脱脱等《宋史》卷 415《程公许传》，第 12454—12459 页；许肇鼎《宋代蜀人著作存佚录》，第 276 页。

者十有二，第进士者五人，里人荣之。"①吴之巽长子中孚登宁宗嘉定十年（1217）进士第。

南宋名臣吴泳、吴昌裔兄弟即出自中江吴氏。吴泳，字叔永，号鹤林，嘉定元年（1208）进士，累官至权刑部尚书兼修玉牒、宝章阁学士，为南宋名臣，有《鹤林集》传世。吴泳弟昌裔（1183—1240 年）为嘉定七年（1214）进士，历官监察御史、集英殿修撰、宝章阁待制。习程颐、张载、朱熹诸书，任眉州教授时，揭白鹿洞书院学规以教，士习丕变。熟于典章，尝辑至和、绍兴诸陈奏议本末，名为《储鉴》。又荟萃周、汉以至于宋蜀道得失，兴师取财之所，名《蜀鉴》。又有《格斋文集》《四书讲义》《乡约口义》《诸老纪闻》《容台议礼》等。② 吴泳与游似、牟子才等皆为蜀之名士，均造了翁门受业。③

游似为南充人，嘉定十四年（1221）进士。游似历馆阁之职，官至宰相、观文殿大学士，进爵国公。④ 其父游仲鸿（1138—1215 年）登淳熙二年（1175）进士第，为宰相赵汝愚所器重，其气节为朱熹所称赏，曰："信蜀士之多奇也。"简州刘光祖表其隧道曰："于乎，庆元党人游公之墓。"⑤仲鸿有《鉴虚集》，魏了翁于嘉泰三年（1203）与游仲鸿相识，后为其集作序。⑥ 游仲鸿知雅州时，程公说为邛南校官，两地相邻。程公说尝以所著《春秋官制》谒见游仲鸿，仲鸿异之，俾游似往丹铅点勘，不以旅寓辍。后三十余载，程公说之弟程公许知宜春（今江西宜春），将其兄所著《春秋分纪》锓版印刷，以广流传，特请游似为之序。游似因而从程公说次子光老（字子午）取其全书翻阅之，其序作于理宗淳祐三

---

① （宋）魏了翁：《鹤山集》卷 72《中江吴先之（之巽）墓铭》，四部丛刊本。

② 参见（元）脱脱等《宋史》卷 423《吴泳传》，第 12625—12627 页；卷 408《吴昌裔传》，第 12301—12304 页。

③ 参见（清）黄宗羲原著，全祖望补修，陈金生、梁运华点校《宋元学案》卷 80《鹤山学案》，第 2678—2679 页。

④ 参见（元）脱脱等《宋史》卷 417《游似传》，第 12496—12498 页。

⑤ （元）脱脱等：《宋史》卷 400《游仲鸿传》，第 12149—12151 页。

⑥ 参见（宋）魏了翁《鹤山集》卷 56《游忠公鉴虚集序》，四部丛刊本。该序之后半部分，当为魏了翁为另一人之集子所作的序混入此序中，因游仲鸿绝无可能与北宋时人唐子西（庚）、张芸叟（舜民）相识。

年（1243）四月。①

牟子才，字存叟，一字节叟，号存斋，隆州井研人，中嘉定十六年（1223）进士，历馆阁之职，累官权礼部尚书，进端明殿学士，以资政殿学士致仕。理宗称其才，度宗为太子时，雅敬子才，"言必称先生"。牟氏为井研著姓，自北宋徽宗崇宁五年（1106）牟邦基登第始，续有中进士者，与乡贡者更是不绝。②"牟氏……为三嵋（隆州）诗书家。"子才父牟桂登嘉定元年（1208）进士，与简州刘光祖、邛州魏了翁有交往，尝命子才从了翁学，又与梓州吴泳为同年友。③除魏了翁之外，牟子才又从杨子谟、虞刚简及朱熹门人李方子学。有《存斋集》《四朝史稿》《易编》《春秋轮辐》等著作多种。李心传以著作佐郎领史事，即成都修《四朝会要》《中兴四朝国史》，请牟子才和魏了翁从子高斯得为助手。高斯得分修光、宁二帝纪。④

汉州绵竹张栻从子张忠恕（1174—1230 年）与魏了翁相友，了翁称其学"敛华归实，则盖有志乎宣公（张栻）义理之学"⑤。张忠恕，字行父，学者称为拙斋先生。理宗初即位，乔行简等三从官轮日上殿，皆说天子之学与士大夫不同，独忠恕对札却云天子之学正与士庶人同。了翁赞赏忠恕之言云："毕竟有家学渊源。"全祖望云："中兴四大儒（朱熹、陆九渊、张栻、吕祖谦）之后，先生最有光于世学。"⑥张忠恕晚年讲学于岳麓书院，士之出湖湘者皆从之游。

梓州郪县禄坚复（字子固，1173—1232 年）一生与安丙、刘光祖、杨子谟、崔与之、李埴、虞刚简、曹叔远、魏了翁为知己朋友，与了翁兄高定子亦有交往。除崔与之、曹叔远外，其他均为蜀人。禄坚复先祖禄儒，北宋时举贤良方正科，与眉山苏氏厚善。坚复父以经学教授于家，坚复十七岁父卒，舅氏傅堂先生王轸乃"潼之秀彦"，坚复率诸弟从王轸

① 参见（宋）游似《春秋分纪序》，载傅增湘辑《宋代蜀文辑存》卷79，第1002页。
② 参见光绪《井研县志》卷19《选举一》，清光绪二十六年（1900）刻本。
③ 参见（宋）魏了翁《鹤山集》卷78《牟君墓志铭》，四部丛刊本。
④ 参见（元）脱脱等《宋史》卷411《牟子才传》，第12355—12361页；卷409《高斯得传》，第12322页。
⑤ （宋）魏了翁：《鹤山集》卷77《张公墓志铭》，四部丛刊本。
⑥ （清）黄宗羲原著，全祖望补修，陈金生、梁运华点校：《宋元学案》卷50《南轩学案》附录魏了翁《师友雅言》、全祖望案语，第1641—1642页。

问学，夙夜不敢怠，习戴氏礼，有乡曲之誉。①

双流宋之源与魏了翁有同僚之谊。其父宋若水未登科前，其文即为邑令任渊、李焘所爱，行屈辈行与交。科举入仕以后，益玩意于圣贤义理之学，以达于经。入朝为官，据经守正，不为苟合，为虞允文所知。任官衡州时，继潘畤之后，完成著名的石鼓书院的修复工作。有经史著作《经解》《书小传》《史论》《古今诗》及杂著、奏议等多种。宋若水使闽，未遑他务，而访道于朱熹，并遣三子之源、之润、之江从学于朱熹。三子克承父志，"皆嗜学而有文"。宋之源先学于朱熹，继学于永嘉戴溪（字少望），闻见日广。魏了翁与之源切磋学问，"与君相得之深"。②

眉州彭山师祖敬与魏了翁有交谊，了翁应其请，为其祖父师民瞻撰墓志铭。师氏"子孙曼硕，世其书诗，为郡大姓"。师民瞻年十八试成都学官，文冠辈类。入太学，政和八年（1118）以上舍擢第。民瞻嗜学好蓄书，有《杜苏诗注》及文集 20 卷。了翁幼读师民瞻《杜苏诗注》，"于师氏（民瞻）注释，明辩闳博，心窃好之"③。民瞻从兄师骥亦曾入太学，政和二年（1112）省试第一，遂登进士第，邃于《诗》。④ 师氏与华阳范氏有姻亲关系。

资州赵昱为宰相赵雄之子，魏了翁岳母之弟。赵昱与了翁交谊很深，二人官于成都时，"未始三日不聚首"，相与切磋理学。魏了翁云："习往圣之格言，烛义理之正宗，如君（赵昱）者，能拔然自立于颓俗末学之中，其于西南人士亦所少见者矣。"⑤虞刚简为赵雄之婿，刚简从赵昱得周、程等诸子之学，前已述及。

苏易简九世孙，徙居遂宁的苏振文为藏书家，尝与魏了翁切磋学问，刘光祖曾以贤良方正科荐之，不果。曾应魏了翁姻亲任逢之邀，协助其

---

① 参见（宋）魏了翁《鹤山集》卷 84《知威州禄君墓志铭》，四部丛刊本。

② （宋）朱熹：《朱文公文集》卷 93《运判宋公墓志铭》，四部丛刊本；（宋）魏了翁：《鹤山集》卷 72《知嘉定府宋君墓志铭》，四部丛刊本。

③ 参见（宋）魏了翁《鹤山集》卷 87《师君墓志铭》，四部丛刊本。

④ 参见（宋）晁公遡《嵩山集》卷 52《师公传》，文渊阁《四库全书》影印本。

⑤ （宋）魏了翁：《鹤山集》卷 90《哭赵广安文》，四部丛刊本。

编纂《合州垫江志》。①

眉州丹棱史尧辅（1173—1216 年）曾与苏辙诸孙讲学于德溪；开禧三年（1207）以易学冠同经生，中类省试高等。华阳人吏部郎范子长闻尧辅贤，合里中子弟而授之室，人人自以为得师。范子长请史尧辅协助魏了翁长兄高载修地理书，前已述及。魏了翁与尧辅亦相知，了翁任东川漕时，招尧辅至幕府。刘光祖尝为其父史似孙撰墓志铭。有杂稿及《诸经讲义》。②

史守道（1173—1220 年），字孟传，与史尧辅生同年，氏同族。年十四以能文名，自经子百氏及历代国朝诸史，一览不忘，故发于文则援据详博，词辩雄放，顷刻数千言。时学者倚周程诸儒先语以自标榜，孟传为诗曰："但使躬行皆孔孟，何忧吾道不周程。"③其后学日肆，名日大，愿交者日广。嘉泰元年（1201）魏了翁较士于眉，于史孟传有知遇之恩，孟传独与魏了翁为平生交。魏了翁知汉州、眉州及持节潼（川府）、遂（州府），史孟传皆跟从之，达 20 年。因与刘光祖、李壁相识，"皆恨相得之晚"。李壁尝语及本朝明堂用吉辛故事，孟传随问辩对，不失一字。平生论著极丰，有《传斋集》《传斋有用之学》《春秋统会》《周礼略》《书略》《诗略》《广编》《杂抄》《国朝名贤年谱》及未完成之《广编稿》等。

邛州蒲江人谯仲午（1167—1225 年），字仲甫，第进士，曾任隆州教授，与魏了翁"居相邻，学相友"④。两人入仕以后，仍有书信往来。谯氏以儒学名家，有藏书传统，谯仲午长于经史。

笔者尝撰文所论之乡先生⑤，有不少师友关系应纳入学术交游圈中。为免过多重复，兹仅举两例。如邛州乡先生李坤臣邃于经学，了翁弟文翁、了翁兄高稼之子高斯得先后从其学，族兄魏天祐与坤臣为久敬交，

---

① 参见（宋）魏了翁《鹤山集》卷84《苏伯起墓志铭》，四部丛刊本；（宋）任逢《合州垫江志序》，载傅增湘辑《宋代蜀文辑存》卷73，第928—929 页。

② 参见（宋）魏了翁《鹤山集》卷71《史君墓志铭》，四部丛刊本。

③ （宋）魏了翁：《鹤山集》卷82《史君孟传墓志铭》，四部丛刊本。

④ （宋）魏了翁：《鹤山集》卷76《谯君墓志铭》、卷70《谯府君春［椿］墓志》，四部丛刊本。

⑤ 参见邹重华《"乡先生"——一个被忽略的宋代私学教育角色》，（香港中文大学）《中国文化研究所学报》1999 年新第 8 期。

了翁尝与之切磋学问。刘光祖守眉州，除馆待之，虞刚简与张方亦敬重之。李坤臣另一弟子郭黄中，以学行著，与魏了翁为友。① 郭氏为邛州人，郭黄中之父郭正孙（？—1231 年），第进士，与魏了翁有交往。知兴元府兼利州路安抚使，绍定四年（1231）蒙古攻蜀，力战而殁。②

蒲江李惟正（1152—1212 年）少力学，长游成都学宫，受知于仙井李舜臣、遂宁杨辅、杨甲，成都勾昌泰，眉山苏诜。李舜臣亲授尚书，杨甲相与上下其议论。淳熙七年（1180）以后，凡四冠乡举，登绍熙四年（1193）进士，时年 41 岁，犹以读书未广。登第前，李惟正曾为乡先生，了翁三兄高崇从其学。李惟正曾校类省试，魏了翁又获惟正知遇。李、魏都有姻亲关系。③

李舜臣即史学名家李心传之父，四岁知读书，八岁能属文，稍长通古今，推迹兴废，洞见根本，慨然有志于天下。中乾道二年（1166）进士第。李惟正入读成都府学时，李舜臣为府学教授。曾知饶州德兴县，专尚风化，间诣县学讲说，邑士皆称"蜀先生"。曾重修《神宗实录》，邃于易学，著《易本传》33 篇，朱熹晚岁每为学者称之。所著书尚有《易解》《尚书小传》《礼经读》《家塾编次论语》《四书辨证》《群经义》《晋书辨证》《四朝艺文志》《镂玉余功录》《文集》等。④ 舜臣子李心传，与魏了翁为友。⑤

杨辅、杨甲兄弟为遂宁人，二人与李舜臣同登乾道二年（1166）进士第，杨辅列甲科。李惟正入读成都府学时，杨辅正以敷文阁直学士知成都府。⑥杨辅兄弟五人自为师友，咸以文学行谊闻于时，人号"五杨"。

① 参见（宋）魏了翁《鹤山集》卷77《李中父墓志铭》，四部丛刊本；（元）脱脱等《宋史》卷409《高斯得传》，第12322页。（清）黄宗羲原著，全祖望补修，陈金生、梁运华点校《宋元学案》卷80《鹤山学案》列郭黄中为鹤山门人，但魏了翁本人却称其为友。

② 参见（宋）魏了翁《鹤山集》卷82《郭公墓志铭》，四部丛刊本；胡昭曦主编，邹重华副主编《宋蒙（元）关系史》，第51—52页。

③ 参见（宋）魏了翁《鹤山集》卷72《李君墓志铭》，四部丛刊本。

④ 参见（元）脱脱等《宋史》卷404《李舜臣传》，第12223—12224页。

⑤ 参见（宋）魏了翁《鹤山集》卷56《游忠公鉴虚集序》，四部丛刊本。

⑥ 参见（元）脱脱等《宋史》卷397《杨辅传》，第12096—12097页。

与刘光祖历事三宗，出入中外，媲德齐名，天下称曰"杨刘"。① 杨甲曾做过国子学录，有《六经图》6卷，收入《四库全书》中，人称小杨。②

勾昌泰登第为四川类省试第一，曾除太学博士。③ 苏诜未见著录，或为三苏族裔。

在《鹤山学案》中，尚列有一些与魏了翁有关系的学者，如列为鹤山学侣的了翁次兄高稼、四兄高定子，列为鹤山讲友的临邛人李从周，以及鹤山一些门人程掌、程税与程权等，因无新资料补缀其交游关系，兹不赘述。由于魏了翁与"二江九先生"中多位先生有师友关系，而像刘光祖、李心传等重要学者又交游于两个学术圈中，实际上构成了一个更大的学术交游圈子。丹棱李焘、井研李心传本为南宋史学巨擘，惜他们及其子弟、兄弟等均未有文集流传下来，虽然他们在上述两个学术交游圈中都有出现，但其交游关系并不多，详情已难以知晓。汉州绵竹张栻虽长期寓居湖湘，却与不少蜀籍学者交往，并通过蜀籍弟子，使其学术在蜀中广为流传，在士人学术交游圈中有很大影响。无论是"二江九先生"，抑或魏了翁、刘光祖、杨子谟等，都是以传播理学为主，这反映了南宋中期以后的学术潮流。

六 余论

士人学术交游圈乃历史上的文人学者在社会交往（包括师生、同学、同乡、同僚、联姻等社会关系）过程中自然形成的学术网络。它对当时之学术发展有何作用？讨论士人学术交游圈，对当今学术史研究之意义何在？通过本文的论析，我们现在可以作如下之总结。

第一，士人学术交游圈，使士人突破了独自研习的局限，使学术变成了诸多士人共同研讨的话题。学者间相互切磋，学术观点得以交流，图书资料得以共享，结果是大家受益，学术益彰。即使是出身于富有家

---

① 参见（清）王梓材、冯云濠撰，杨世文等校点《宋元学案补遗》卷79《邱刘诸儒学案补遗》，第2909页；（宋）魏了翁《鹤山集》卷84《汉州通判杨君墓志铭》，四部丛刊本。

② 《宋元学案补遗》卷79《邱刘诸儒学案补遗》记杨甲为昌州人，昌彼得、王德毅等编《宋人传记资料索引》亦如之，误。

③ 参见（宋）佚名《氏族谱》"勾氏"条，载《巴蜀丛书》第1辑，第258页。

学传统家族的士人，亦可通过士人学术交游圈，使自己的学术进一步得到丰富和发展。如资州李石，本有家学传统，又与华阳范氏、眉山苏氏交游，成为南宋前期四川最重要的学者之一。学术家族间的联姻，更使两家之学术得以交融（按本文所讨论之士人学术交游圈，还应加上士人学术家族间的婚姻关系。限于篇幅，本文中只是略为提及，详细论证有待另刊专文）。

笔者曾研究宋代的乡先生教育，表明这是家庭教育以外，宋代士人接受民间私学教育的主要形式。[①] 由于士人学术交游圈中的学术关系不少是由乡先生教育的师生关系而形成的（尤以北宋前期以乐安先生任奉古为主所形成的四川士人学术交游圈最为典型），两者有着密切的联系。而士人学术交游圈，实际上是在家庭教育和乡先生教育之外，士人接受学术熏陶的另一个更高层次的私学教育空间。士人们在家教、乡先生教育和官学教育的基础上，再经过士人学术交游圈中师友间的切磋和互相激励，其学术素养由此得到进一步提升，学术思想得到进一步升华。

第二，士人学术交游圈，大多以某个或某几个重要学者为核心，如北宋前期的乐安先生任奉古，中期的华阳范氏、眉山苏氏、梓州文同和成都吕陶，两宋之际的谯定，南宋前期的李石，晚期的魏了翁；若干重要学者聚众讲学，如使张栻之学得以在蜀中广为流传的"二江九先生"。学术流派，往往由此形成。文人学者之学术，既得以在士人学术交游圈中交流、传授，又不断地向圈外扩散。故士人学术交游圈在学术上起到了很好的沟通和传播作用，对地方之学术风气有着重要影响。

第三，研究士人学术交游圈，使我们可以从纵横两方面了解一地学术发展之整体状况。如宋代四川某个时期的士人学术交游圈，为我们提供了这一时期四川学术横向发展的图像；而将各个时期的士人学术交游圈串联起来，则可以纵向把握宋代四川学术发展的轨迹。

从本文的研究，可以明显地看出宋代四川学术发展的阶段性特点。北宋前期士人学术交游圈的狭小，表明经历了唐末五代的动荡时期之后，四川的学术正处于恢复和重新起步的阶段。

---

① 参见邹重华《"乡先生"——一个被忽略的宋代私学教育角色》，（香港中文大学）《中国文化研究所学报》1999 年新第 8 期。

　　自张咏治蜀以后，历任治蜀官员亦都兴学荐士，配合朝廷科举取士名额的不断扩大，蜀中士风渐变，读书求仕蔚然成风。经过宋初的酝酿期，至北宋中期，文人学者大量涌现，士人学术圈子急剧扩大。在这个学术交游圈里，居于核心地位之学者是华阳范氏、眉山三苏父子、梓州文同、成都吕陶。其他重要学者，则有汉州绵竹宇文之邵、阆州阆中鲜于侁、眉山"二任"（伋、孜）、成都郫县张愈、隆州仁寿员安舆、汉州绵竹杨绘等。庆历之际，学统四起，新儒大量涌现，百家争鸣，学术文化呈现出空前繁荣的景象。四川与之同步，士人家族多崛起于北宋中期，北宋四川最重要的学者，亦都在这个时期产生。北宋中期四川士人学术交游圈，就包括了所有这些重要学者。从四川的例子可以看出，正是各个区域学术文化的发达，才形成了整个北宋中期学术鼎盛的局面。

　　两宋之际，随着大量著名学者陆续退出历史舞台，以及社会渐趋动荡，士人学术交游圈规模逐渐缩小。由《李仲侯墓志铭》所引出的西川士人学术交游圈和以谯定为首的东川士人学术交游圈，可以看到其既上承北宋中期士人学术交游圈，又下联南宋，显示了宋代四川士人学术交游圈的延续性。自汉代以来，以成都平原为中心的川西地区（宋代称西川）就是文化发达之区，其发展程度远超过川东地区（宋代称东川）。此状况至宋代亦然，故宋代四川学术交游圈多以西川士人为主。而以谯定为首之学术交游圈，却是以东川人为主的。在谯定的学术交游圈中，同时也有张浚、张行成、吕凝之等西川士人，张浚之学术交游关系，更横跨东、西川两个学术交游圈。上述情况不仅反映了东川学术水准的提升，而且显示了东、西川学术发展交融整合的趋势。

　　经历过两宋之际的过渡阶段，南宋时期，四川学术持续发展。南宋前期之士人学术交游圈，基本上以资州李石为主形成，华阳范氏、眉山苏氏仍扮演着重要角色。前期仍以传统经学、史学为学术发展之主流，中期以后，理学成为主流。南宋中晚期，无论是以"二江九先生"为中心，还是以魏了翁为中心的士人学术交游圈，都是以传播理学为主。四川的学术发展不仅逐渐追上南宋中期以后的学术潮流，而且到晚期更达到当时理学的巅峰，形成真（德秀）、魏（了翁）并举的学术局面。

　　通过本文的研究，宋代四川学术横向发展的图像和纵向发展的轨迹，都较为清楚地展现出来。

第四，通常的学术史研究，乃以学者传世之著述为依据。有些曾在历史上占有重要地位的学者，由于种种原因而导致著作散佚。他们或被学术史研究者忽略，或只能被简单地提及。如《宋元学案》称宇文之邵为"蜀学之先"，但由于其学术著作散佚不存，仅剩下若干诗文残篇，今天已难窥其学术之全豹。另一位同时的著名学者鲜于侁的情况与宇文之邵一样。而笔者研究宋代四川士人学术交游关系，根据当年与之交游学者保存下来的记载，使我们知道，他们在当时是有很高学术声望的学者。尽管他们遗佚的学术成果已不可挽回，却可以还他们在历史上应有的学术地位。研究上人学术交游圈，正好可以为评价一位学者在历史上的学术地位提供文本（text）之外的另一个机会。

第五，除必要情况外，本文一般不涉及蜀籍士人与非蜀籍士人的交往关系。但仍可看出宋代四川士人学术圈与域外学者交往的大致线索。北宋前期四川士人的学术交游基本上局限于本地，与域外学者少有交流，其学术影响亦限于本地。至北宋中期，许多学者如范镇、三苏、吕陶、文同、宇文之邵、鲜于侁等到中央或各地做官，以及外地学者到四川履职，蜀籍学者与司马光、文彦博、赵抃、王安石、周敦颐、孙复、黄庭坚等名人学者建立了学术交往关系。蜀中学术开始产生全局性影响，具有学派意义的"蜀学"一词由此产生。[①] 此后四川学术更受到域外学术的影响，如谯定学于程颐，"二江九先生"传张栻之学，魏了翁则兼承张栻和朱熹之学，使蜀学与洛学、湖湘学和闽学相交融。因此，研究不同地区士人学术圈的相互交往关系，有助于了解各地区间学术交流的情况与互动关系，并可从由此形成的更大范围的士人学术交游圈，把握一个时代的学术发展图像和轨迹。

第六，士人学术交游圈子历代都有，如能将各时代之士人学术交游圈加以比较，可以看出不同时代之特点。笔者读到一篇研究唐代文士群体的论文《唐代江南文士群体初探（上）》。[②] 该文探讨了中唐以前的江

---

① 参见胡昭曦、刘复生、粟品孝《宋代蜀学研究》，第 2—3 页。

② 参见郑学檬《唐代江南文士群体初探（上）》，载朱雷主编《唐代的历史与社会》，武汉大学出版社 1997 年版。此为 1995 年 9 月中旬在武汉大学举行之"中国唐史学会第六届年会暨国际唐史学术研讨会"会议论文选集。

南文士群体，计有"贺知章与越州文士群体""李嘉祐、刘长卿和江南文士""韦应物和江南文士""元稹、白居易和江南文士"四个部分。可能因篇幅的限制（全文约 8000 字），虽都冠以越州文士群体和江南文士，实际上只是侧重讨论小标题所列举的几个主要文士而已。唐代诗歌盛行，该文所涉文士都是诗人，文中所叙他们之间的关系，亦主要是相互间的诗歌唱酬。从该文"引言"所述唐代文士们"以文会友、以书相知、赋诗酬唱、以酒助兴、歌舞为乐，这类活动造成某种学术影响和思想影响，他们又往往是地域性甚至是全国性学派或思潮形成的基础"可知，作者是意识到研究士人群体的学术史价值的。但该文注重士人的群体意识，以及聚会、宴饮和诗歌唱酬等交游活动，仍主要是社会文化史的研究视角。

该文使笔者联想到这样一些问题：是否唐代文士之间的交游关系，仅止于诗歌唱和呢？研究士人诗歌唱和关系的学术史意义，是否仅止于文学方面呢？除了诗歌唱和以外，唐代士人是否还有宋人这种（如本文所讨论的）学术交往关系呢？如果有，两者有何异同？笔者相信，通过对唐、宋士人学术交游圈的比较研究，厘清这些问题，必将有助于我们对唐、宋士人群体和学术文化之异同，以及士风、学风流变之认识，从而在整体上更好地把握中国学术史发展的脉络。

或许有人会问，本文研究之所谓士人学术交游圈，与黄宗羲所撰《宋元学案》有何区别？笔者认为，正是宋代区域文化的发达及各个地区存在着的大大小小的士人学术圈，才使《宋元学案》的撰写成为可能。《宋元学案》以厘清学者师承关系、学术渊源为主，兼及学侣、同调等交友关系；采取罗列学者有关传记资料的静态撰写手法，辅以少量的评论。

本文研究之士人学术交游圈，着重的是同时代学者间的学术交往和互动关系，以及围绕着若干核心学者形成的学术网络，不限于不同学案的划分。在撰写手法上，除传记资料外，还广泛利用记、序、诗、文等材料，尽可能动态地反映学者间的交往和互动关系。像华阳范氏、眉山苏氏、文同和吕陶之间的密切交游关系，以及众多学者围绕着他们形成的庞大的学术圈和错综复杂的学术交往关系，是绝无可能单凭阅读《宋元学案》可以了解到的。像文同、李石这样分别在北宋、南宋时期具有很大影响的学者，文同只是在《宋元学案补遗》中被补为苏轼同调，李石则被误为苏符门人。又如居于北宋中期士人学术交游圈核心地位的吕陶，在《宋元学案》中亦只是列为苏轼同调而已；《宋元学案》仅记苏在镕为范仲黼弟子，而与魏了翁之交游关系却未提及。关于学者间的学术联姻关系，《宋元学案》就更少涉及。

　　《宋元学案》是研究中国学术思想史的重要参考工具书。而研究士人学术交游圈，既可补充《宋元学案》及《宋元学案补遗》之阙遗，如乐安学派、方舟学派，又可补学案式研究之不足，从更大的范围（可能包括多个学案）和纵横两个面向了解一地学术发展之整体状况。

　　以上是笔者以宋代四川为例，对士人学术交游圈这一研究路径的学术史意义所作的初步总结。随着讨论的深入，我们对士人学术交游圈的研究意义将会有更多的认识。

　　（原载香港中文大学《中国文化研究所学报》2000 年新第 9 期）

婚姻与学术

——宋代四川士人学术交游圈之婚姻关系研究

引　言

宋代士人和士大夫家族（以下简称"士族"）间的婚姻关系，曾有不少学者作过研究，大多是从政治的角度，探讨士族间联姻对维系家族地位、发展家族势力的作用。[①] 关于士族间联姻的学术意义，则鲜有人

---

① 参见 Robert M. Hartwell，"Demographic，Political，and Social Transformation of China，750 – 1550"，*Harvard Journal of Asiatic Studies*，Vol. 42，No. 2，1982，pp. 365 – 442；Robert P. Hymes，*Statesmen and Gentlemen：The Elite of Fu – Chou，Chiang – Hsi，in Northern and Southern Sung*，London：Cambridge University Press，1986；Patricia Ebrey，*Marriages among the Song Elite* ，Chinese Historical Microdemography，ed. Stevan Harrell，California：University of California Press，1995，pp. 21 – 47。美国学者郝若贝（Hartwell）及其学生海姆斯（Hymes）极力肯定士族联姻的意义，甚至超过科举的作用，婚姻关系对家族发展可能有利，但过分强调其作用，则可能陷入荒谬。张邦炜《宋代盐泉苏氏剖析》（《新史学》1994 年第 5 期）一文就指出，与显宦之家联姻，既给苏氏（苏易简、苏舜钦等）带来了好处，又带来诸多不利因素，甚至导致苏氏的衰落。王章伟《宋代士族婚姻研究——以河南吕氏家族为例》（《新史学》1993 年第 4 期）和胡昭曦师《宋代"世显以儒"的成都范氏家族》（《胡昭曦宋史论集》，西南师范大学出版社 1998 年版，第 286—319 页），亦谈到婚姻关系给河南吕氏（夷简）、成都范氏（镇）带来了正负两方面的影响。这些恐怕是郝若贝及海姆斯所没有注意到的情况。黄宽重在《科举、经济与家族兴衰：以宋代德兴张氏家族为例》（载《第二届宋史学术研讨会论文集》，中国文化大学史学研究所、史学系，1996 年，第 127—146 页）一文之结论指出："从张氏家族的崛起到没落的过程，这说明宋代以来，家族的发展，如果未能在科举上取得优势或在家族产业有永续经营，即使有计划地联姻，仍不能长期居于优势。这也说明，科举与经济仍是中国传统家族兴衰的重要指标之一。"黄氏另撰有《南宋两浙路社会流动的考察》（载氏著《宋史丛论》，台北：新文丰出版公司 1993 年版，第 73—103 页）一文，以大量统计数据，对南宋两浙地区士大夫家族的兴衰作了细致的分析，其结论是，科举为大家族崛起的主要途径。

论及。

笔者曾以宋代四川为例，发表《士人学术交游圈：一个学术史研究的另类视角（以宋代四川为例）》一文，从士人学术交游圈的角度研究宋代四川学术发展的状况，尝试探索另一种学术史研究的视角，俾作为传统研究方法之补充。笔者在研究中发现，宋代四川士人学术交游圈中的家族，除了学术交往关系以外，不少家族之间还有婚姻关系。笔者在该文的"余论"中曾写道："学术家族间的联姻，更使两家之学术得以交融。""本文所讨论之士人学术交游圈，还应加上士人学术家族间的婚姻关系。限于篇幅，本文中只是略为提及，详细论证有待另刊专文。"① 本文的撰写，正是为了补前文在婚姻关系方面之阙，并从士人学术交游圈的角度，探讨中国传统社会士族间联姻的学术意义。

一　围绕成都华阳范氏的婚姻圈

成都华阳范氏为宋代四川著名的学术世家，华阳范氏自范镃中真宗天禧三年（1019）进士起，历经真、仁、英、神、哲、徽、钦、高、孝、光、宁、理十二朝，前后六代，每代都有中进士者。据不完全统计，共计 29 人。② 至南宋理宗时（1225—1264 年），二百余年间，其家族成员中出现了不少著名学者和重要官员。自范镇起，从子范百禄、从孙范祖禹及祖禹子范冲四代均为翰林学士，其学术以文学、史学为主，尤长于史学。《宋元学案》立了三个以华阳范氏为主的学案（《范吕诸儒学案》《华阳学案》《二江诸儒学案》），反映了范氏家族的学术影响。范氏家学成为宋代蜀学的重要组成部分。③

笔者在研究宋代四川士人学术交游圈的文章中指出，至北宋中期，

---

① 拙文载（香港中文大学）《中国文化研究所学报》2000 年新第 9 期。以下凡与宋代四川士人学术交游圈相关的内容，均请参阅该文。

② 参见胡昭曦《宋代"世显以儒"的成都范氏家族》"范氏族人任官一览表"，《胡昭曦宋史论集》，第 295—297 页。该表中未收之进士范祖亮，据（宋）范纯仁《范忠宣集》（文渊阁《四库全书》影印本）卷 14《承议郎充秘阁校理张君（公裕）墓志铭》补；又范垍（第四代）之进士身份，据（宋）佚名撰，（元）费著修订，谢元鲁校释《氏族谱》（载《巴蜀丛书》第 1 辑，巴蜀书社 1988 年版，第 246 页）补。

③ 参见胡昭曦、刘复生、粟品孝《宋代蜀学研究》，巴蜀书社 1997 年版。

文人学者大量涌现，士人学术圈子急剧扩大，此时居于核心地位之学者有华阳范氏、眉山三苏父子、梓州文同、成都吕陶。他们之间学术交往关系密切，以下图显示他们之间的关系：

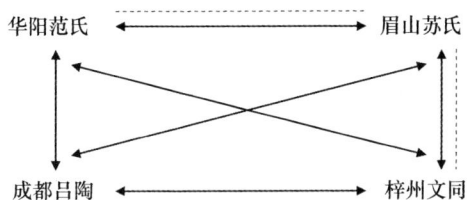

图1 范、苏、吕、文相互交往关系图

注：带箭头实线表示相互交往关系，虚线表示婚姻关系。此图为作者本人绘制。

范氏同两宋蜀籍重要学者多有交往，又与不少学术家族通婚。围绕华阳范氏，形成了一个不小的婚姻圈。

范镇与苏洵为益友，苏轼从其游，关系十分密切。范镇逝世后，苏轼为其撰墓志铭。苏轼与范氏一门四代相交，与范镇三子百嘉、从子百禄、从孙祖禹、曾孙范冲（祖禹长子）亦都厚善，过从甚密。[1] 苏辙亦与范镇及其子孙辈交往密切，详见氏著《栾城集》。

范氏与苏氏之婚姻关系，则连绵两宋。苏轼幼子苏过娶范镇第三子范百嘉之女[2]；苏辙幼子苏远初娶黄氏，黄氏逝后，续娶范镇次子范百揆之女为妻[3]。至南宋，范、苏两家仍有姻亲关系，范冲（范祖禹长子）长子范仲芑为苏轼之孙苏符（苏轼长子迈之子）侄婿。[4]

除与华阳范氏通婚以外，苏氏又与文氏为亲戚。苏轼自称为文同从

① 参见（宋）苏轼著，孔凡礼点校《苏轼文集》卷50《答范蜀公十一首》《与范子功（百禄）六首》《与范子丰（百嘉）八首》《答范纯夫（祖禹）十一首》《与范元长（冲）十三首》，中华书局1986年版，第1446—1463页。并参见（宋）范祖禹《范太史集》卷2、卷3范祖禹与苏轼唱和诗，文渊阁《四库全书》影印本。
② 参见（宋）晁说之《景迂生集》卷20《宋故通直郎眉山苏叔党（过）墓志铭》，文渊阁《四库全书》影印本。
③ 参见舒大刚《三苏后代研究》，巴蜀书社1995年版，第80—81页。
④ 参见（宋）苏山《苏符行状碑》，载高文、高成刚编《四川历代碑刻》，四川大学出版社1990年版，第184—185页。碑文由苏符子苏山撰文，侄婿蜀郡范仲芑书。

表弟①；文同子文务光为苏辙之婿，故苏辙称文同为亲家翁②。

北宋中期士人学术交游圈中有几个藏书世家，其中一个为眉山石氏，号"书台石家"。苏氏与眉山石氏联姻，苏轼祖父苏序将幼女嫁给石扬言③，后苏轼长子苏迈娶石扬休（石扬言兄弟辈）孙女为妻。④ 石扬休（995—1057 年）与范镇同年登科（宝元元年，1038）又同官，故范镇为其撰墓铭。石扬休又与司马光同列进士甲科，两人交游达二十年，直至石扬休逝世。⑤ 石扬休之子石康伯（1020—？ 年）举进士不第，当以荫补官，亦不就，以读书赋诗自娱。石康伯独好书画，与文同相交如兄弟，得文同画为多。又与苏轼为友，亦得其画藏诸画苑，并获苏轼为其画苑写记。石康伯病逝，苏轼撰文祭之。⑥

苏氏与之联姻的另一藏书世家是阆州新井蒲氏。苏洵之兄苏涣于庆历中任阆州通判，与蒲师道相友，遂结为姻家，苏涣子苏不欺娶蒲师道之女、蒲宗孟之姊为妻。蒲氏为阆中名族，家富藏书，有藏书楼名"清风阁"⑦。蒲氏亦喜读书，苏不欺逝后，训饬教戒其子，益严且勤。五子中千乘、千之任某官，千能、千秋、千钧皆举进士。⑧

蒲师道年二十登天圣八年（1030）进士第，十余岁能诵经传，属诗赋。陈尧佐从子陈渐号"金龟子"，以文学名于蜀，一见蒲师道所为词

① 参见（宋）苏轼著，孔凡礼点校《苏轼文集》卷 63《祭文与可文》《黄州再祭文与可文》，第 1941—1942 页。

② 参见（宋）苏辙《栾城后集》卷 20《祭文与可（同）学士文一首》《祭亡婿文逸民（务光）文》，见陈宏天、高秀芳点校《苏辙集》，中华书局 1990 年版，第 1096—1097 页。

③ 参见（宋）苏辙《栾城集》卷 25《伯父（苏涣）墓表》，见陈宏天、高秀芳点校《苏辙集》，第 414—417 页。

④ 参见（宋）苏山《苏符行状碑》，载《四川历代碑刻》，第 184—185 页。

⑤ 参见（宋）范镇《石工部扬休墓志铭》，载傅增湘辑《宋代蜀文辑存》卷 10，北京图书馆出版社 2005 年版，第 557—560 页；（宋）司马光《温国文正司马公集》卷 75《石昌言（扬休）哀辞》，四部丛刊初编本。

⑥ 参见（宋）苏轼著，孔凡礼点校《苏轼文集》卷 11《石氏画苑记》，第 364—365 页；卷 63《祭石幼安文》，第 1948 页。

⑦ 参见邹重华《士人学术交游圈：一个学术史研究的另类视角（以宋代四川为例）》，（香港中文大学）《中国文化研究所学报》2000 年新第 9 期；《宋代民间藏书与地方文化发展之关系：以四川地区为例》，（香港中文大学）《中国文化研究所学报》2004 年第 44 期。

⑧ 参见（宋）吕陶《净德集》卷 27《静安县君蒲氏墓志铭》，丛书集成初编，商务印书馆 1935 年版，第 297—298 页。

章，乃以女嫁之。① 蒲宗孟为皇祐五年（1053）进士，历官翰林学士兼侍读、资政殿学士，有史才，为神宗所称，与苏轼、苏辙有交往。② 有《蒲左丞集》等著作多种。

蒲氏又与华阳范氏有交往，范祖禹与其父范百祉（一作之）曾借阅过蒲氏藏书。范祖禹并有诗云："惟昔隐君子，卜筑兹考槃。图书侔藏室，一一手自刊。……来为廊庙重，归为里闾欢。乃知哲人训，基构自艰难。我昔侍先君，借书尝纵观。题诗尚可记，手泽想未干。尔来三十载，感事一汰澜。侧身西南望，安得陵风翰。"③

成都王氏是随僖宗入蜀的士族。④ 王仲符初从学于舅氏范镇，"故其行与文得为君子，进趋禄仕，声名翕然，人皆期其显矣。已而止塞不进，终遯丘园"⑤。但其次子王任却中熙宁六年（1073）进士第二。王任读书务究大旨，得治己及物之原本，不汲汲于章句；为文雅健纯瞻，先体用后华采。其父王仲符亦是读书务穷大指，不溺章句；学文章纯明简重，一与道合。⑥ 显然王任承继了其父的学风。

成都张氏入蜀后第六世张宇，娶范百禄之女，"故其学得之范氏。[张宇]子晦侍学中原，有外家典型，笔法尤工"。张宇之父太宁登治平四年（1067）第，历任地方、朝廷官职；兄张察以大小篆名，入为左司郎中，出知鼎州。张宇为三丞寺监使淮南东路，知济、荣、果、合四州。⑦

成都宋瑱的妻姐为范祖禹之母。宋瑱以文学中乡举，不第而卒；宋瑱有二女，分别嫁给宇文渭和范百禄的四子范祖羲（一作义）。范祖羲登

---

① 参见（宋）蔡襄《端明集》卷39《太常丞管勾河东安抚使机宜文字蒲君（师道）墓志铭》，文渊阁《四库全书》影印本。

② 参见（元）脱脱等《宋史》卷328《蒲宗孟传》，中华书局1977年点校本，第10570—10572页。

③ 参见（宋）范祖禹《范太史集》卷2《寄题蒲氏清风阁》，文渊阁《四库全书》影印本。

④ 自唐代"安史之乱"以来，每当北方动乱，就有大批官僚士人之家避乱入蜀。参见拙文《唐僖宗时迁蜀士族及其入宋后的境况考析》，载张其凡、陆勇强主编《宋代历史文化研究》，人民出版社2000年版，第58—82页；《士族与学术——宋代四川学术文化发达原因探讨》第二章，博士学位论文，香港中文大学，1997年。

⑤ （宋）吕陶：《净德集》卷23《承事王府君（仲符）墓志铭》，第257—258页。

⑥ 参见（宋）吕陶《净德集》卷23《知渝州王叔重（任）墓志铭》《承事王府君（仲符）墓志铭》，第257—261页。

⑦ 参见（宋）佚名《氏族谱》，载《巴蜀丛书》第1辑，第254页。

进士第。①

　　成都广都郭询（？—1080 年）之姑为范祖禹之祖母，郭询的长女则嫁给范氏的范祖元。② 郭询从父郭辅登天圣间进士乙科，范仲淹、庞籍、韩琦皆表其丰器可任，官至尚书工部郎中梓州路转运使累赠光禄大夫。郭辅是渔舟先生郭震的族侄，郭震为北宋前期士人学术交游圈中李畋、任玠的讲友。郭辅有三子，次子郭子皋好学属文，最知名，娶眉山“书台石氏”之石洵直之女。③ 石洵直少而博学，为文清瞻尚理，中仁宗景祐元年（1034）进士第六。石洵直与同县程濬、史瑜退休后，相与交游唱酬，里人敬之，号“三卿”。④

　　眉州青神陈希亮之侄孙陈纲初娶郭辅之女，后又娶成都蒲远猷之长女为继室。陈纲于书无所不读，三举进士不第，沈浮里中三十余年，与黄庭坚为友，并有姻亲关系。⑤ 陈纲之父陈谕移居汝州叶县，而陈纲前后所娶两位妻子都出自蜀中士族。蒲远猷为代渊门人，是北宋前期、中期士人学术交游圈中的学者。蒲远猷之妹蒲芝（一作幼芝）嫁郫县名士白云先生张愈，蒲芝与其兄俱以文名，“有声于剑南”，而学问文章又与其夫张愈抗衡。⑥ 张愈是北宋中期士人学术交游圈中的重要学者。

　　成都郫县李章甫（字希圣）以善教子著称，李氏兄弟五人，四人中

---

　　① 参见（宋）范祖禹《范太史集》卷 41《宋君夫人史氏墓志铭》、卷 44《资政殿学士范公（百禄）墓志铭》，文渊阁《四库全书》影印本。

　　② 参见（宋）范祖禹《范太史集》卷 38《汾阳郭君（询）墓志》，文渊阁《四库全书》影印本。范祖元世系不详，王德毅《宋代的成都范氏及其世系》（载《庆祝邓广铭教授九十华诞论文集》，河北教育出版社 1997 年版，第 280—289 页）及前揭胡昭曦师《宋代“世显以儒”的成都范氏家族》一文均未收录。

　　③ 参见（宋）范祖禹《范太史集》卷 42《朝奉郎郭君（子皋）墓志铭》，文渊阁《四库全书》影印本；（宋）佚名《氏族谱》，载《巴蜀丛书》第 1 辑，第 249 页；（宋）吕陶《净德集》卷 22《中大夫致仕石公（洵直）墓志铭》，第 245—247 页。

　　④ 参见（宋）吕陶《净德集》卷 22《中大夫致仕石公（洵直）墓志铭》，第 245—247 页。

　　⑤ 参见（宋）蒲远猷《自撰墓志》，载《宋代蜀文辑存》卷 17，第 302—304 页；（宋）黄庭坚《宋黄文节公全集·正集》卷 31《陈少张（纲）墓志铭》，见刘琳、李勇先、王蓉贵点校《黄庭坚全集》，四川大学出版社 2001 年版，第 837—838 页。陈纲祖父希世乃陈希亮之兄，父名谕，与叔父希亮同年登第。

　　⑥ 参见（宋）黄庭坚《宋黄文节公全集·正集》卷 32《蒲仲舆（远猷）墓碣》，见刘琳、李勇先、王蓉贵点校《黄庭坚全集》，第 863—864 页；（宋）蒲芝《白云先生张少愚诔》，载杨慎编，刘琳、王晓波点校《全蜀艺文志》卷 50，线装书局 2003 年版，第 1520—1521 页。

进士。李慎思与吕陶为同年（皇祐五年，1053 年）进士，做官后仍读书不废，好《易》《春秋》，且多论述，著《治策》五十篇，仍不失为一学者。李慎思之女嫁给范百禄次子范祖修。李慎思的母亲为文氏，与文同为亲戚。慎思的兄长李慎从与文同为密友。[1]

汉州绵竹杨绘（1032—1116 年）号"无为子"，为北宋中期四川士人学术交游圈中的重要学者。杨绘自幼聪颖，读书五行俱下，老不复忘。专治经术，工古文，尤长于《易》《春秋》，以其学背时好名。中皇祐五年（1053）进士第二，为仁宗、英宗、神宗所器重。有《群经索蕴》《书九意》《诗旨》《春秋辨要》《无为编》《西垣集》《杨绘集》等著作多种。绵竹杨氏与华阳范氏为世婚，故范祖禹"知公（杨绘）最详"，且为其撰铭。杨绘次女嫁给范镇幼子范百虑。[2]

汉州绵竹张椿（1102—1170 年）为南宋名相张浚从子，以叔父张滉致仕恩补官，仕至成都府通判。张椿娶成都华阳范氏为妻，长女则嫁给进士范子修。[3] 范子修高祖范百朋，为范百禄仲兄，其世系为范锴（范镇仲兄）—范百朋—范祖睿—范游—范仲侃—范子修。[4]

范子修幼弟子庚娶南宋著名蜀籍史学家李焘幼女李堪为妻，范氏又与丹棱李氏这一著名学术家族有了婚姻关系。范子庚亦登第，曾任朝散大夫利州路提点刑狱公事，知资州等。[5]

绵竹张氏本居成都，与上述成都张宇同族。张浚曾祖文矩娶绵竹杨氏，文矩早逝，夫人杨氏携三子徙绵竹依外家，遂为绵竹人。张浚父咸娶邛州临邛计氏，也是一个颇富学术传统且科宦不断的家族。张浚 4 岁时，其父张咸去世，其母计氏自幼即向其传授其父之学，家学传

---

① 参见（宋）文同《丹渊集》卷 38《李公泽（慎从）墓志铭》，文渊阁《四库全书》影印本；（宋）吕陶《净德集》卷 25《秭归县令李君（慎思）墓志铭》，第 274—276 页。

② 参见（宋）范祖禹《范太史集》卷 39《天章阁待制杨公（绘）墓志铭》，文渊阁《四库全书》影印本。

③ 参见（宋）张栻《南轩集》卷 40《通判成都府事张君（椿）墓表》，文渊阁《四库全书》影印本。

④ 参见（宋）佚名《氏族谱》，载《巴蜀丛书》第 1 辑，第 246—248 页。

⑤ 参见（宋）周必大《文忠集》卷 66《敷文阁学士李文简公（李焘）神道碑》，文渊阁《四库全书》影印本；（宋）佚名《氏族谱》，载《巴蜀丛书》第 1 辑，第 247 页；前揭胡昭曦师《宋代"世显以儒"的成都范氏家族》附表二。

承并未中断。其中，亦当有张浚母家的学术影响。张浚舅氏计有功自号"灌园居士"，有《唐诗纪事》《晋鉴》《韵略》等著作，与张浚相交往。①

张栻再从子张庶，为张浚长兄瀚之孙，构之子，先后得到张浚和张栻的教育。张瀚娶成都郫县孙氏，孙氏之侄孙松寿"以节行名于蜀"，登绍兴五年（1135）进士第，居官决事，多用经术，蜀人号为"牧斋先生"。范成大、赵汝愚帅蜀，赵雄在朝，交荐其贤。孙松寿所中意的天下士无几，而待张庶绝异，"每移书规儆，则揭诸坐右日省焉"②。故张庶在学术上又得到孙松寿的熏陶。

眉州彭山师民瞻之母为范氏，其长女嫁成都范仲毂。③ 师氏"子孙曼硕，世其书诗，为郡大姓"。师民瞻年十八试成都学官，文冠辈类。入太学，政和八年（1118）以上舍擢第。民瞻嗜学好蓄书，有《杜苏诗注》及文集二十卷。南宋著名理学家魏了翁幼读师民瞻《杜苏诗注》，"于师氏（民瞻）注释，明辩闳博，心窃好之"④。民瞻从兄师骥亦曾入太学，政和二年（1112）省试第一，遂登进士第，邃于《诗》。⑤ 师民瞻之孙师祖敬与魏了翁有交谊，了翁应其请，为其祖父师民瞻撰墓志铭。蜀州江原张公裕长女嫁进士范祖亮。⑥ 张公裕擅经学，与文同为交友。

除与上述诸多学术家族有婚姻关系以外，华阳范氏还与川西著名的书香门第宇文氏有世婚关系，详见下述。而围绕着宇文氏，又形成了另

---

① 参见（宋）朱熹《晦庵先生朱文公文集》卷95《少师保信军节度使魏国公致仕赠太保张公（浚）行状》，载朱杰人等编《朱子全书》，上海古籍出版社、安徽教育出版社2002年版，第4350—4392页。

② （宋）魏了翁：《重校鹤山先生大全文集》（以下简称《鹤山集》）卷79《张晞颜（庶）墓志铭》，线装书局2004年版，第464页；（清）黄宗羲原著，全祖望补修，陈金生、梁运华点校：《宋元学案》卷50《南轩学案》，中华书局1986年版，第1637—1638页；嘉庆《四川通志》卷144《人物二》，巴蜀书社1984年影印本，第4384页。

③ 参见（宋）魏了翁《鹤山集》卷87《师君（民瞻）墓志铭》，第538—540页。范仲毂世系亦不详，前揭王德毅《宋代的成都范氏及其世系》及胡昭曦师《宋代"世显以儒"的成都范氏家族》均未收录。

④ （宋）魏了翁：《鹤山集》卷87《师君（民瞻）墓志铭》，第538—540页。

⑤ 参见（宋）晁公遡《嵩山集》卷52《师公（骥）传》，文渊阁《四库全书》影印本。

⑥ 参见（宋）范纯仁《范忠宣集》卷14《承议郎充秘书阁校理张君（公裕）墓志铭》，文渊阁《四库全书》影印本。范祖亮，前揭王德毅《宋代的成都范氏及其世系》及胡昭曦师《宋代"世显以儒"的成都范氏家族》亦未收录。

一个婚姻圈。

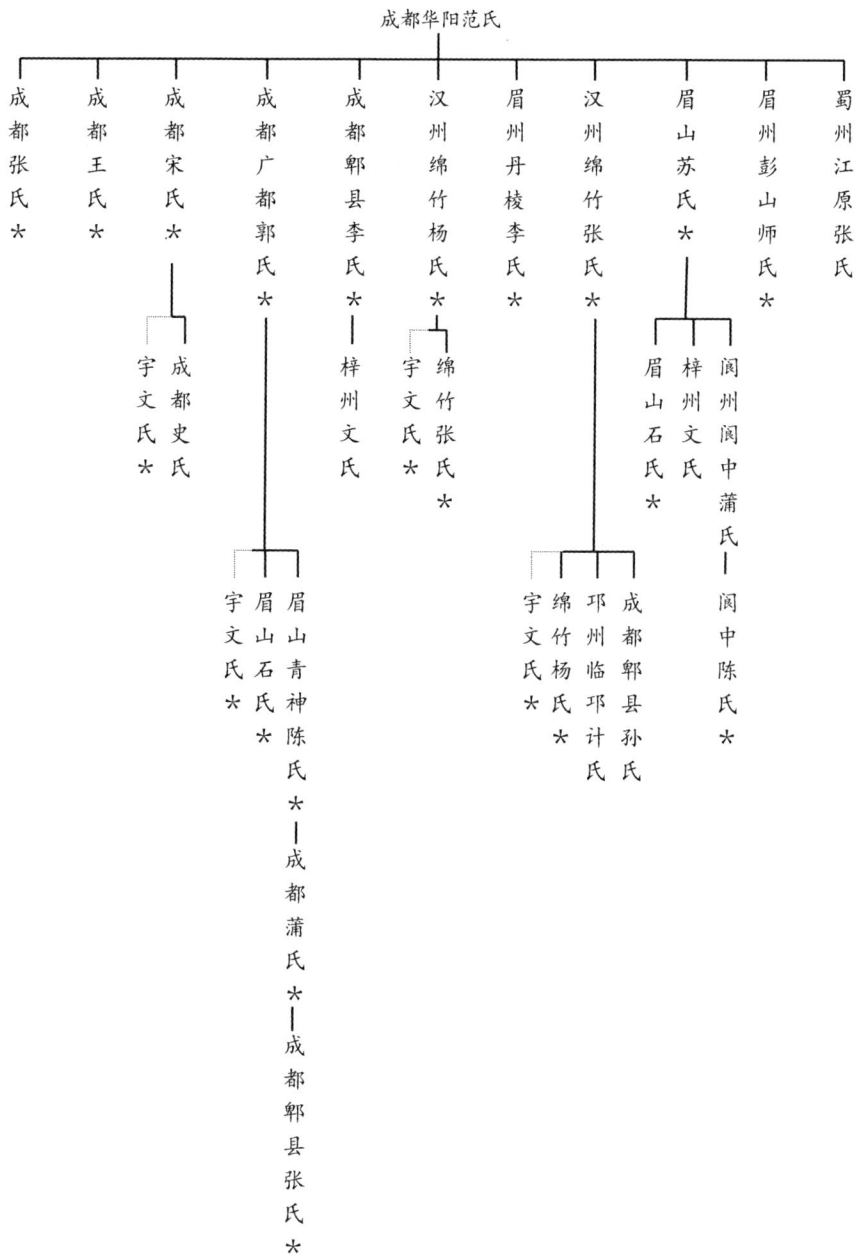

图2　成都华阳范氏婚姻关系

注：范氏及有＊者，为迁蜀家族。虚线表示其婚姻关系见后面的图3"宇文氏婚姻关系"。

二　围绕成都宇文氏的婚姻圈

宇文氏传说为神农氏炎帝后裔，炎帝为黄帝所灭，子孙遁居北方朔漠，与鲜卑人一同过着游牧生活，并被奉为鲜卑十二部之大人。南北朝时期，宇文氏显赫一时，并建立北周政权（557—581 年），且为隋的统一奠定了基础。王德毅撰《宋代成都宇文氏族系考》曰：

> 历宇文周而隋唐，（宇文氏）人物辈出，赫然为一世家大族。至宋代，见之于记载者，却只有定居在成都的一支比较通显。①

成都宇文氏原籍河南，其祖在唐末因任官而留居于蜀，后为成都名族。《宋史》入传者即有双流宇文昌龄、广都宇文虚中和宇文绍节三人。②宇文昌龄中进士甲科，历仕神、哲、徽宗三朝。虚中（1079—1146 年）与绍节（？—1213 年）祖孙二人均官至签书枢密院事。虚中兄粹中、弟时中俱入馆阁，有名于时，粹中亦位至尚书右丞。③王德毅等所编《宋人传记资料索引》④及李国玲编《宋人传记资料索引补编》⑤所收姓宇文的人士，除籍贯不详的几位外，全都是四川人。

据南宋人撰《氏族谱》，宇文氏分六院，除成都及其属县双流、广都外，另三院居汉州绵竹、雅州严道和阆州阆中。据王德毅所考，仅成都、双流、广都、绵竹之宇文氏世系可稽，广都与绵竹同祖，成都与双流同

---

① 王德毅：《宋代成都宇文氏族系考》，《国立台湾大学历史学系学报》1991 年第 16 期。

② 参见（元）脱脱等《宋史》卷 371《宇文虚中传》，第 11526—11529 页；卷 398《宇文绍节传》，第 12116—12117 页；卷 353《宇文昌龄传》，第 11147—11149 页。

③ 参见（宋）张栻《南轩集》卷 41《宇文史君（师献）墓表》，文渊阁《四库全书》影印本；（宋）楼钥《楼钥集》卷 115《赠银青光禄大夫宇文公（师说）墓志铭》，顾大朋点校，浙江古籍出版社 2010 年版，第 1999—2001 页；（宋）晁公遡《嵩山集》卷 53《宇文蜀州（师申）墓志铭》，文渊阁《四库全书》影印本。

④ 昌彼得、王德毅、程元敏、侯俊德编，王德毅增订：《宋人传记资料索引》，中华书局 1988 年版（据台北鼎文书局 1974 年版增订影印）。

⑤ 李国玲编：《宋人传记资料索引补编》，四川大学出版社 1994 年版。

祖，此二祖又为兄弟。^①严道与阆中之宇文氏已不可考，本文所述之宇文氏，都居于成都和汉州绵竹两地。两地之宇文氏关系密切，绵竹宇文之邵之子宇文辉以明经第一及第，成都广都宇文邦彦（襃）登元丰第，"邦彦与辉同世次，视之犹兄弟"。而宇文邦彦之子粹中、时中亦待宇文辉之子思忠犹同母兄弟，粹中任思忠以官，时中又任思忠之子师孟以官。"辉从弟彬登元丰第，仕至郡守，复自绵竹迁郫，子仔、仲。仔仕至郡相，二子犹世其赏，仲亦登第，是又隶成都矣。"^②下述之宇文氏，有的可知属哪一院，有的却难以确定，好在宇文氏皆同族，成都、绵竹两地又亲如一家，将其合而论之，应无乱扯亲戚之嫌。

王德毅撰《宋代成都宇文氏族系考》，对宋代成都宇文氏的基本情况做了梳理和考订；笔者撰《士人学术交游圈：一个学术史研究的另类视角（以宋代四川为例）》一文，论及著名学者宇文之邵在北宋川西士人学术交游圈中的重要地位。研究表明，宇文氏不仅是科宦世家，亦为诗书名族，《宋代蜀文辑存》中即收有宇文之邵（文二篇）、宇文昌龄（文一篇）、宇文虚中（文十二篇）、宇文粹中（文十篇）、宇文绍节（文二篇）、宇文绍奕（文一篇）、宇文仕（文一篇）、宇文价（文十五篇）、宇文十朋（文二篇）九人的文章共四十六篇。《宋代蜀人著作存佚录》中，除上述九人外，还记录有宇文师献、宇文师瑗、宇文绍庄、宇文元质四人的著述。李大临称双流院始登第者宇文册为"西州颜子"^③，绵竹房宇文之邵为著名学者，是北宋中期士人学术交游圈中的核心成员之一。

以成都为中心的西川地区，不少士族同宇文氏有婚姻关系，从而交

① （宋）佚名《氏族谱》记："［宇文氏］自司马至院莫知其世，世有从仁者后可谱。再世从元，又一世从廷、从卿，又一世从崇、从绪、从惟。继是子孙行率不类，按谱始可类耳。"（《巴蜀丛书》第1辑，第265页）前揭王德毅《宋代成都宇文氏族系考》曰："从仁以下三代名讳都用从字，易被人误成为兄弟行，实在不类，也不合乎唐宋人取名的习惯。前引晁公遡文称自真绪始徙广都，或较近实。"（宋）晁公遡《嵩山集》（文渊阁《四库全书》影印本）卷53《宇文蜀州（师申）墓志铭》记："从礼……四传至讳真绪，从外邑广都。"吾疑"从"字只是从某某之意，而非其排行字辈。《氏族谱》其后亦只称"崇"如何，"续"如何，而不连"从"字。

② （宋）佚名：《氏族谱》，载《巴蜀丛书》第1辑，第266—267页。

③ （宋）佚名：《氏族谱》，载《巴蜀丛书》第1辑，第265页。李大临为华阳李氏首登第者，官至天章阁待制，与宋敏求、苏颂并称为"熙宁三舍人"，载（元）脱脱等《宋史》卷331《李大临传》，第10657—10658页。

织成一个庞大的婚姻网络。

成都华阳范祖禹《祭叔母宇文氏文》曰："有唐之季，中原荼毒，宇文及范，自秦徙蜀，历世昏姻，著于邦族。"① 除范祖禹提到的这位叔母外，《氏族谱》记范镇为绵竹宇文之邵母舅，此外未见范氏与宇文氏通婚的其他记载，大概两族通婚主要在唐末入蜀后至北宋中期之间，由于范镇、范百禄的文集均佚，范氏在范镇以前的资料不多，两族的通婚详情也就不得而知了。

以乐学传家的华阳房氏，与广都宇文氏亦"世有姻好"，房审能娶宇文氏为妻，其孙朝奉大夫通判嘉州房永以其次女嫁给直龙图阁宇文时中次子宇文师说（1117—1156 年），后又以其四女为师说继室。②

华阳吴拱之的三女，嫁给进士宇文遘。③ 成都宋瑱长女嫁宇文渭④，宋瑱从兄弟宋球曾孙宋海（1096—1175 年），则娶宇文氏为妻。⑤

宋海之女嫁成都双流李嘉谋。⑥ 李氏兄弟皆从李石学，嘉谋精经学，详见上一节。李氏又为魏了翁之妻成都杜氏之舅，了翁自娶杜氏以后，"道双流，必李氏乎馆"。了翁且尝与嘉谋弟嘉量切磋易理。李嘉谋父大年娶同郡句氏，句昌泰为其舅，简州阳安刘光祖为其姐夫。⑦ 句昌泰登第为四川类省试第一，尝除太学博士。昌泰祖句居体登熙宁第，著书为多，尝为乡先生，从学者广。⑧ 句、刘二人均为名学者，故魏了翁称李嘉量"闻见熏濡，趋向端正"。李嘉量之女嫁利州昭化县尉家寅翁，李氏又与

---

① （宋）范祖禹：《范太史集》卷37《祭叔母宇文氏文》，文渊阁《四库全书》影印本。

② 参见（宋）楼钥《楼钥集》卷115《赠银青光禄大夫宇文公（师说）墓志铭》《文安郡夫人房氏墓志铭》，第 1999—2003 页。

③ 参见（宋）吕陶《净德集》卷26《吴府君（拱之）墓志铭》，第286—288 页。

④ 参见（宋）范祖禹《范太史集》卷41《宋君夫人史氏墓志铭》，文渊阁《四库全书》影印本。另（宋）文同《丹渊集》（四部丛刊本）卷41《仁寿县太君李氏埋铭》记宋璋、宋瑄兄弟之母李氏卒于治平三年（1066），宋瑱妻卒于元祐四年（1089），故三人应为同辈亲属。

⑤ 参见（宋）李流谦《澹斋集》卷17《宋运使（海）墓志铭》，文渊阁《四库全书》影印本。

⑥ 参见（宋）李流谦《澹斋集》卷17《宋运使（海）墓志铭》，文渊阁《四库全书》影印本。

⑦ 参见（宋）魏了翁《鹤山集》卷81《承议郎通判叙州李君（嘉量）墓志铭》，第481 页。

⑧ 参见（宋）佚名《氏族谱》，载《巴蜀丛书》第1辑，第258 页。

富于家学传统的眉山家氏有了婚姻关系。①

　　成都北郭氏之郭友直（1008—1071 年）娶"蜀之大姓"宇文氏；女二人，长女为蜀州晋原进士、太常博士李彤（图2）之继室，次女嫁进士文惟几，又与文同为姻家。② 李彤为吕陶交友。郭友直从孙、朝议大夫知辰州郭黄中之女，嫁宇文粹中（时中仲兄）子师献（1128—1174 年）。③

　　成都双流宋若水（1131—1188 年），先娶蜀之故家张氏，张氏卒后，又娶宣教郎宇文鹗之女。④ 成都广都郭叔谊（1155—1233 年）曾祖简修娶宇文氏，其父亦娶宇文氏。⑤ 广都郭氏与华阳范氏、眉山石氏、青神陈氏亦有婚姻关系，详见上一节。

　　绵竹张氏与广都宇文氏亦有密切的婚姻关系，张浚娶宇文时中女，子张栻又取时中长子师申的女儿为妻。⑥ 张浚从子张椿次女嫁宇文师申次子宇文绍庄。宇文绍庄登进士第，曾做过州官。⑦《宋诗纪事补遗》⑧ 卷49 收有其诗一首。张椿父女又与华阳范氏有婚姻关系，详见上一节。

　　宇文师申初娶简州阳安刘氏、尚书郎泾之孙女，再娶隆州何氏、秘书丞棠之女。⑨

---

　　① 参见（宋）魏了翁《鹤山集》卷81《承议郎通判叙州李君（嘉量）墓志铭》，第481—482 页；胡昭曦、刘复生、粟品孝《宋代蜀学研究》，第275—277 页。
　　② 参见（宋）文同《丹渊集》卷39《龙州助教郭君（友直）墓志铭》，四部丛刊本；（宋）吕陶《净德集》卷25《李太博（彤）墓志铭》，第276—278 页。
　　③ 参见（宋）张栻《南轩集》卷41《宇文史君（师献）墓表》，文渊阁《四库全书》影印本；（宋）佚名《氏族谱》，载《巴蜀丛书》第 1 辑，第 270 页。邛州郭正孙之子亦名黄中，但为宁宗、理宗时人，见（宋）魏了翁《鹤山集》卷82《故太府寺丞兼知兴元府利州路安抚郭公（正孙）墓志铭》，第491—493 页。
　　④ 参见（宋）朱熹《晦庵先生朱文公文集》卷93《运判宋公（若水）墓志铭》，载朱杰人等编《朱子全书》，第4299 页。
　　⑤（宋）魏了翁：《鹤山集》卷83《知巴州郭君（叔谊）墓志铭》，第505—507 页。郭叔谊过继叔父郭泽为后，故铭文称其生父汾为伯父。
　　⑥ 参见王德毅《宋代成都宇文氏族系考》，《国立台湾大学历史学系学报》1991 年第16 期。
　　⑦ 参见（宋）张栻《南轩集》卷40《通判成都府事张君（椿）墓表》，文渊阁《四库全书》影印本；（宋）佚名《氏族谱》，载《巴蜀丛书》第 1 辑，第 266 页。
　　⑧ 参见（清）陆心源编，徐旭、李建国点校《宋诗纪事补遗》卷49"宇文绍庄"条，山西古籍出版社 1997 年版，第1158 页。
　　⑨ 参见（宋）晁公遡《嵩山集》卷53《宇文蜀州（师申）墓志铭》，文渊阁《四库全书》影印本。

　　绵竹杨绘（1032—1116 年）曾祖晔娶宇文氏。① 杨塾长女嫁朝散郎宇文昭度，爱之，留于家，与其子杨宗惠共居三十年。杨宗惠（1037—1092 年）为杨绘父辈族人，吕陶交友。杨宗惠长女嫁宇文纲。②

　　上述与宇文氏通婚的士族，计有华阳范氏、房氏、吴氏、成都宋氏、北郭氏、双流宋氏、广都郭氏、绵竹张氏、杨氏、简州阳安刘氏和隆州何氏，除隆州何氏外，包括宇文氏，都是迁蜀家族。他们不仅为科宦世家，亦多有学术传统。华阳范氏以史学著称，绵竹张氏以理学闻名，分别显于北宋和南宋，自不待言。房氏自五代至南宋宁宗庆元时（1195—1200 年），科宦不断。房昭庶通晓乐学，仁宗朝以大臣荐，特授秘书郎，有乐书行世。子房审权承父学，著有《大乐演义》。③ 华阳吴氏"族最旧"，吴拱之读书通义理，好谈算数推步之学，拱之从孙吴缜为《新唐书纠谬》之作者，是宋代四川著名史学家。④ 成都宋氏亦自宋初至南宋孝宗时，官宦不断。宋诲先祖惟亮号"无为先生"，"尝授经任公玠，晚究《易》"。⑤《宋史·艺文志》集类录有其从曾祖宋璋所著《锦里玉堂编》五卷。成都北郭氏为科宦诗书世家，郭友直为蜀中名士，饱读诗书，人以识之为荣，藏书上万卷，是蜀中著名藏书家，有著作多种。双流宋氏之宋堂，举贤良方正，成都府府学说书，名载国史。有《春秋新义》《蒙书》《七蠹》《西北民言》（均佚）等著作。宋堂从兄弟文礼之后，自庆历时起，五世登科。⑥ 宋若水为饱学之士，经史文俱精，为朱熹所称赞。广都郭叔谊之父郭汾号"冲寂居士"，以孝友文学闻于乡。叔谊亦藏书上万卷，有著作多种。

<hr>

　　① 参见（宋）范祖禹《范太史集》卷 39《天章阁待制杨公（绘）墓志铭》，文渊阁《四库全书》影印本。

　　② 参见（宋）吕陶《净德集》卷 22《朝奉大夫知洋州杨府君（宗惠）墓志铭》，第 249—251 页。

　　③ 参见（宋）佚名《氏族谱》，载《巴蜀丛书》第 1 辑，第 261 页。

　　④ 参见（宋）佚名《氏族谱》，载《巴蜀丛书》第 1 辑，第 245 页；（宋）吕陶《净德集》卷 26《吴府君（拱之）墓志铭》，第 286—288 页。

　　⑤（宋）李流谦：《澹斋集》卷 17《宋运使（诲）墓志铭》，文渊阁《四库全书》影印本；（宋）佚名：《氏族谱》，载《巴蜀丛书》第 1 辑，第 255 页。

　　⑥ 参见（宋）佚名《氏族谱》，载《巴蜀丛书》第 1 辑，第 269—270 页，第 285 页。

宇文氏

成都华阳范氏*　成都华阳房氏*　成都华阳吴氏*　成都宋氏*　成都北郭氏*　成都双流宋氏*　成都广都郭氏*　汉州绵竹张氏*　汉州绵竹杨氏*　简州阳安刘氏*　隆州何氏

华阳范氏*　成都史氏*　双流李氏　蜀州晋原李氏*　梓州文氏　华阳范氏*　眉州青神陈氏*　眉山石氏*　华阳范氏*　邛州临邛计氏　华阳范氏*　双流李氏

成都杜氏*　成都句氏*　简州阳安刘氏*　眉山家氏*

邛州蒲江魏了翁

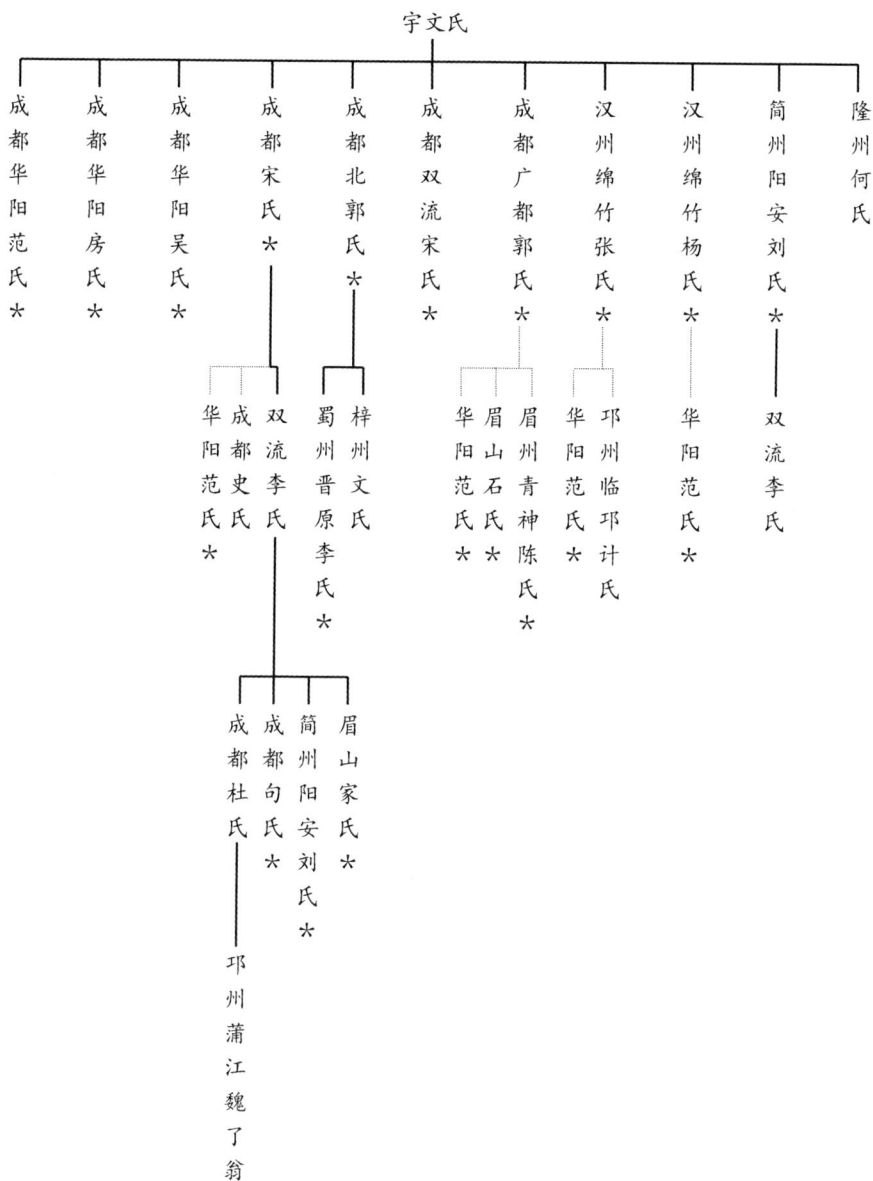

图 3　宇文氏婚姻关系

注：宇文氏及有＊者，为迁蜀家族。虚线表示其婚姻关系见前面的图 2 "成都华阳范氏婚姻关系"。

绵竹杨绘为北宋中期著名学者，绵竹杨氏与青神杨氏同族，都出过不少人才。刘泾为简州阳安人，其族富学术传统。刘泾为熙宁六年（1073）进士，王安石荐其才，《宋史》有传，南宋名臣、名学者刘光祖（1142—1222 年）为其族人。

隆州何氏"世以儒术训迪子孙"，何彦材父子力学，子六人皆治经，为郡舍诸生，何棠、何㮚（1089—1127 年）相次登进士第，何㮚中政和五年（1115）状元，官至宰相。"靖康之难"，为金人所俘，不食而死。①

三　围绕邛州蒲江魏高氏的婚姻圈

在宇文氏婚姻圈中曾谈到，双流李氏为魏了翁妻家成都杜氏之舅。杜氏为魏了翁续妻，了翁元配夫人为资中杨熹之女。魏了翁称杨熹"生自名胄"，杨熹不以常婿待了翁，常加训诲。邛州蒲江人王万为魏了翁之徒，其续妻资中杨氏，与魏了翁元配夫人为姊妹，两人又有了亲戚关系。王万（？—1234 年），号淡斋，嘉定三年（1210）类省试第一，曾任太学博士。笃学而博通经术，尤善戴氏礼，著有《心铭》、《淡斋规约》（均佚）。② 除此之外，邛州蒲江魏高氏又与不少学术家族有婚姻关系。

隆州仁寿虞允文之孙虞刚简（1163—1226 年），自幼趣尚不凡，资州赵雄奇其才，以女嫁之。赵雄为隆兴元年（1163）省试第一，虞允文荐于朝，淳熙五年（1178）累官参知政事，拜右丞相。虞刚简自为赵雄之婿，"生长见闻，薰习益异"。虞刚简壮岁与赵雄之子赵昱善，"得程、张、吕、谢、杨、尹诸子《语》《孟》读之，犁然会心"。虞刚简后成为著名理学家。③ 赵昱少苦学，以司马、周、程氏为师，又私淑张栻。④ 赵

① 参见（宋）张商英《何庐江隐侯泽墓志铭》，载傅增湘辑《宋代蜀文辑存》卷14，第142—144 页；（元）脱脱等《宋史》卷353《何㮚传》，第11136 页。

② 参见（宋）魏了翁《鹤山集》卷86《太常博士知绍熙府朝散郎王聘君（万）墓志铭》，第528—529 页。许肇鼎《宋代蜀人著作存佚录》（巴蜀书社1986年版）未收王万。

③ 参见（宋）魏了翁《鹤山集》卷76《朝请大夫利州路提点刑狱主受冲佑观虞公（刚简）墓志铭》，第432—435 页。

④ 参见（清）黄宗羲原著，全祖望补修，陈金生、梁运华点校《宋元学案》卷50《南轩学案》，第1644—1645 页。

昱为魏了翁岳母（当指元配夫人杨氏之母）之弟，两人居官成都时，"未始三日不聚首"，"聚辄移晷"，"循嵩洛关辅之源流，以上溯洙泗之传"。魏了翁对赵昱之学识颇为推崇，称其每使人有寡陋固滞之愧。"习往圣之格言，烛义理之正宗如君者，能拔然自立于颓俗末学之中，其于西南人士，亦所少见者矣。"①

虞刚简从子虞炎，字退夫，婿于魏了翁。仁寿虞氏本为富于学术传统之家族②，虞炎传其家学，又得妇翁之传，兼承两家之学术。③

魏了翁与眉山任逢有姻亲关系，任逢曾祖父尝从李褒学，工词赋，年七十犹累试春官。其祖、父亦无功名。任逢母为青神史氏，任逢在其母激励下，发奋读书，于淳熙七年（1180）中进士第。④ 了翁撰《跋黄尚书（由）与任千载（逢）书后》，反映了他与任逢的交谊。⑤ 任逢知合州时，曾延致罗传之，遂州遂宁苏振文、黄绎和阆中鲜于光，编著《垫江志》三十卷，已佚，今仅存《宋代蜀文辑存》卷73所收文四篇，其中一篇即为《合州垫江志序》。苏振文为魏了翁讲友，前已述及。

魏了翁仲兄高稼之子高斯得，娶魏了翁之友、潼川（梓州）通泉蹇君章之女。蹇氏为诗书名族，蹇君章先祖蹇顾举神宗元丰五年（1082）进士第二，君章之父登孝宗绍熙元年（1190）进士第。蹇君章（1169—1227年）于庆元元年（1195）以词赋擢四川类省试高等，次年登进士乙科。蹇君章娶简州阳安东溪先生刘伯熊之孙女，伯熊为刘光祖族亲，李石门人，精易学，刘光祖曾从其学。⑥

---

① 参见（宋）魏了翁《鹤山集》卷90《哭赵广安（昱）文》，第565页。

② 参见胡昭曦、刘复生、粟品孝《宋代蜀学研究》，第291—293页。

③ 参见（清）黄宗羲原著，全祖望补修，陈金生、梁运华点校《宋元学案》卷80《鹤山学案》，第2685页。

④ 参见（宋）魏了翁《鹤山集》卷70《史夫人墓铭》，第378—379页。

⑤ 参见（宋）魏了翁《鹤山集》卷59《跋黄尚书（由）与任千载（逢）书后》，第292—293页。

⑥ 参见（宋）魏了翁《鹤山集》卷75《朝散大夫知荣州蹇君（君章）墓志铭》，第428页。

邛州蒲江魏高氏

```
├── 成都杜氏 ── 成都双流李氏 ┬── 宇文氏 *
│                            ├── 成都句氏 *
│                            ├── 简州阳安刘氏 *
│                            └── 眉山家氏 *
├── 资州杨氏 ┬── 资州赵氏
│            └── 邛州蒲江王氏
├── 隆州仁寿虞氏 * ── 资州赵氏
├── 眉山任氏
├── 梓州通泉寮氏 * ── 简州阳安刘氏 *
├── 眉州青神杨氏 *
└── 邛州蒲江李氏 *
```

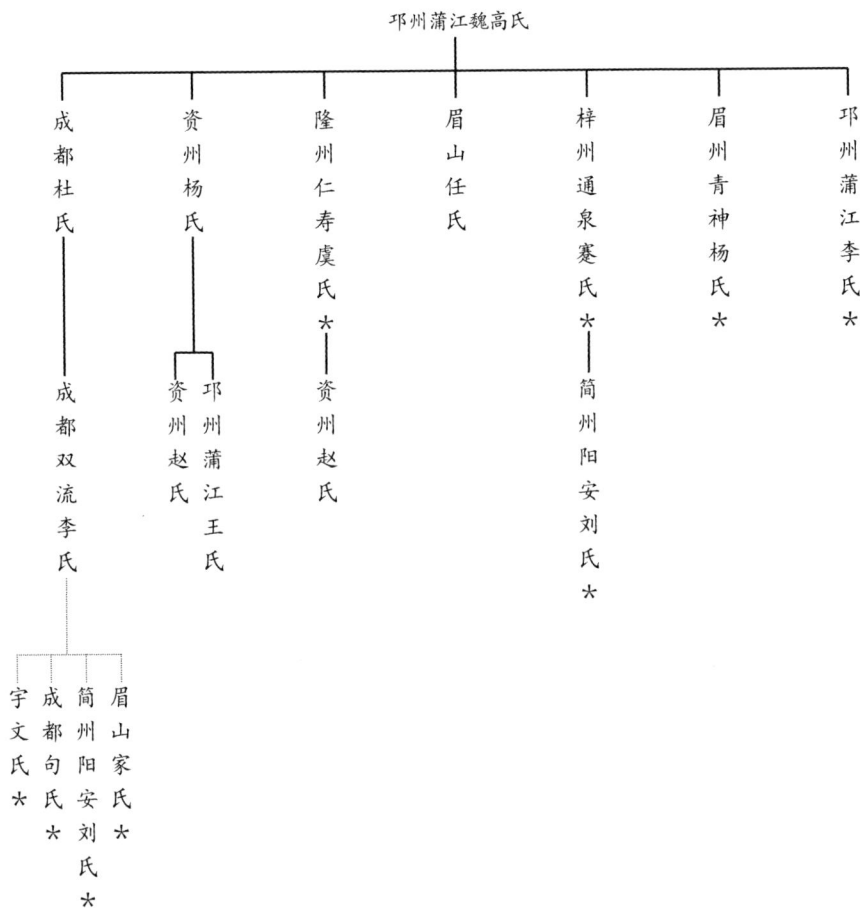

图 4　邛州蒲江魏高氏婚姻关系

注：凡有＊者，为迁蜀家族。魏高氏与之联姻的姓氏尚多，以上乃确知为学术家族者。
虚线表示其婚姻关系见前面的图 3 "宇文氏婚姻关系"。

魏了翁从父弟文翁之子魏恭愿，娶眉州青神杨泰之的长孙女。[①] 杨泰之为 "蜀中名儒杨虞仲之子"[②]，曾从黄裳等乡先生学，是蜀中著名藏书家和学者，著述极丰。

---

① 参见（宋）魏了翁《鹤山集》卷 81《大理少卿直宝谟阁杨公（泰之）墓志铭》，第 487 页。
② 参见（元）脱脱等《宋史》卷 434《杨泰之传》，第 12900 页。

魏了翁从弟魏景翁，娶邛州蒲江李惟正次女为继室。李惟正曾为乡先生，了翁三兄高崇尝从其学《周礼》。李惟正受知于李心传之父李舜臣等，后登进士第。著有《书翼》《论孟》（均佚）。①

胡昭曦师在《诗书持家，理学名门——宋代蒲江魏氏家族研究》一文中，总结魏、高氏的婚姻状况有两个特点：第一，大部分是与同邑、同里或附近州县之家通婚；第二，魏、高氏二姓男女在其发妻、前夫去世后，多再婚再嫁情况。② 据上所述，还可归纳出第三个特点，即注重与学术家族的联姻。

余 论

范氏与宇文氏两个婚姻圈，贯穿两宋时期，以北宋为主，规模较大。魏高氏婚姻圈局限于南宋中晚期，规模较小。上述三个婚姻圈的成员，基本上也都是两宋四川士人学术交游圈的成员。像华阳范氏，眉山苏氏、任氏，梓州文氏、宇文氏，汉州绵竹杨氏、张氏，简州阳安刘氏，邛州蒲江魏高氏，隆州仁寿虞氏等，都是两宋士人学术交游圈的核心或重要成员。成都宋氏，成都广都郭氏，汉州绵竹杨氏、张氏，梓州文氏与宇文氏、范氏两个婚姻圈都有关系，而这两个婚姻圈的核心——范氏与宇文氏本身亦为世婚关系，由此两个婚姻圈又联结为更大的婚姻圈。四川士人由同乡、师友、同学、同年（进士）等关系而形成的学术交游圈，再通过联姻而得以巩固和扩展。

以上的研究清楚显示，这些士族间的联姻，促进了家族间的学术交流及学术发展。我们固然不可否认他们之间的联姻在政治（仕宦）上可能带来的好处，但学术成为士族间联姻的重要考虑因素，在上述家族中，是不乏其例的。以下两例，可进一步证明此点。

张崇文之外孙女杨氏出身华阳甲族，其父杨元吉安道守节，乡里信慕，有善人君子之称。杨氏少孤，外祖张崇文携养于其家。张崇文为孟

---

① 参见（宋）魏了翁《鹤山集》卷72《金书剑南西川判官李君（惟正）墓志铭》《魏府君（景翁 少翁）墓志铭》，第395—397页。

② 参见胡昭曦《胡昭曦宋史论集》，第320—350页。

蜀时秀才，通五经，博览群书，铿然有声于当年。后蜀主孟昶归顺宋朝，张崇文留蜀，畏远仕，遂为西南士人文章宗师。崇文之女及外孙女杨氏受崇文熏染，颇知书识礼，成都豪宗巨家争相求婚。崇文每拒之曰："是女与孙循服素俭甚已深矣，盖非可以侈丽华靡之好以化其所嗜者。吾将求朴茂清粹嘉才美业之士以归之，且当具意。"后崇文果以其女嫁给诗书名儒周式，其外孙女杨氏嫁成都新繁阎路。阎路，字蹈之，号"太原先生"，官至太子中舍致仕。阎路"履尚简洁，学问无厌，常以《易》《礼》《春秋左氏传》名其家"。教诸生与二子，四时弦诵，风雨不废。夫人杨氏知书达理，除旦暮督二子学习之外，亦以章句字画训诲诸女及里中内外亲表之甥侄。二子温、灏皆中进士，阎灏与北宋四川名士文同为同年进士（皇祐元年，1049 年），曾任太学博士。①

隆州仁寿员氏为学术名族，"文质先生"员安舆与苏洵、文同、张愈等蜀中名士交往，是北宋中期著名学者。员安舆曾孙女聪颖有才，其母及家人认为不当嫁与"凡子"。眉山孙氏为藏书世家，号"书楼孙氏"，书香门第，享誉四方。正好眉山孙氏来请婚，其母遂将员氏嫁给孙书言。孙书言"为人志高亮，喜倾宾客，亦多慕尚者，请谢无虚门"。有夫人员氏操持家务，书言"以故游道益广"。书言兄欲以荫补书言之子为官而不遂，员氏称："诗书吾家衣钵也。衣钵已具，是中大有乐趣，何必乳下求官耶？"乃教诸子甚力，长子孙俣、次子孙攸俱业儒。②员氏所谓"诗书吾家衣钵"，当指夫家孙氏，但就员氏而言，亦是恰当的。

张崇文及亲家杨氏，仁寿员氏，都是书香门第，其女子亦都为才女子，他们为其女择偶的标准，都以"才"为主。

以下再举若干学术联姻的例子。上述新繁阎路之子阎灏的同年进士（皇祐元年，1049 年）许平施，娶简州阳安人著作佐郎刘琚之女。阳安刘氏为富于学术传统之家族，许平施夫人刘氏嗜学博闻，尤邃于《左氏春

①　参见（宋）文同《丹渊集》卷40《华阳县君杨氏墓志铭》，四部丛刊本；（清）陆心源《宋诗纪事补遗》卷13"阎灏"条，第286页。据（清）王梓材、冯云濠编，沈芝盈、梁运华点校《宋元学案补遗》卷6"国簿周先生式"条，周式为湘阴人，以行义著，为岳麓书院山长。大中祥符间，召拜国子主簿，诏留讲诸王宫（中华书局2011年版，第676页）。
②　参见（宋）员兴宗《九华集》卷21《夫人员氏墓志铭》，文渊阁《四库全书》影印本。

秋》。其夫逝世后，刘氏教子之外，以授徒为生，成为少有的女性乡先生。①阎灏将女儿嫁给许平施之子许天启，文同称天启俊爽有为。②

绵州巴西人李仲侯，其家有学术传统。李仲侯长女李幼闲嫁给成都人常城（1105—1154 年）。③ 常氏为"诗书闻家"，常城曾祖父常琪为吕陶学侣。常城登绍兴二年（1132）进士第，与成都范氏及蜀中名士李石厚善，著有《韩退之集注》（佚）。④

成都双流罗致恭七岁而孤，随其母阎氏依外家于蜀州，表兄阎太古藏书丰富，精于《左氏春秋》。罗致恭从阎太古学，尽通其学。致恭复以所能，勉励太古之子阎顗。阎顗中天圣八年（1030）进士，罗致恭之子罗登亦于景祐中登进士第。⑤

彭州蒙阳杨氏"世以大族雄其邑"，成都新繁许瞻自娶杨氏为妻后，遂奉其母至杨氏府中，"就师友以学"，直至其子渐长大，才迁回新繁旧居。⑥

何氏世居汉州绵竹，何延世号"休庵居士"，食客日数十人，与同郡德阳乡先生史彬相善，乃以其子何革为史彬之婿。史彬号"绝学先生"，教授弟子以百数。何、史两家既通婚姻，何氏亦移居德阳。何革子何耕（1127—1183 年）幼从外祖史彬学词赋、《尚书》，殚思精义，为东西川名士、州博士张行成、任慥所称。中绍兴十七年（1147）类试第一，曾任国子祭酒，与周必大"一见如旧交"。⑦ 有《公有集》一百卷（佚）、

---

① 参见邹重华《"乡先生"——一个被忽略的宋代私学教育角色》，（香港中文大学）《中国文化研究所学报》1999 年新第 8 期。

② 参见（宋）文同《丹渊集》卷 40《文安县君刘氏墓志铭》，四部丛刊本；嘉庆《四川通志》卷 122《选举志一》，第 3692 页。文同与阎灏、许平施同年登进士第，文同早年尝志许平施之墓，及其夫人刘氏卒，天启之弟天衷又以母亲之命，请文同为其撰墓志铭。阎灏亦请文同，为其母撰铭。

③ 参见（宋）李安仁《李仲侯墓志铭》，载（清）刘喜海《金石苑》卷 4，台北：艺文印书馆 1967 年版。

④ 参见（宋）佚名《氏族谱》，载《巴蜀丛书》第 1 辑，第 259—260 页；（宋）李石《方舟集》卷 16《知均州常朝奉（城）墓志铭》，文渊阁《四库全书》影印本。

⑤ 参见（宋）文同《丹渊集》卷 36《屯田郎中阎君（顗）墓志铭》、卷 37《屯田员外郎罗君（致恭）墓志铭》，四部丛刊本。

⑥ 参见（宋）文同《丹渊集》卷 40《长寿县太君杨氏墓志铭》，四部丛刊本。

⑦ 参见（宋）周必大《文忠集》卷 35《何君耕墓志铭》，文渊阁《四库全书》影印本。

《蕙庵诗稿》一卷（存）等著作。张行成为谯定门人。

简州许奕为宁宗庆元五年（1199）状元，许奕娶吕陶曾孙、太府寺丞吕凝之之女为妻。许奕有《毛诗说》三卷、《论语、尚书、周礼讲义》十卷、《九经直音》九卷、《九经正讹》一卷、《诸经正典》十卷、《奏议》三卷及诗、杂文二十卷等（均佚），而魏了翁称所逸尚多，可见许奕著述是颇多的。今仅存诗二首、文四篇。简州阳安刘光祖"知公为尤深"。① 吕凝之为谯定弟子张行成的门人，精于《易》。

魏了翁门人、晚宋名学者牟子才的曾祖牟格，娶同郡跨鳌先生李新之女。魏了翁称牟氏"为三嵋诗书家"②，而李新为北宋后期重要学者。牟子才之孙牟应龙（1247—1324 年），字伯成，号"隆山"，度宗咸淳七年（1271）进士。其父牟巘（1227—1311 年），字献之，登进士第。牟巘讨论六经，尤雄于文，学者称"陵阳先生"。③ 有《（牟氏）陵阳集》存世。牟应龙与其父牟巘自为师友，日以经学道义相切磨。牟应龙之母邓氏为太史公李心传外孙女，应龙犹及见李心传，"每接语终日，而先生史学端绪自此始"。牟应龙先娶奉直大夫知邵武军杨恪之女，再娶朝奉大夫将作监程绳翁之女，"杨、程皆眉山诗书故家也"。④ 牟氏历代与诗书名族通婚，可谓因婚姻关系而使其学术得益之典型。

---

① 参见（宋）魏了翁《鹤山集》卷69《显谟阁直学士提举西京嵩山崇福宫许公（奕）神道碑》，第359—364 页；许肇鼎《宋代蜀人著作存佚录》，第247—248 页。

② （宋）魏了翁：《鹤山集》卷78《宣义郎致仕牟君（忻）墓志铭》，第457 页。

③ 参见（清）黄宗羲原著，全祖望补修，陈金生、梁运华点校《宋元学案》卷80《鹤山学案》，第2689—2690 页。

④ 参见（元）虞集著，王颋点校《牟伯成（应龙）先生墓碑铭》，《虞集全集》，下册，天津古籍出版社 2007 年版，第878—880 页；（元）黄潜著，王颋点校《黄潜集》卷11《隆山牟先生（应龙）文集序》，浙江古籍出版社 2013 年版，第399—400 页。

家学传承与学术发展

——以宋代四川士人家族为例

一 引言

宋代是中国古代学术文化繁荣昌盛的时代，学术的昌盛意味着教育的发达。宋代士人接受教育分官私两个途径。官学指从州县学至太学的各级官立学校，包括政府办的书院，以培养士子通过科举入仕为首要目的。私学则包括家庭、民间私学教师、各类私立学校和书院提供的教育等，除科举入仕的目的以外，普及知识，发展学术，亦是私学教育的重要目的。尽管宋代官学教育发达，规模超越过去任何时代①，比较而言，宋代私学教育在民间的渗透程度，是远超过官学教育的。笔者曾发表研究宋代民间私学教师——乡先生教育角色的文章，论证乡先生对宋代士人教育和学术发展的作用。②继又刊文，从士人学术交游圈的角度，论证这种交游圈实际上是在家庭教育和乡先生教育之外，士人接受学术熏陶和发展学术的另一个更高层次的私学教育空间。③本文再

---

① 参见 Thomas H. C. Lee（李弘祺），*Government Education and Examinations in Sung China*，Hong Kong：Chinese University Press，1985 年；《宋代官学教育与科举》中文版，台北：联经出版事业公司 1994 年版；袁征《宋代教育——中国古代教育的历史性转折》，广东高等教育出版社 1991 年版。

② 参见邹重华《乡先生——一个被忽略的宋代私学教育角色》，（香港中文大学）《中国文化研究所学报》1999 年新第 8 期。

③ 参见邹重华《士人学术交游圈：一个学术史研究的另类视角（以宋代四川为例）》，（香港中文大学）《中国文化研究所学报》2000 年新第 9 期。以下凡与士人学术交游圈相关的内容，均请参阅该文。

从家庭教育的角度，考察家学对宋代士人教育和学术发展的作用和影响。

"家学"一词，不同的时代有不同的内涵。① 汉代以来，公卿名门世传一经，谓之家学。术业相传，经学文章相继，成为士族长久维持门第家声之重要凭借。② 田余庆在《中国史纲要》第 1 册中写道："东汉后期的士大夫中，出现了一些累世专攻一经的家族，他们的弟子动辄数百人甚至数千人。通过经学入仕，又形成了一些累世公卿的家族，例如世传欧阳《尚书》之学的弘农杨氏，自杨震以后，四世皆为三公；世传孟氏易学的汝南袁氏，自袁安以后，四世中居三公之位者多至五人。"③

陈寅恪先生在《隋唐制度渊源略论稿》中指出，"盖自汉代学校制度废弛，博士传授之风气止息以后，学术中心移于家族，而家族复限于地域，故魏、晋、南北朝之学术、宗教皆与家族、地域两点不可分离"，"公立学校之沦废，学术之中心移于家族，太学博士之传授变为家人父子之世业，所谓南北朝之家学者是也"④。魏晋南北朝士族家学对中国学术文化传承和发展的贡献，陈寅恪有不少精辟之论⑤，并给予了很高的评价："中原经五胡之乱，而学术文化尚能保持不坠者，固由地方大族之力，而汉族之学术文化变为地方化及家门化矣。故论学术，只有家学之可言，而学术

---

① 郑强胜《文化史研究的新领域：中国传统家学》一文（《华夏文化》1995 年第 5 期）将中国传统家学划分为春秋战国始发期、两汉发展期、魏晋南北朝隋唐鼎盛期、宋元分化期和近代以后衰落期，但该文太简略，并未作深入讨论。郑氏另撰《唐时期的家学》一文（《华夏文化》1995 年第 6 期），亦因太简略，而难以证明作者所说隋唐"将中国传统家学推到了鼎盛期"。

② 参见毛汉光《两晋南北朝士族政治之研究》第三章第二节，台北：中国学术著作奖助委员会 1966 年版。

③ 翦伯赞主编：《中国史纲要》，人民出版社 1979 年版，第 176 页。

④ 陈寅恪：《隋唐制度渊源略论稿》，中华书局 1963 年版，第 17、19 页。

⑤ 参见林济《陈寅恪论士族文化世家及其意义》，《华中师范大学学报》（人文社会科学版）2003 年第 3 期。

文化与大族盛门常不可分离也。"①自此以后直至近代，学术文化之地方化及家门化便成为常态，中国传统社会之学术发展与家学结下不解之缘。

南朝陈之史部尚书姚察云："观夫二汉求贤，率先经术；近世取人，多由文史。"②苏绍兴引姚氏之言并发挥曰："由两汉之累世经学至两晋以后之人人有集，数百年来，学术风气由经学转向文史，士族亦随此转变，不仅在于进仕，亦以此维持其门第之不坠。典籍文义，百世传美，高门风范，实系于此。当时高门，不乏文才相继，累叶有文章家学者。"③这表明了魏晋南北朝家学传承由经学向文史之转变。其他如典章制度、朝廷礼仪、玄学、谱学、艺术（琴棋书画）、音韵训诂学、科技、法律乃至佛、道理论等也成为家学的内容，各自兴盛一时，呈现出多元发展的倾向。累世传一经之家学虽然仍占重要位置，儒经之外，兼及文史等其他领域的现象在魏晋以降已较为普遍。④

---

① 陈寅恪：《金明馆丛稿初编》，上海古籍出版社 1980 年版，第 131 页。研究魏晋南北朝士族几乎都离不开家学，故传统家学研究中以这一时期的成果较多。王永平近年（2001—2003 年）连续发表文章，对陈郡谢氏、吴郡张氏、琅邪王氏、吴郡陆氏、吴郡顾氏、会稽虞氏、会稽贺氏、吴兴武康姚氏之家风与家学，作了较系统的清理，分见《论六朝时期陈郡谢氏的家风与家学》，《江苏社会科学》2001 年第 5 期；《略论六朝时期吴郡张氏的家学与家风》，《徐州师范大学学报》（哲学社会科学版）2002 年第 1 期；《论东晋南朝时期琅邪王氏之家风与家学》，《许昌师专学报》2002 年第 1 期；《六朝时期吴郡陆氏之家风与家学》，《扬州大学学报》（人文社会科学版）2002 年第 1 期；《略论六朝时期吴郡顾氏的家风与家学》，《洛阳工学院学报》（社会科学版）2002 年第 1 期；《六朝时期会稽虞氏之家风与家学》，《南都学坛》2002 年第 4 期；《"江表儒宗"：会稽贺氏之家风与家学》，《许昌师专学报》2002 年第 6 期；《中古吴兴武康姚氏之家风与家学——从一个侧面看文化因素在世族传承中的作用》，《扬州大学学报》（人文社会科学版）2003 年第 2 期；王氏并发表概括论述文章《论中古时期世族家风、家学之特质——以江东世族为中心的历史考察》，《河南科技大学学报》（社会科学版）2003 年第 3 期。他还另出版《六朝江东世族之家风家学研究》（江苏古籍出版社 2003 年版）一书。王氏对中国大陆及港台学者的研究成果注意不足，而认为学术界对中古世族家风与家学的研究"少有收获"，是不确切的，加以王氏各篇行文雷同，对前人研究成果引证不足，令人难以体会到作者在家学研究上的推进和深入。

② （唐）姚思廉：《梁书》卷 14《江淹等传·论》，中华书局 1973 年点校本，第 258 页。

③ 苏绍兴：《两晋南朝的士族》，台北：联经出版事业公司 1987 年版，第 12 页。

④ 参见李必友《魏晋南北朝家族教育的特点》，《安徽师范大学学报》（人文社会科学版）1999 年第 2 期；曹建平《魏晋南北朝家庭教育钩稽》，《湘潭师范学院学报》（社会科学版）1998 年第 2 期；张天来《魏晋南北朝儒学、家学与家族观念》，《江海学刊》1997 年第 2 期；王大建《东晋南朝士族家学论略》，《山东大学学报》（哲学社会科学版）1995 年第 2 期；郭锋《北朝隋唐源氏家族研究——一个少数族汉化士族家族门第的历史荣衰》，《中国社会经济史研究》2002 年第 3 期；张天来《江东陆氏家风与陆机的文学创作》，《东南大学学报》（社会科学版）1999 年第 4 期。

至唐代，科举制的确立和发展，对家学传承产生了重要影响，使考取功名成为一般家庭教育的最主要目标。进士科的崇高地位，引导了家学传承中崇尚文学的风气。①

在宋人文集中，家学一词屡不绝书，但对宋代家学的研究却较为薄弱。②为了在有限的篇幅内较为集中、深入地讨论，笔者拟以宋代四川士人家族为例，考察家学对宋代士人教育和学术发展的作用和影响，并从家学的角度，探讨宋代学术文化繁荣的原因。

二　宋代四川士人家族家学典型个案举要

毛汉光在《两晋南北朝士族政治之研究》第九章第二节《家学》中云："要有佳子弟，除了要有优良的家风，必须有优良的家学，至少在当时士族是如此想法。深言之，家风与家学在实际运用以后，乃是一体的两面，是当时士族维系其地位的内在精神。"③毛氏所说的"一体"，用宋

---

①　关于唐代家学的研究，除本文前面提到的郑强胜的短文《唐时期的家学》过于简略以外，其他的研究文章多侧重讲家庭教育，对家学的学术内涵则探讨不足。参见李浩《论唐代关中士族的家族教育》，《西北大学学报》（哲学社会科学版）1998 年第 2 期；侯力《唐代家学与科举应试教育》，《湘潭师范学院学报》（社会科学版）1998 年第 1 期。李凡路《唐诗与家学》，《枣庄师范专科学校学报》2003 年第 1 期一文，主要抄袭自侯力的《唐代家学与科举应试教育》，而未在参考文献中列出该文。也有一些涉及个别士人家学的文章，如杜晓勤《从家学渊源看陈子昂的人格精神和诗歌创作》，《文学遗产》1996 年第 6 期；李建华《从杜牧的家学理解杜牧思想的矛盾》，《南京师范大学文学院学报》2001 年第 2 期；毕斐《张彦远家世的历史——以士族家学为中心的考察》，《新美术》2001 年第 4 期；张金奎《李泌家学及入道原因》，《文史杂志》1997 年第 5 期。以笔者之陋识，似未见有分量的唐代家学研究文章问世。

②　近年发表的文章有：汪俊：《宋代吕氏家族学术特点述略》，《扬州大学学报》（人文社会科学版）2001 年第 1 期；马斗成、李希运：《眉山苏氏家族教育探析——以三苏时代为中心》，《史学集刊》1998 年第 3 期［两人另于《聊城师范学院学报》（哲学社会科学版）1999 年第 4 期发表《略论宋代眉山苏氏家学》，实为前文之第二部分］；董建和、卢香霄：《南宋浙东学派的"家学"源与流》，《浙江师大学报》（社会科学版）1994 年第 3 期。近年来研究宋代士人家族的文章不少，其中有的对家学有所涉及。参见"中央研究院"历史语言研究所出版品编辑委员会主编《中国近世家族与社会学术研讨会论文集》，台北："中央研究院"历史语言研究所出版品编辑委员会 1998 年印行。

③　毛汉光：《两晋南北朝士族政治之研究》，第 295 页。

人的话语来说，就是"家法"。①

南宋蜀籍名学者李石论及华阳范氏时曰：

> 范氏自忠文蜀国公（范镇）以名节大其家，至犹子荣国公（范百禄），渊深质正，不见圭角，而太史唐鉴公（范祖禹）凛然可畏，克肖蜀国。凡范氏食之而不尽者，非一世之积，故蜀之言家法者，首以范氏，而苏氏次之。②

李石所谓"家法"，既指重视名节之家风，也指重视教育、学术的家学传统（只是有时侧重点不同）。以下所引宋人有关史料，可以佐证此点。宋代蜀士家族多有家学传统，李石所提到的范氏、苏氏，正是其中之佼佼者。

（一）华阳范氏

华阳范氏原居长安，唐相范履冰后裔、北宋名臣及名学者范镇六世祖范隆于唐僖宗广明年间（880—881 年）避乱徙蜀，家于成都华阳。③范氏"自蜀成都，世显以儒"④。范镇四岁而孤，从二兄范镃、范错为学。

---

① "家法"一词始见于《后汉书·儒林传序》，原指汉代五经博士及其所传弟子以师法说经，而各自名家，并渐有家学之意。以后渐衍生出规范族人操行的家规、家训之义，至唐代出现成文的家法。参见吴正岚《论刘向诗经学之家法》，《福州大学学报》（哲学社会科学版）2000年第 2 期；徐少锦《中国传统家庭道德教育的特殊形式——唐代家法初探》，《武汉科技大学学报》（社会科学版）2000 年第 2 期。宋人所谓"家法"，有时指前朝留下的制度、规章等，如指宋太祖和宋太宗时期的"祖宗家法"，有时专指约束族人言行的家规条款，与本文所引宋代史料中的"家法"内涵有所不同。参见邓小南《"正家之法"与赵宋的"祖宗家法"》，《北京大学学报》（哲学社会科学版）2000 年第 4 期；臧健《宋代家法与女性》，载《庆祝邓广铭教授九十华诞论文集》（河北教育出版社 1997 年版），第 306—321 页。马斗成《宋代眉山苏氏家法试探》，《山东大学学报》（哲学社会科学版）2001 年第 1 期，即专门讨论苏氏的孝友家法。

② （宋）李石：《方舟集》卷 15《范叔源（灌）墓志铭》，文渊阁《四库全书》影印本。

③ 参见（宋）佚名撰，（元）费著修订，谢元鲁点校《氏族谱》"范氏"条，载《巴蜀丛书》第 1 辑，巴蜀书社 1988 年版，第 246 页；（宋）苏轼著，孔凡礼点校《苏轼文集》卷 14《范景仁（镇）墓志铭》，中华书局 1986 年版，第 435 页；（宋）范祖禹《范太史集》卷 44《资政殿学士范公（百禄）墓志铭》，文渊阁《四库全书》影印本。

④ （宋）范祖禹：《范太史集》卷 44《资政殿学士范公（百禄）墓志铭》，文渊阁《四库全书》本。

范百禄从学于其父范锴、叔范镇，范祖禹既受学于叔祖范镇，又从学于叔父范百禄。①范镇官于京师，门生寓馆者常十余人，范镇退朝后，"教诲不倦，继之以夜，子孙受学，皆有家法"②。故其子范百岁自幼嗜书，不待奖励，博通载籍。百岁兄范百嘉亦于书无所不读，慨然有志于功名。③资州李石与范濰（1115—1166 年，范百禄之孙）及范仲黼父子"盖数世之交"，称范濰"自挟世学"，"年少时欲起荣国（范百禄）、太史（范祖禹）之绝学，以上袭忠文（范镇），满口故家典型，而问学渊源，内有师友"。④范镇曾孙范圭，北宋末进士，亦与李石交，李石称其为文"和厚清深，则元祐子孙家法也"⑤。范祖禹和李石在此所说的"家法"，与前面李石所说的含义相同。

范氏的家学亦泽及亲戚。成都华阳王仲符初从学于舅氏范镇，读书务穷大旨，不溺章句；学文章纯明简重，一与道合。尤好为诗，有唐人风格。举进士一试未第，乃归教其子。次子王任亦"读书务究大旨，得治己及物之原本，不汲汲于章句；为文雅健纯赡，先体用后华采"。熙宁六年（1073）神宗策试进士，王任能以经对，被拔为进士第二。累迁成都教授、秘书省正字、著作佐郎，有文集三十卷。吕陶称王任"克承厥家，博学多文"。⑥王仲符长子縠尝贡于乡，季子价亦能"克勉家学"。⑦

华阳范氏自范镃中真宗天禧三年（1019）进士起，历经真、仁、英、神、哲、徽、钦、高、孝、光、宁、理十二朝，前后六代，每代都有中进士者。据不完全统计，范镇一代有二人中进士，第二代"百"字辈有四人，第三代"祖"字辈有四人，第四代范冲一辈有四人，第五代"仲"

---

① 参见胡昭曦《宋代"世显以儒"的成都范氏家族》，《胡昭曦宋史论集》，第 286—319 页。

② （宋）范祖禹：《范太史集》卷 39《开封府太康县主簿范君（百岁）墓志铭》，文渊阁《四库全书》影印本。

③ 参见（宋）范祖禹《范太史集》卷 39《承事郎范君（百嘉）墓志铭》，文渊阁《四库全书》影印本。

④ （宋）李石：《方舟集》卷 15《范叔源（濰）墓志铭》，文渊阁《四库全书》影印本。

⑤ （宋）李石：《方舟集》卷 15《范元功（圭）墓志铭》，文渊阁《四库全书》影印本。

⑥ （宋）吕陶：《净德集》卷 23《知渝州王叔重（任）墓志铭》，武英殿聚珍版丛书本。

⑦ （宋）吕陶：《净德集》卷 23《承事王府君（仲符）墓志铭》，武英殿聚珍版丛书本。

字辈有十人，第六代"子"字辈有五人，共计二十九人。^①至南宋理宗时（1225—1264 年），二百余年间，其家族成员中出现了不少著名学者和重要官员。《氏族谱》曰：

> 蜀（公，范镇）父子兄弟登科至联四世，诸子登科，世又掌丝纶，人共推范氏，论其世德，皆有传。大抵其积也远，其施也博，其传也不已。凡范氏父兄子弟，名位虽不尽皆通显，而施为率从厚，为部刺史，为郡守相，门第盖相望。三岁一举，中选者多，记不胜书。至以赏、以恩、以封、以赠又略焉。它族什如其二三，号曰盛，至范氏，则人人以为当然。^②

胡昭曦师总结范氏的家族特征云："宋代成都范氏既是政治家族，又是学术家族，整个看来主要还是学术家族。"^③《氏族谱》即用"以词章世其门""各以文学、行义、政事名"来形容范氏子弟。清人王梓材引全祖望之言曰：

> 谢山《学案札记》，言北宋宰辅家登《学案》者，范蜀公家六世八人。蜀公及从子资政百禄，见是卷；从孙正献祖禹、从曾孙龙图冲为《华阳学案》；资政后仲黼及从子子长、子该，又大冶则华阳后人，见《二江学案》，共八人，凡六世。^④

另《宋元学案补遗》卷 21《华阳学案补遗》补入范祖禹之孙范仲彪。《宋元学案》立了三个以华阳范氏为主的学案（《范吕诸儒学案》

---

① 参见胡昭曦《宋代"世显以儒"的成都范氏家族》中《范氏族人任官一览表》，《胡昭曦宋史论集》，第 295—297 页。该表中未收之进士范祖亮，据宋人范纯仁《范忠宣集》卷 14《张君（公裕）墓志铭》（文渊阁《四库全书》影印本）补；又范埙（第四代）之进士身份，据南宋人撰《氏族谱》补（见《巴蜀丛书》第 1 辑，第 246 页）。

② （宋）佚名：《氏族谱》"范氏"条，载《巴蜀丛书》第 1 辑，第 247 页。

③ 胡昭曦：《宋代"世显以儒"的成都范氏家族》，《胡昭曦宋史论集》，第 314 页。

④ （清）黄宗羲原著，全祖望补修，陈金生、梁运华点校：《宋元学案》卷 19《范吕诸儒学案》，中华书局 1986 年版，第 785 页。全祖望推测范大冶为华阳后人，见《宋元学案》卷 72《二江诸儒学案》，第 2428 页。

《华阳学案》《二江学案》），反映了范氏家族的学术影响。范氏家学成为宋代蜀学的重要组成部分。①

自范镇起，从子范百禄、从孙范祖禹及祖禹子范冲四代均为翰林学士，其学术以文学、史学为主，尤长于史学。范镇文史俱佳，是范氏家族的第一位著名学者，在当时的知名度甚高，苏轼将他与司马光并称，云："熙宁、元丰间，士大夫论天下贤者，必曰君实（司马光）、景仁（范镇）。其道德风流，足以师表当世；其议论可否，足以荣辱天下。二公盖相得欢甚，皆自以为莫及。"②范镇与苏洵、苏轼父子均为挚友，与苏轼同为北宋中期四川士人学术交游圈的核心人物。范镇曾参与《新唐书》《仁宗实录》等的修撰，范祖禹协助司马光撰《资治通鉴》达十五年，为这部巨著的完成作出了重要贡献。范祖禹又自撰享有盛名的《唐鉴》，人称"唐鉴公"。范冲主持重修《神宗实录》和《哲宗实录》。华阳范氏被誉为史学世家。

范百禄之曾孙范仲黼、范子长和范子该兄弟（仲黼从子）及范荪生活于南宋孝宗至理宗时期，其学术则以理学见长，皆传张栻之学。黄宗羲曰："初，南轩（张栻）虽蜀产，而居湖、湘，其学未甚通于蜀。先生（范仲黼）始从南轩学，杜门十年，不汲汲于进取。鹤山（魏了翁）谓其'剖析精微，罗络隐遁，直接五峰（胡宏）之传'。晦翁（朱熹）、东莱（吕祖谦）皆推敬之。后以著作郎知彭州，学者称为月舟先生。晚年讲学二江之上，南轩之教遂大行于蜀中。"③范仲黼、范子长、范子该及范荪，与虞刚简、薛绂、程遇孙、宋德之、邓谏从等在成都讲学，皆传张栻之学，影响颇大，被称为"二江九先生"，并以他们为中心，形成了一个士人学术交游圈。范氏家学的转变，正好反映了南宋学风的转变。

华阳范氏科宦不断，原因自然是多方面的，而家族富于学术传统，显然是很重要的因素。王德毅指出："一个家族长盛不衰，端赖长期培育的家法，此是一种精神力量，子孙在这种环境中长大，多自动自发地苦

---

① 参见胡昭曦、刘复生、粟品孝《宋代蜀学研究》，巴蜀书社 1997 年版，第 284—287 页。
② （宋）苏轼著，孔凡礼点校：《苏轼文集》卷 14《范景仁墓志铭》，第 435 页。
③ （清）黄宗羲原著，全祖望补修，陈金生、梁运华点校：《宋元学案》卷 72《二江诸儒学案》，第 2410 页。

读诗书，文质彬彬。""在宋代著名家族中，如东莱吕氏、澶州晁氏、相州韩氏、河内向氏、常州葛氏，都是由科第起家，而且重视传统，治家有礼法，并向宦学两途分别发展的，范氏与他们相比，并无逊色。"①王氏所用的"家法"一词，显然其含义与宋人李石是一致的。富于学术传统的家族，自然重视教育，家族中学习的人多，中举的可能性亦增加。从宋代的情况看，科举制度对富于学术传统的家族是较为有利的。范氏及其他家族的例子可以支持这一论点。"宦学两途"可谓概括了宋代像华阳范氏这样的家族特征。只是这两途未必总是分别发展的，其实亦常常交织在一起，学术传统促进了科宦的发达，科宦的成功又可扩大学术影响，为家族成员学习提供较好的物质条件。

（二）眉山苏氏

眉山苏氏是李石推崇"家法"谨严的另一个家族。苏氏原籍赵州栾城（今属河北），先祖苏味道为唐眉州刺史，卒于官，一子留于眉，眉山有苏氏自此始。②唐末至北宋中期，苏氏一直居于乡里，无人出仕。宋初蜀士不乐仕进，苏序独教其子苏涣受学，涣登仁宗天圣二年（1024）进士第。苏序"读书务知大义，为诗务达其志而已，诗多至千余篇"③。苏序对其子"教训甚至"④，苏涣可谓在家学熏陶下，成就功名者，同时又得到乡贤的教诲。苏辙为其伯父苏涣所撰墓表云：苏涣笃志于学，"虽少年，而所与交游皆一时长老，文词与之相上下"⑤。苏涣亦善为诗，得千余篇（今仅存一首，收入《宋诗纪事补遗》卷18）。

如同华阳范氏，苏涣虽首登进士第，苏氏的显达却是从苏涣之弟苏洵父子开始的。苏洵年二十七始发奋读书，累举不第，益闭户读书，大

① 王德毅：《宋代的成都范氏及其世系》，载《庆祝邓广铭教授九十华诞论文集》，第286、285页。

② 参见（宋）苏洵《嘉祐集》卷13《苏氏族谱》，四部丛刊初编本；（宋）欧阳修、宋祁《新唐书》卷114《苏味道传》，中华书局1975年点校本，第4203页。

③ （宋）曾巩：《元丰类稿》卷43《苏君（序）墓志铭》，四部丛刊初编本。

④ （宋）张方平：《乐全集》卷39《文安先生（苏洵）墓表》，文渊阁《四库全书》影印本。

⑤ （宋）苏辙：《栾城集》卷25《伯父（苏涣）墓表》，四部丛刊初编本。

究六经百家之说，培植起深厚的学术根基，"卒成大儒"。①人们常提到，苏洵少不喜学，已冠，犹不知书，其父亦听之任之，却未注意到苏序对他的影响。苏洵常叹曰："知我者惟吾父与欧阳公也"②，表明其父苏序对他的影响是很深的。苏洵科举不达，乃以所学教授苏轼、苏辙二子，曰："是庶几能明吾学者。"③苏辙自云："臣幼无它师，学于先臣洵，而臣兄轼与臣皆学，艺业先成，每相训诱。其后不幸早孤，友爱备至，逮此成立，尝兄之力也。"④又云："臣生本西蜀，家世寒儒，学以父兄为师。"⑤苏辙所言，表明其既从父学，又得兄教。实则三苏父子自相师友，家学浸润，卒成大家。

除父家之学外，苏轼、苏辙兄弟亦得其母教诲。苏轼母亲出自眉山大族程氏，亦好读书，明识过人。苏洵游学四方，程氏亲教二子，每语其家人曰："二子必不负吾忘（望）。"⑥

苏轼年二十一，苏辙年十九，同登仁宗嘉祐二年（1057）进士第，苏氏父子三人遂同时扬名天下。诚如欧阳修所言："眉山在西南数千里外，一日父子隐然名动京师，而苏氏文章遂擅天下。"⑦

苏轼有三子，迈、迨、过，皆有文名，而苏过随侍其父最久，得其教诲最多。苏轼《与陈季常（慥）书》云："长子迈作吏，颇有父风。二子作诗骚殊胜。"《与孙志康（勰）书》云："迨自吴兴寄诗来，文采甚可观。"⑧苏轼初贬至海南岛，苏过为文一篇曰《志隐》，苏轼览之曰："吾可以安于岛夷矣。"⑨苏轼在海南《与侄孙元老书》云："海外亦粗有

---

① （宋）欧阳修：《欧阳文忠公集》卷34《苏君（洵）墓志铭》，四部丛刊初编本。

② （宋）司马光：《温国文正司马公文集》卷76《苏主簿夫人墓志铭》，四部丛刊初编本。

③ （宋）苏辙：《栾城集》后集卷12《颍滨遗老传上》，四部丛刊初编本。

④ （宋）苏辙：《栾城集》卷47《辞尚书右丞札子第二状》，四部丛刊初编本。"尝"字文渊阁《四库全书》影印本作"皆"。

⑤ （宋）苏辙：《栾城集》卷48《谢除中书舍人表之二》，四部丛刊初编本。

⑥ （宋）苏辙：《栾城集》后集卷12《颍滨遗老传上》，后集卷22《亡兄子瞻端明墓志铭一首》，四部丛刊初编本；（宋）司马光：《温国文正司马公文集》卷76《苏主簿夫人墓志铭》，四部丛刊初编本。

⑦ （宋）欧阳修：《欧阳文忠公集》卷34《苏君（洵）墓志铭》，四部丛刊初编本。

⑧ （宋）苏轼著，孔凡礼点校：《苏轼文集》卷53《与陈季常十六首》第十六首，第1570页；卷56《与孙志康二首》第二首，第1682页。

⑨ （宋）晁说之：《嵩山文集》卷20《苏叔党（过）墓志铭》，四部丛刊续编本。

书籍，六郎（苏过）亦不废学，虽不解对义，然作文极峻壮，有家法。"①《诗薮》称苏迨"得坡舌"，苏过"得坡笔"。②苏过（1072—1123年）自号"斜川居士"，有《斜川集》二十卷（今残存）。其《思子台赋》《飓风赋》则早行于世，而书画之胜，亦似其父东坡，故人称之曰"小坡"，盖以其父轼为"大坡"也。

苏辙亦三子：迟、适、远（又名逊），兼承其父苏辙及伯父苏轼之教。③苏迟（？—1155年）善为文，长于诗。④苏适（1068—1122年）为苏轼所称，"以为其才类我"⑤。苏远（1074—1126年）亦长于文，作诗类东坡，为苏轼、苏过所称许。⑥

二苏在世时，子孙已散居各处，其后更是遍布东西南北，主要有许昌（河南）、眉山（四川）、宜兴（江苏）、婺州（浙江金华）四支。

入蜀居住的有苏轼孙苏符、苏籍。⑦苏符（1087—1156年）为苏迈之子，幼力学，追随苏轼十五年，特为轼所器重之。"党事再起，摈元祐公卿之世不用。益闭户读书，守家学自珍。……建炎初，以审察召。上以为能世其家，特改宣教郎，擢国子丞。"⑧后又赐进士出身，官至敷文阁直学士。苏符问学深于六经，平居以经学自娱，为门人子弟日讲说，衎衎无倦，"经指教者，皆为名士"⑨。曾参与修《哲宗实录》，有制诰表

---

① （宋）苏轼著，孔凡礼点校：《苏轼文集》卷60《与侄孙元老四首》第二首，第1842页。

② （明）胡应麟：《诗薮·杂编》卷5《闰余中·南渡》，上海古籍出版社1979年点校本，第315页。

③ 参见舒大刚《三苏后代研究》，巴蜀书社1995年版，第50—84页。

④ 参见（清）陆心源《宋史翼》卷4《苏迟传》，中华书局1991年影印本，第44页。

⑤ （宋）苏迟：《宋承议郎眉山苏仲南（适）墓志铭》，载舒大刚《三苏后代研究》，第66—68页。

⑥ 参见胡昭曦、刘复生、粟品孝《宋代蜀学研究》，第273—274页。

⑦ 参见舒大刚《三苏后代研究》，第4—7页。

⑧ （宋）苏山：《苏符行状碑》，载高文、高成刚编《四川历代碑刻》，四川大学出版社1990年版，第184—185页。此碑乃1983年文物普查中在四川省眉山县修文乡甘漕沟处发现，碑文记苏符"葬于眉山县修文乡顺化里"。又（宋）曾巩《元丰类稿》（四部丛刊初编本）卷43《苏君（序）墓志铭》记苏序"葬于眉山县修文乡安道里先茔之则（侧）"。修文乡乃苏氏祖坟所在，历千余年，其地名未改。碑文由苏符子苏山撰文，侄婿蜀郡范仲芑书，范仲芑为范冲长子。此碑之发现，补史载之不足，十分珍贵。

⑨ （宋）苏山：《苏符行状碑》，载高文、高成刚编《四川历代碑刻》，第185页。

章十卷、文集二十卷。苏籍为苏过之子,官至太常主簿、提点刑狱。①籍与从兄苏符在成都与李石、范圭等诸名士相交游,人称大苏(符)、小苏(籍)。

另一位活动于蜀中的苏氏后人为苏元老。元老为苏涣曾孙,崇宁五年(1106)进士,历官至太常少卿。苏轼喜其为学有功,辙亦爱奖之。黄庭坚见而奇之,曰:"此苏氏之秀也。"②苏轼谪居海南,数以书信往来,其一曰:"侄孙既是东坡骨肉,人所觑看。住京,凡百加关防,切祝!切祝!"其二曰:"侄孙近来为学何如?想不免趋时。然亦须多读史,务令文字华实相副,期于适用,乃佳,勿令得一第后,所学便为弃物也。……侄孙宜熟看《前、后汉史》及韩、柳文。有便,寄近文一两首来,慰海外老人意也。"其三曰:"相见无期,惟望勉力进道,起门户为亲荣,老人僵仆海外,亦不恨也。"③由这三封书信,可见苏轼对元老的挚爱与谆谆教诲之情。苏元老曾任汉州教授,南宋名相、理学大师张栻之父张浚出其门下。著有《九峰集》四十卷。

宜兴一支的苏岘(1118—1183年),为苏轼幼子苏过之孙、苏钥次子。苏岘"学有家法,喜赋诗",有《绮语编》三卷。宋孝宗曾谓:"东坡之孙,惟岘有家法。"其兄苏峤官至显谟阁待制,兄弟俩皆驰名一时。④

婺州一支的苏籀(1091—约1164年),为苏迟之子,过继迟弟苏适为后。苏籀年十四,侍祖父苏辙于颍昌,首尾九年,未尝暂去侍侧。⑤从苏辙学《春秋》,习《诗》《礼》,讲《论语》,明《孟子》,研《古史》,并兼习老庄、佛乘、诸子百家。有《双溪集》十五卷、《栾城遗言》一卷存世。《钦定四库全书总目》谓:"考苏、黄(庭坚)二家,并隶名元祐党籍。南渡以后,黄氏虽承藉先泽,颇见甄录,而家学殆失其传。……惟籀

---

① 参见(清)陆心源《宋史翼》卷4《苏籍传》,第46页。

② (元)脱脱等:《宋史》卷339《苏辙传》附,中华书局1977年点校本,第10835—10836页。

③ (宋)苏轼著,孔凡礼点校:《苏轼文集》卷60《与侄孙元老四首》第一、二、三首,第1841—1842页。

④ (宋)韩元吉:《南涧甲乙稿》卷21《苏公(岘)墓志铭》,武英殿聚珍版丛书本。苏岘过继苏箕为子,苏箕为苏过兄苏迨之子。

⑤ (宋)苏籀:《栾城遗言》,文渊阁《四库全书》影印本。

以苏辙之孙、苏迟之子，尚有此一集传世，为能不堕其家风。"①可见苏籀是有家学渊源的。然而苏籀阿附权贵，扬辙抑轼，其人品为后人所诟病。以上所引史料中的"家法""家风"，都包含有家学的意思。

《宋元学案》单列《苏氏蜀学略》一卷（卷99），连同《宋元学案补遗》，共录苏氏五代十七人。苏氏在科举上不及范氏，自苏涣、苏洵这一代起，六代中仅有苏涣、苏轼、苏辙、苏元老四人中进士。但在学术影响上，苏氏则强之。苏氏家学以文学最著称，而兼擅经史，尤以文学对宋代的影响巨大。虽然三苏之后未再出现学术大家，但苏氏家学却绵延不绝，贯穿两宋，家族治学的人多，故入学案者五代多达十七人。

（三）绵竹张氏

绵竹张氏是另一富于家学传统的家族。张浚（1097—1164年）世称"紫岩先生"，为南宋名相，理学大师张栻之父。张浚祖父纮（一作弦）从师为学，刻志自奋，于书无所不读。曾两试春闱（省试），一应制科，卒不得志。②仁宗庆历中，元昊攻宋，张纮上《御戎策》三十篇，为鱼周询、程戡、张方平所推赏，因得授官。年逾六十致仕，退归乡里，自号"希白先生"，筑希白堂，一时贤公卿皆为诗赋。③张纮亲教授其子张咸，咸中元丰二年（1079）进士第，历官州县职事之外，覃思载籍，诸子百氏之说无不贯穿，而折中于六经，其为文辞奇伟条畅。元祐初诏复六科，张咸以其父曾应制科而不成，欲成其父之志，益勤于学。哲宗元祐三年（1088）自华州学官以近臣举，应贤良方正能直言极谏科，奏篇为天下第一，比阁试乃报罢。元祐六年（1092）复召试考官，咸以文辞杰出，置

① （清）纪昀、陆锡熊、孙士毅等著，四库全书研究所整理：《钦定四库全书总目》卷157《〈双溪集〉提要》，中华书局1997年版，第2109页。

② 参见（宋）宇文之邵《武都居士（张纮）墓铭》，载高文、高成刚编《四川历代碑刻》，第151—153页；（宋）朱熹《晦庵先生朱文公文集》卷95《张公（浚）行状》，四部丛刊初编本，以下简称《朱文公文集》。

③ 参见（宋）朱熹《朱文公文集》卷95《张公（浚）行状》，四部丛刊初编本。傅增湘辑《宋代蜀文辑存》（香港：龙门书店1971年影印本）卷17收其文二篇。

于高等。著有《张君说文集》二十卷。①

张咸虽于张浚四岁时去世，但张浚之母临邛计氏自幼即向其传授家父之学，家学传承并未中断。张浚年十六入州学，为时任教授的苏轼侄孙苏元老所赏识。甫冠入太学，其母送之曰："门户寒苦，赖尔立，当朝夕以尔祖尔父之业为念。"有蓬州老儒名严赓者，学《易》有得，亦游太学，见张浚勤力于学，遂以乾坤之说授浚。涪陵处士谯定被召至京师，张浚又问学于谯定。秦桧当政，张浚被贬居连州（今广东连县），乃日夕读《易》，精思大旨，述之于编，并亲教授其子栻。居湖南永州，日䌷绎《易》《春秋》《论语》《孟子》，各为之说；夜则阅司马光《资治通鉴》，如是者四年。张浚之学一本天理，尤深于《易》《春秋》《论语》《孟子》，有《紫岩易传》《诗书礼解》《春秋解》《论语解》《中庸解》《孟子句解》及文集等著作多种。②

张浚父咸凡三娶，任氏、赵氏、计氏。计氏为张浚生母，邛州临邛人，张浚舅氏计有功之祖计用章，年十八登真宗天禧三年（1019）进士第，经学深醇，著有《计用章集》《希通篇》各十二卷。③计有功之父良辅为仁宗庆历三年（1043）进士。计有功为绍兴进士，夙好学，自号"灌园居士"，有《唐诗纪事》行于世，《宋代蜀文辑存》卷 63 收有其文七篇；另有《晋鉴》《韵略》（均佚）。④宋袁说友《题计次阳教授家传韵略》云："灌园先生以此书付次阳，其知子亦异矣。……次阳甫四岁，灌园已知此书之必传。后四十年，而仆乃亲见之。蜀文物之邦也，钟灵毓

---

① 参见佚名《张君说（咸）墓志铭》，载杨慎编，刘琳、王晓波点校《全蜀艺文志》卷 47，线装书局 2003 年版，第 1436—1438 页；（宋）朱熹《朱文公文集》卷 95《张公（浚）行状》，四部丛刊初编本。

② 参见（宋）朱熹《朱文公文集》95《张公（浚）行状》，四部丛刊初编本；许肇鼎《宋代蜀人著作存佚录》，巴蜀书社 1986 年版，第 145—147 页。以下有关宋代蜀籍学者著述，凡未特别注明者，均请参见《宋代蜀人著作存佚录》。

③ 参见（清）陆心源《宋史翼》卷 3《计用章传》，第 26—27 页。计用章两书均佚，仅《周易集解序》一篇收入《宋代蜀文辑存》卷 4。

④ 参见嘉庆《四川通志》卷 151《人物志九》"计用章"，"计有功"，清嘉庆二十一年木刻本；（宋）计有功《唐诗纪事序》，载傅增湘辑《宋代蜀文辑存》卷 63，第 813—814 页；许肇鼎《宋代蜀人著作存佚录》，第 92、462—463 页。《宋代蜀人著作存佚录》记有功为用章子，应为其孙；记计灌园佚名，实即计有功。

秀于父子间固多矣。"①连时人袁说友也慨叹蜀中为文物之邦，父子相传的家学甚多。计有功子计孝晌，号青溪居士，著有《青溪吟稿》，用章裔孙计仲谟，亦有文名。②计氏另一后人计子真（理宗时人）有《训蒙正谬》，魏了翁为其撰序。③可见临邛计氏亦是颇富学术传统之家族。而张浚幼承母教，因而兼受到母家的学术熏陶。

由于张浚兼承母家计氏、眉山苏氏、涪陵谯氏及蓬州老儒严庚之学，张氏至张浚这一代，其家学内涵已大为充实。④

张浚二子栻、杓，均承家学。张栻自幼受其父钟爱，"常令在旁，教以忠孝仁义之实"⑤。张栻既长，张浚又命往从南岳大儒胡宏讲求程颢及程颐之学，卒成为当时与朱熹齐名的理学大师。张杓天分高爽，历官知临安府，端明殿学士等，颇有治才。⑥张杓的学术情况不详，仅《宋代蜀文辑存》卷64 收有其文四篇。又有张杆，为栻、杓兄弟行，对《史记》颇有研究，曾为宋淳熙本《史记》撰序。⑦

杓有二子曰忠纯、忠恕。张忠恕（1174—1230 年），学者称为"拙斋先生"。他与南宋蜀籍著名理学家魏了翁相友，了翁称其学"敛华归实，则盖有志乎宣公（张栻）义理之学"⑧。理宗即位初，乔行简等三从官轮日上殿，皆说天子之学与士大夫不同，独忠恕对札却云天子之学正与庶人同。了翁赞赏忠恕之言云："毕竟有家学渊源。"⑨全祖望云："中

① （宋）袁说友：《东塘集》卷19《题计次阳教授家传韵略》，文渊阁《四库全书》影印本。

② 参见嘉庆《邛州直隶州志》卷34《行谊·计用章传》，清嘉庆二十三年刻本。不知计孝晌与计次阳为兄弟否，抑或同一人。

③ 参见（宋）魏了翁《鹤山先生大全文集》卷55《计子真训蒙正谬序》，四部丛刊初编本，以下简称《鹤山集》。

④ 参见（宋）杨万里《诚斋集》卷116《张魏公（浚）传》，四部丛刊初编本。

⑤ （宋）杨万里：《诚斋集》卷116《张左司（栻）传》，四部丛刊初编本；（宋）朱熹：《朱文公文集》卷89《右文殿修撰张公（栻）神道碑》，四部丛刊初编本。

⑥ 参见（元）脱脱等《宋史》卷361《张杓传》，第11311—11313 页。

⑦ 参见傅增湘辑《宋代蜀文辑存》卷前的《作者考》及卷64 张杆《张介仲刊史记序》，第35、826—827 页。

⑧ （宋）魏了翁：《鹤山集》卷77《张公（忠恕）墓志铭》，四部丛刊初编本。

⑨ （清）黄宗羲原著，全祖望补修，陈金生、梁运华点校：《宋元学案》卷50《南轩学案》引魏了翁《师友雅言》，第1642 页。

兴四大儒（朱熹、陆九渊、张栻、吕祖谦）之后，先生最有光于世学。"①张忠恕晚年讲学于岳麓书院，士之出湖湘者皆从之游。

张栻再从子张庶，为张浚长兄灏之孙，杓之子。张庶"畚自爱重，恪守家法"，为张浚所爱，常教诲之，张栻"亦勉以读书求友，孝弟忠信，戒浮虚，务重实"。后张庶出蜀至长沙，随侍张栻9年。张栻教授岳麓书院，庶执笔为司录。张栻去世后，张庶回到四川绵竹，教授二子圯、墀愈严。②张浚曾孙张献之，尝缮录浚所著《张紫岩易传》，并附以《读易杂说》，通为十卷藏之于家，后以其传之未广，乃将其刻印，以与学者共之。③

全谢山《学案札记》言："南宋宰辅登学案者，张魏公家三世五人。"④计有张浚、张栻、张杓、张忠恕、张庶。⑤

绵竹张氏的学术兴起于南宋，张栻在家学的浸润下成长，其后秉承父命，从胡宏钻研理学，卒成大家，成为南宋理学宗师，影响巨大。

三　其他富有学术传统的家族

除了华阳范氏、眉山苏氏和绵竹张氏这类典型的学术世家以外，富有家学传统的家族在宋代四川还有不少。

（一）丹棱李氏

丹棱李焘以《续资治通鉴长编》而知名当世，垂名青史。其父李中

---

① （清）黄宗羲原著，全祖望补修，陈金生、梁运华点校：《宋元学案》卷50《南轩学案》全祖望案语，第1641页。

② 参见（宋）魏了翁《鹤山集》卷79《张晞颜（庶）墓志铭》，四部丛刊初编本；（清）黄宗羲原著，全祖望补修，陈金生、梁运华点校《宋元学案》卷50《南轩学案》，第1637—1638页。

③ 参见傅增湘辑《宋代蜀文辑存》卷前的《作者考》及卷79张献之《张紫岩易传跋》，第38、998—999页。张忠恕有子名献之，载（宋）魏了翁《鹤山集》卷77《张公（忠恕）墓志铭》，四部丛刊初编本。

④ （清）黄宗羲原著，全祖望补修，陈金生、梁运华点校：《宋元学案》卷44《赵张诸儒学案》，第1418页。

⑤ 参见（清）黄宗羲原著，全祖望补修，陈金生、梁运华点校《宋元学案》卷50《南轩学案》所列张栻孙张洽，实为《宋史》卷430《张洽传》之临江军清江（今江西清江）人，参见卿三祥《张栻的世系》，《天府新论》1992年第2期。

登徽宗大观三年（1109）进士第，李焘本人则中高宗绍兴八年（1138）进士第。李焘一生著述宏富，除《续资治通鉴长编》外，尚有《易学》《春秋学》《四朝国史》《科场沿革》等经史诗文、典章制度著作近五十种。李焘以史学最著，亦擅经学、文学。李焘有七子，除长子与五子早亡外，余皆学有所成。

李焘六子李壁（1159—1222 年），号雁湖居士，光宗绍熙元年（1190）进士，宁宗朝官至参知政事兼同知枢密院事。李壁嗜学如饥似渴，群经百氏搜抉靡遗，娴于典章制度。为文隽逸，周必大誉之为有谪仙之才。有《雁湖集》100 卷及《南北攻守录》《王荆公诗注》等文史著作多种。李𡎴（1161—1238 年）为李焘七子，学者称为"悦斋先生"，与兄李壁同登绍熙元年进士第，累官至资政殿学士、同知枢密院事。有《皇宋十朝纲要》《李文肃公集》等文史著作多种。李壁、李𡎴兄弟曾从张栻学，并与刘光祖、魏了翁等一起致力弥合洛蜀之争，故其学术又加入了理学的成分。①《宋史》卷398《李壁传》曰："壁父子与弟𡎴皆以文学知名，蜀人比之三苏云。"②

李焘次子李垕中贤良方正直言极谏科，累迁至著作郎兼国史实录院修撰检讨官，"父子同主史事，缙绅荣之"③。四子李垫博学能文，亦曾应制科，阁试以不中程见黜。④三子李𡷫任官临邛时，曾校订宋吕大防《华阳国志》刻本，流行至明嘉靖时，且为明代诸刻所遵循。⑤真德秀为李焘

① 参见（清）黄宗羲原著，全祖望补修，陈金生、梁运华点校《宋元学案》卷71《岳麓诸儒学案》，第2389—2392页；胡昭曦、刘复生、粟品孝《宋代蜀学研究》，第111—116页。

② （元）脱脱等：《宋史》卷398《李壁传》，第12109页。

③ （清）王梓材、冯云濠撰，杨世文等校点：《宋元学案补遗》卷8《涑水学案补遗下》，人民出版社2012年版，第556页。

④ 参见（宋）李壁《祭季修九兄文》，载傅增湘辑《宋代蜀文辑存》卷75，第955—956页；（清）王梓材、冯云濠撰，杨世文等校点《宋元学案补遗》卷8《涑水学案补遗下》，第556页。

⑤ 参见（宋）李𡷫《重刊华阳国志序》，载（明）杨慎编，刘琳、王晓波点校《全蜀艺文志》卷30，第795—796页。任乃强先生既辨"世有谓李𡷫窜改《常志》者，非实"，对李𡷫的校订却评价不高。见（晋）常璩撰，任乃强校注《华阳国志校补图注》，上海古籍出版社1987年版，"前言"第8—9页。

六子李壁所撰墓铭中称："公之兄弟皆世其学，文采议论，震耀一时。"①

（二）眉山王氏

宋代另一著名四川史学家、《东都事略》作者王称，亦出身于眉山一个富有学术传统的家族。王称祖辈王朝隐博物洽闻，号"经史笥"。②伯父王当博览古今，尝举进士不中，退居田野，著《春秋列国名臣传》五十卷，人竞传之。于经学尤邃《易》与《春秋》，皆为之传。又著有《经旨》《史论》《兵书》等多种。元祐中，苏辙尝以贤良方正荐。③王称之父王赏为王当弟，中崇宁二年（1103）进士第，绍兴中曾为实录修撰，为文师苏轼，有《玉台集》四十卷。曾考订唐、五代及宋朝故实，为《东都事略》做过许多前期工作。

王称承家学，旁搜北宋九朝事实，完成《东都事略》。洪迈修四朝国史，奏进其书。其书卓具史识，为考宋史者所宝贵。④《四库全书总目》云："宋人私史卓然可传者，唯偁（称）与李焘、李心传之书而三，固宜为考宋史者所宝贵矣。"⑤

王称从子王养心，早习博学宏词。养心子王立言承家学，通《春秋》，雄于文，著有《春秋折衷会解》《周官说题》《千金敝帚》《文章正宗典故》等。为王立言撰铭的梓州中江吴泳云：

> 君之学问，家有渊源，如浚井得美泉，愈汲而愈不尽。……王氏自嘉祐迄嘉泰（1056—1204），百四十余年，世称为文章家。⑥

① （宋）真德秀：《西山先生真文忠公文集》卷41《故资政殿学士李公（壁）神道碑》，四部丛刊初编本。

② 参见（宋）吴泳《鹤林集》卷34《王立言墓志铭》，文渊阁《四库全书》影印本。吴泳为南宋名臣，四川梓州中江人，其家族本身亦富家学传统。

③ 参见（元）脱脱等《宋史》卷432《王当传》，第12848页。

④ 参见（清）陆心源《宋史翼》卷29《王称传》，第309页；陈述《东都事略撰人王赏称父子》，刊《中央研究院历史语言研究所集刊》第8本第1分，1939年10月。

⑤ （清）纪昀、陆锡熊、孙士毅等著，四库全书研究所整理：《钦定四库全书总目》卷50《〈东都事略〉提要》，第692页。

⑥ （宋）吴泳：《鹤林集》卷34《王立言墓志铭》，文渊阁《四库全书》影印本。

（三）简州刘氏

南宋名臣及著名学者刘光祖，为简州阳安著名宦学世家。刘氏高祖刘昊以学行为乡先生，北宋真宗咸平、天禧中两预乡荐，不第，遂隐居，号"后溪洞主"，天圣中授国子四门助教。《舆地纪胜》记刘昊"子孙之登第者，七世九人矣"①。

刘昊次子刘讽登仁宗天圣五年（1027）进士第，为都官郎，年六十三致仕而归。宋祁有诗云："称疾本避世，辞官终引年，还家三径在，教子一经贤。"苏涣诗云："林下人归少，君归不待年。能令两蜀士，叹甚二疏贤。"②这表明刘讽有时名，致仕后以教子为务。

刘讽子刘孝孙，熙宁五年（1072）以都官员外郎为御史。③刘孝孙著述颇多，有《毛诗正论》《祭服制度》《祭服图》《五服志》《刘孝孙集》（又名《柏台集》）等。由此可知，刘孝孙精于经术，对丧礼尤有研究。

刘孝孙次子刘泾，号"前溪先生"。登熙宁六年（1073）进士第，以文知名，王安石荐其才，历任经义所检讨、太学博士、常州教授、国子监丞等。④著有《西汉发挥》、《成都石刻总目》（又名《成都府古石刻总目》）、《刘巨济注老子》、《云阳集》及《前溪集》等。

南宋名臣刘光祖，号"后溪先生"，为刘泾弟刘汉曾孙，登孝宗乾道五年（1169）进士第。刘光祖少从族兄刘伯熊学，及长，博参诸老而融会其异，旁综百家而搜揽其精粹。倾慕东坡，亦崇理学。尝谓苏程二氏之学，其源则一而用之不同，皆有得于经术也。又致力于弥合洛、蜀两学派。南轩先生张栻一见其所赋，大奇之。后在房陵（今湖北房县）谪居无事，取族兄刘伯熊（东溪先生）所传《易》续之。刘光祖曾语光宗云："臣本蜀人，为学自有源本。"⑤有《后溪集》《山堂疑问》《诸经讲

① （宋）王象之著，李勇先校点：《舆地纪胜》卷145《简州·人物·刘昊》，四川大学出版社2005年版，第4306页。

② （宋）王象之著，李勇先校点：《舆地纪胜》卷145《简州·人物·刘讽》，第4306页。

③ 参见（宋）李焘撰，上海师范大学古籍整理研究所、华东师范大学古籍整理研究所点校《续资治通鉴长编》卷231"熙宁五年三月丁酉"条，中华书局2004年版，第5614页。

④ 参见（元）脱脱等《宋史》卷443《刘泾传》，第13104—13105页。

⑤ （宋）真德秀：《西山先生真文忠公文集》卷43《刘阁学（光祖）墓志铭》，四部丛刊初编本；胡昭曦、刘复生、粟品孝：《宋代蜀学研究》，第111—116页。

义》《续东溪易传》《通鉴评》《两朝圣范》《鹤林词》《江乡（眉山）志》（与张伯虞同撰）等。其中《山堂疑问》一卷，"起居郎简池刘光祖德修撰。庆元中，谪居房陵，与其子讲说诸经，因笔记之。以其所问于《诗》为多，遂取《吕氏读诗记》尽观之，而释以己意，附《疑问》之后"①。

刘伯熊号"东溪先生"，为资州李石门人，为李石编《易十例》《略互体例》《象统左氏卦例》《诗如例》《左氏君子例》《圣语例》《诗补遗》诸篇。②自著有《东溪易传》《东溪先生集》，南宋著名学者叶适为其集作序。朱熹与刘光祖书云："《东溪语说》伏读再三，乃知师友渊源所自深远如此。"③

《舆地纪胜》卷145《简州·诗》有云："入蜀最宜游简郡，寻山须是访刘家。"其附注云："此古诗也，简池独刘氏三溪号一郡之胜。"刘氏为简州诗书名族，由来已久，所谓三溪，或即前溪、后溪、东溪，故刘氏多以之为号。④

（四）资州李氏

刘伯熊的老师资州李石（1108—？年），号"方舟"，登绍兴二十一年（1151）进士乙科。李石曾任太学博士，改任成都学官，出主石室，学生至一千二百人。⑤邓椿《画继》称其出主石室（成都府学），就学者如云，闽越之士万里而来，刻石题诸生名近千人，蜀学之盛，古今鲜俪。⑥李石藏书丰富，博学而精经术，著述颇多，为南宋四川著名学者。李石与华阳范氏、眉山苏氏后代有很深的交往，是南宋前期四川士人学

---

① （宋）陈振孙著，徐小蛮、顾美华点校：《直斋书录解题》卷3，上海古籍出版社1987年版，第83页。

② （清）纪昀、陆锡熊、孙士毅等著，四库全书研究所整理：《钦定四库全书总目》卷159《〈方舟集〉提要》，第2128页。

③ （清）王梓材、冯云濠撰，杨世文等校点：《宋元学案补遗》卷99《苏氏蜀学略补遗》，第8册，第3932页；（宋）叶适：《水心文集》卷12《东溪先生集序》，四部丛刊初编本。

④ 关于简州刘氏家世源流和宦学详情，可参考粟品孝《刘光祖家世考》，《西华大学学报》（哲学社会科学版）2004年第1期。

⑤ 参见（宋）李石《方舟集》卷10《自叙》，文渊阁《四库全书》影印本。

⑥ 参见（宋）邓椿《画继》卷3《轩冕才贤》，文渊阁《四库全书》影印本。

术交游圈的核心人物。

李石自幼既从父李嗣宗学，又从乡先生张子觉学，李石自云："惟吾之学，世先大夫，大夫之隐，邃于《诗》《书》；手抄经说，如哺小雏，雏饱而嬉，趋师于隅。"①

李石弟李占（1118—1171 年）号"云巢子"，登绍兴二十七年（1157）进士第，有文集五十卷，门人牟灼等百余人。李嗣宗手抄《论语》《孝经》，命李石教其弟。李占幼从其兄"修古学，学古文，行古道"②。

李石子李开（1131—1176 年），"以小舟自号，以明世学之传"。李石初授以元祐诸公先天皇极，以拒新说为专门；季父李占教以先秦古书章句。李开因其教，"撷菁华去秕稗，一本圣人之正，绚六经之词以为之文，尤深《大易》《春秋》"。李开自幼无书不读，"人有遗忘问之，应口某书某卷，行缀字次，无一或差"。李开精经术与博学的风格，与其父相似。所著书若干卷，《愚言》六十九篇。③

除上述家族外，其他如成都及汉州绵竹宇文氏，眉州丹棱史氏，眉州眉山史氏、家氏、石氏、程氏、任氏、青神杨氏，隆州仁寿虞氏，邛州蒲江魏高氏，普州冯氏，隆州井研牟氏，阆州阆中鲜于氏等，富于家学传统的家族尚多。④记录成都地区士人家族的《氏族谱》中，就有形容士人承袭家学的"皆世其学""亦世其学""必使世其学"之类的词句。

---

① （宋）李石：《方舟集》卷 10《自叙》，文渊阁《四库全书》影印本。
② （宋）李石：《方舟集》卷 17《云巢子（李占）墓志铭》，文渊阁《四库全书》影印本。
③ 参见（宋）李石《方舟集》卷 17《小舟（李开）墓志铭》，文渊阁《四库全书》影印本；（宋）李流谦《诚斋集》卷 78《李去非愚言序》，文渊阁《四库全书》影印本。
④ 参见胡昭曦、刘复生、粟品孝《宋代蜀学研究》，第 272—300 页；邹重华《家族与学术文化——对宋代四川地区几个典型家族的考察》，《天府新论》1992 年 2 期；王德毅《宋代成都宇文氏族系考》，《国立台湾大学历史学系学报》1991 年第 16 期；张邦炜《宋元时期仁寿—崇仁虞氏家族研究》、胡昭曦《诗书持家，理学名门——宋代蒲江魏氏家族研究》，均载《中国近世家族与社会学术研讨会论文集》，台北："中央研究院"历史语言研究所 1998 年印行；邹重华《士人学术交游圈：一个学术史研究的另类视角（以宋代四川为例）》，（香港中文大学）《中国文化研究所学报》2000 年新第 9 期。

四　结语

在宋人文集中,家学一词屡不绝书,但汉魏以来的门阀士族既已不复存在,学术风气亦发生了变化,一门累世传一经或某一专学的情况已不如汉魏晋南北朝时期占据主流。宋人所谓家学,固然是指一家(或家族)之教育学术传统,但家学之内容,却是或经学,或文学,或史学而不定,或诸种学问混杂,或受当时之学术风气影响,前后家学传统亦可能发生变化。而家学成为士族(士人或士大夫家族)起家及维持家声不坠之重要凭借,宋代与汉魏晋南北朝仍是相似的。①

综上所述,家学仍然是宋代四川士人教育与学术传承中很重要的一部分。诸多学术大家和著名学者,如名列唐宋八大家的眉山三苏,与朱熹齐名的理学家绵竹张栻,著名史学家范祖禹、李焘、王称,南宋著名学者李石、刘光祖等,都孕育于富有家学传统的家庭。家学的内容,总体而言,两宋都是以文学、史学、经学等各擅其长,一家之家学内容往往不限于一个方面。如华阳范氏、丹棱李氏以史学著称,其文学亦颇有名。眉山苏氏雄于文,其经学、史学亦多可观。②

除了父家之学以外,士人有时亦兼获母家之学的熏陶,如华阳王仲符学于舅氏范镇,苏轼、苏辙兄弟亦得其母程氏的教诲,张浚兼承母家计氏之学。《氏族谱》成都"张氏"(张九皋之后)条就直言,张宇"娶荣国公百禄女,故其学得之范氏"。③

家学之外,士子又多接受乡先生与父辈师友的教育,故家学内容亦不断得到充实、丰富。如范镇从乡先生庞直温学,范百禄从学于成都双

---

① 这种情况在唐代亦然。据顾向明的研究,江南高门士族如萧氏、陆氏、张氏、顾氏,六朝以来,保持了世代勋贤冠冕的地位,至唐代,仍能顺应由门荫世袭制到科举选官制的转变,通过科举入仕,从而使门始终不败,凭靠的都是深厚的家学渊源和文化世家的优势。参见顾向明《试论唐代江南旧士族及其家学渊源》,《山东师范大学学报》(人文社会科学版) 2003 年第 4 期。

② 在宋代政治方面有广泛影响的吕氏家族,在经史学术领域也有很高的造诣和贡献,在诗文方面亦颇有成就。参见汪俊《宋代吕氏家族学术特点述略》,《扬州大学学报》(人文社会科学版) 2001 年第 1 期。

③ (宋)佚名:《氏族谱》"张氏"条,载《巴蜀丛书》第 1 辑,第 254 页。

流乡先生邓至。苏轼兄弟亦曾从乡先生史清卿、刘巨学。资州李石自幼既从其父李嗣宗学，又从乡先生张子觉学。李石弟李占幼学于其兄，甫冠，从学于乡先生何三捷。李石兄弟之学术，既得于家学，又得于乡先生。①

宋室南渡以后，理学影响日增，士族的家学内容亦多随之变化。这种转变，主要是在当时学术风气的影响下，士子向外拜师求学所致。如张浚命其子张栻跟从胡宏讲求二程之学，成为理学大师；华阳范氏后人范仲黼、仲黼从子范子长和范子该先后从张栻学理学，晚宋时华阳范氏已以理学名其家。家学与士人学术交游圈的学术熏陶相结合，丰富和发展了士人的家学内容。②

科举制的建立和发展，对家学传承产生了影响，使考取功名成为一般家庭教育最主要的目标。但许多富有家学传统的士人视学术事业为终身的追求，并不因考取功名而改变。诚如黄宽重研究宋代四明富于家学传统的楼氏家族所言："以儒学传家的楼家，有的族人可以在经由科举或荫补入仕，因缘际会地展现他们不同的才华，在仕途上驰骋；仕途不得意也在乡里致力教育及学术的钻研，传承了楼家的读书风气。"③前引苏轼致侄孙苏元老的信中，就勉励他"勿令得一第后，所学便为弃物也"。而元老亦不负苏轼期望，被黄庭坚誉为"苏氏之秀"。科举制的开放性和相对较公平的竞争，使宋代读书求仕的家庭大为增加，从而使富有家学传统的士人家族也大大增加。许多富于家学传统的家族，科宦亦多显达，而科宦之显达，又有助于学术的弘扬，两者相辅相成，相得益彰。④正是众多富有家学传统的家族，成为宋代学术发展的重要推动力量。

正如笔者在本文引言中所说，自魏晋南北朝以后直至近代，学术文

---

① 有关详情，参见邹重华《乡先生——一个被忽略的宋代私学教育角色》，（香港中文大学）《中国文化研究所学报》1999年新第8期。

② 参见邹重华《士人学术交游圈：一个学术史研究的另类视角（以宋代四川为例）》，（香港中文大学）《中国文化研究所学报》2000年新第9期。

③ 黄宽重：《宋代四明楼氏家族的兴衰历程》，载《史学：传承与变迁学术研讨会论文集》，台北：台湾大学历史系1987年版，第1—20页。

④ 除本文所举之例子以外，另参见王章伟《宋代河南吕氏家族研究》，硕士学位论文，香港中文大学，1991年；汪俊《宋代吕氏家族学术特点述略》，《扬州大学学报》（人文社会科学版）2001年第1期。

化之地方化及家门化便成为常态,中国传统社会之学术文化发展与家学结下不解之缘。本文的研究即表明,在宋代,家学仍然是学术文化传承和发展的最重要途径之一。①黄宗羲撰《宋元学案》一书,往往列出某某家学,以探某学者的学术渊源。宋代学术文化发达,并形成京洛(开封、洛阳)、江浙、江西、福建、四川等若干中心。除四川以外,其他地区的家学发展情况如何?各地区家学有何异同?与唐代相比,各地区富有家学传统的士人家族在总量上增加多少?对这些问题的探讨,将有助于深化我们对宋代学术文化和地域文化发达原因的认识。

陈寅恪先生说:"华夏民族之文化,历数千载之演进,造极于赵宋之世。后渐衰微,终必复振。"②陈先生对宋代文化给予了极高的评价,认为它在中国传统社会达到了登峰造极的地步。笔者从宋代乡先生、士人学术交游圈以及家学的角度,探讨宋代学术文化繁荣昌盛的原因,或可对陈先生的论点提供一些实证研究的论据。

(原载四川大学历史文化学院编《蒙文通先生诞辰 110 周年纪念文集》,线装书局 2005 年版)

---

① 其他朝代的情况,可参见魏崇武《金代理学发展初探》,《历史研究》2000 年第 3 期;鱼宏亮《顾氏家学及其对顾炎武学术的影响》,《南都学坛》2003 年第 4 期。

② 陈寅恪:《邓广铭〈宋史职官志考证〉序》,载《金明馆丛稿二编》,上海古籍出版社 1980 年版,第 245 页。

宋代民间藏书与地方文化发展之关系：
以四川地区为例

教育和学术研究都离不开书籍，在中国传统社会，民间藏书与地方文化发展有非常密切的关系。20世纪40年代，吴晗先生已经论及研究民间藏书家的文化史意义。他说："［民间藏书］其有功于社会文化者亦至钜。……学者苟能探源溯流，钩微掘隐，勒藏家故实为一书，则千数百年来文化之消长，学术之升沉，社会生活之变动，地方经济之盈亏，故不难一一如示诸掌也。"[1] 1997年末，杭州大学历史系举办了"中国古代藏书楼国际学术研讨会"，其后将与会者提交会议的论文30余篇结集出版。[2] 其中不少学者都试图探讨民间藏书的文化意义，徐雁的《80年代以来中国历史藏书研究成果综述》一文，对20世纪以来中国藏书文化的研究成果进行了系统的清理。1999年，有两部较有分量的藏书文化论著同时出版，一部是周少川的《藏书与文化》，另一部是李雪梅的《中国近代藏书文化》。[3] 两位学者花费了不少心力，对中国古代和近代藏书文化，分别作了较为系统的研究。然而，迄今为止，由于缺乏对各个藏书发达地区进行深入和具体的个案研究，导致通论式的研究常常落不到实处，或立论出现偏差。有鉴于此，笔者拟以宋代四川为例，探讨中国传统社会中民间藏书与地方文化发展之间的关系，以期抛砖引玉，俾有更多的学者重视区域性的个案研究，使中国藏书文化的研究，建立在更加坚实

---

① 吴春晗（吴晗）：《江苏藏书家小史》，载《图书馆季刊》第8卷第1期，1934年4月。

② 参见黄建国、高跃新主编《中国古代藏书楼研究》，中华书局1999年版。

③ 参见周少川《藏书与文化》，北京师范大学出版社1999年版；李雪梅《中国近代藏书文化》，现代出版社1999年版。

的基础之上。①

一　民间藏书源流（先秦至宋）

中国私人藏书历史悠久，一般认为起于春秋战国，儒家宗师孔子（藏有《诗》《书》《礼》《乐》《易》《春秋》等书籍）、纵横家苏秦（有书十箧）及哲学家惠施（有书五车）均被视为早期的藏书家。秦始皇"焚书坑儒"，禁止私人藏书。西汉废除挟书禁令，私人藏书合法化，至东汉末年，出现淮南王刘安、河间王刘德、蔡邕（据说有书万卷）、卜圭、富参等一些有名的藏书家。

刘汝霖撰《魏晋南北朝时期的私家藏书》和《隋唐五代时期的私家藏书》二文，对这两个时期藏书家的情况进行了清理。计魏晋（220—316年）有7人，藏书数百卷至万卷不等；东晋及宋（317—478年）有6人，藏书量有一家记为数千卷，另五家不详；南朝齐、梁、陈（479—528年）有16人，藏书数千卷至三万卷不等；北朝有17人，藏书千余卷至万余卷不等；隋代有6人，藏书数千卷至万卷不等；唐前期有12人，藏书数千卷至两万卷不等；唐后期有13人，藏书千卷至两万卷、三万轴不等；残唐五代有13人，藏书数千卷至万卷不等。刘氏称南朝时"收藏数量达到一二万卷，是很常见的"，其实不确。正如刘氏谈到北朝私人藏书之难时所言："全凭刻苦勤学之士，亲自抄录，才能逐渐聚集大量的书籍。"② 南宋著名学者魏了翁云："余尝闻长老言，书之未有印本也，士得一书，则口诵而手抄，惟恐失之，其传之艰盖若此。"③ 在雕版印刷术发明以前，这是各地私人藏书所面临的普遍困难。

刘氏谈到私人藏书的一个很重要的变化，是唐代前期公私藏书事业

---

① 参见吴天墀师撰《宋代四川藏书考述》（原刊《四川文物》1984年第3期，现收入《吴天墀文史存稿》，四川大学出版社1998年版），对宋代四川的藏书家及公私藏书作了系统的清理。本文在此基础上，进一步发掘史料，并试从文化史的角度，以宋代四川为例，探讨民间藏书与地方文化发展之关系。

② 刘汝霖：《魏晋南北朝时期的私家藏书》，《图书馆》（北京图书馆编）1961年第3期。

③ （宋）魏了翁：《鹤山先生大全文集》（以下简称《鹤山集》）卷41《眉山孙氏书楼记》，四部丛刊初编本。

的重心在长安,"安史之乱"后,藏书事业不再集中于京城,而是各地方藏书家纷纷兴起。由刘氏所列唐前期、后期及五代三个时期藏书家情况表,可以看出这种变化。唐代的两个表中,蜀地无一藏书家,而五代13名藏书家中,蜀中即占3名,且其中可断定为唐五代迁蜀的,即有成都毋昭裔、眉山孙长孺两名。① 藏书重心由长安一地向多地转变,显示了学术重心的转移及多中心格局的出现。而民间藏书兴盛,为教育的普及和学术的繁荣创造了条件。

宋代藏书之风很盛,动辄藏书上万卷,多者四五万至十万卷。② 如后周宰相、宋初进位司空的王溥(922—982年),性好聚书,宋太祖平吴、蜀,所获文史副本分赐大臣,王溥获得不少,藏书增至万余卷。③ 曾主持修撰《太平御览》《文苑英华》《太平广记》等书的李昉(925—996年),藏书亦极富。④ 官至执政的宋绶(991—1040年),为外祖杨徽之所器爱,徽之无子,家藏书悉赠予绶。宋绶家藏书万余卷,亲自校雠,博通经史百家。至其子宋敏求时,藏书达三万卷,皆略诵习,著书甚多。⑤ 北宋卫州(治今河南汲县)人贺铸(1052—1125年),辞官后退居吴下,家藏书万卷,手自校雠,无一字误。⑥ 东都(开封)刘氏无他嗜好,为布衣而所蓄书可与秘阁相比。⑦ 吴郡(今苏州)人张廷杰(1111—1176年)家藏书数千卷,士大夫喜从之游。⑧ 南宋绍兴时莆田(福建莆田)人方于宝,家有"三余斋",聚书数万卷。⑨ 茶陵(今湖南茶陵)人陈宗说建汲

① 参见刘汝霖《隋唐五代时期的私家藏书》,《图书馆》(北京图书馆编)1962年第1期。

② 参见(宋)周密《齐东野语》卷12《书籍之厄》,上海书店1990年影印本,第5页。

③ 参见(元)脱脱等《宋史》卷249《王溥传》,中华书局1977年点校本,第8801—8802页。

④ 参见(宋)周密《齐东野语》卷12《书籍之厄》,第5页。

⑤ 参见(元)脱脱等《宋史》卷291《宋敏求传》,第9737页。

⑥ 参见(宋)程俱《宋故朝奉郎贺公(铸)墓志铭》,载(宋)贺铸《庆湖遗老诗集》附录,文渊阁《四库全书》影印本。

⑦ 参见(宋)李新《跨鳌集》卷18《刘氏藏书序》,文渊阁《四库全书》影印本。

⑧ 参见(宋)周必大《文忠集》卷33《张君(廷杰)墓志铭》,文渊阁《四库全书》影印本。

⑨ 参见(宋)李俊甫《莆阳比事》卷6,宛委别藏本。

古堂，藏书万卷。① 南宋末丰城（今江西丰城）人徐钦家藏书数万卷，无不览记。② 宋初治蜀及开蜀中士子向学求仕风气之先的张咏，亦是一位藏书家。张咏平生嗜书，聚书万卷，往往手自校正，旁无声色之好。有《乖崖集》12 卷存世。③

潘美月《宋代藏书家考》④ 收录两宋藏书家计 128 人，比前述刘汝霖所举魏晋到隋唐藏书家的总和（共 90 位）还多。而潘氏漏收的尚有不少，如上面提到的东都刘氏、吴郡张廷杰、茶陵陈宗说、丰城徐钦及濮州（治今山东鄄城北）张咏；四川漏收的就更多了，详见后述。

宋代民间藏书之风盛行，与士人从事举业和钻研学术需要阅读大量书籍有关，而雕版印刷业的发达，为收藏大量图书创造了条件。故魏了翁云："自唐末五季以来，始为印书，极于近世，而闽、渐、庸、蜀之锓梓遍天下。"⑤ "渐"为浙字之异体，"庸"指河南。⑥ 福建的建安、浙江的杭州、河南的开封和四川的成都为宋代四大雕版印刷中心。

除印刷术的发展之外，其他如宋朝政府的"右文"国策、社会的尚文之风、经济的高度发展等，都有助于宋代民间藏书之风的盛行。

二 宋代四川民间藏书概况

宋代四川印书、藏书之盛承袭自唐末五代。《旧五代史》卷 43《明宗纪》长兴三年（932）二月注曰：

> 《爱日斋丛钞》云……（《通鉴》）又曰：自唐末以来，所在学校废绝，蜀毋昭裔出私财百万营学馆，且请板刻《九经》，蜀主从

① 参见（清）王梓材、冯云濠编撰，沈芝盈、梁运华点校《宋元学案补遗》别附卷 2《陈先生宗说》，中华书局 2011 年版，第 6288 页。
② 参见（清）陆心源《宋史翼》卷 35《徐钦传》，浙江古籍出版社 2016 年版，第 911 页。
③ 参见（宋）韩琦《张公（咏）神道碑铭》，载（宋）张咏《乖崖集》附录，文渊阁《四库全书》影印本。
④ 参见潘美月《宋代藏书家考》，台北：学海出版社 1980 年版。
⑤ （宋）魏了翁：《鹤山集》卷 41《眉山孙氏书楼记》，四部丛刊初编本。
⑥ 庸为西周封国名，又作墉，在今河南新乡西南。另有商之侯国名庸，曾随周武王伐纣，建都上庸（今湖北竹山西南），春秋时为楚所灭。

之。由是蜀中文学复盛。……王仲言(明清)《挥麈录》云:毋昭裔贫贱时,尝借《文选》于交游间,其人有难色,发愤,异日若贵,当板以镂之遗学者。后仕王蜀为宰相,遂践其言,刊之,印行书籍,创见于此。……[宋朱翌]《猗觉寮杂记》云:雕印文字,唐以前无之,唐末,益州始有墨版。……案[唐柳玭]《柳氏家训》序:中和三年(883)癸卯夏,銮舆(按:指唐僖宗——引者)在蜀之三年也,余(柳玭)为中书舍人,旬休,阅书于重城之东南,其书多阴阳杂记、占梦相宅、九宫五纬之流。又有字书小学,率雕板,印纸浸染,不可尽晓。……大概唐末渐有印书,特未盛行,后人遂以为始于蜀也。[1]

雕版印刷始于何时何地,众说纷纭,但蜀为雕版印刷最早昌行地区之一,应是没有异议的。早自唐文宗太和九年(835),剑南两川已有印版日历售卖。唐懿宗咸通六年(865),日本僧人宗叡从中国携带回国的书籍中,有西川所印的《唐韵》一部5卷和《玉篇》一部30卷。清光绪二十六年(1900),英国人斯坦因从敦煌一密室中获得一批古印本书籍,并运往伦敦大英博物馆,其中有唐僖宗中和二年(882)"剑南西川成都府樊赏家历"残本,这是世界上最古的印本历书之一。1944年在成都四川大学校区内,从一座唐墓中发掘出一张印本陀罗尼经咒,上有"成都府成都县龙池坊卞家印卖咒本"的题记,据称是中国大陆仅存的唐代刻本。[2]

陈乐素先生《宋代三馆考》云:

自经安、史、黄巢之乱,长安文化移植于蜀,爰及五代,遂呈异彩。《五代史·前蜀世家》:"蜀恃险而富,当唐之末,人士多欲依

① (宋)薛居正等:《旧五代史》卷43《明宗纪》,中华书局1976年点校本,第588—589页。

② 参见[美]卡特(T. F. Carter)原著,L. C. Goodrich修订,胡志伟译注《中国印刷术的发明及其西传》,台北:商务印书馆1968年版,第46—55页;张秀民《中国印刷术的发明及其影响》,人民出版社1958年版,第27—69页;吴天墀《宋代四川藏书考述》,《四川文物》1984年第3期。

建以避乱。建虽起盗贼，而善待士，所用皆唐名臣世族。"建倡此风，影响于文化甚大，故前后蜀不过五十余年，而文学、美术与工艺上之印刷术皆有相当之贡献。人既移于蜀，物亦必随之，有唐之书，入于蜀府者恐不鲜。①

笔者所见两条宋代史料，可以印证陈氏的推断。宋初黄休复《益州名画录》卷上"赵德玄"条云："蜀因二帝驻跸，昭宗迁幸，自京入蜀者，将到图书名画，散落人间，固亦多矣。杜天师在蜀，集道经三千卷，儒书八千卷。（赵）德玄将到梁隋及唐百本画，或自摹拓，或是粉本，或是墨迹，无非秘府散逸者，本相传在蜀，信后学之幸也。"② 邓椿《画继》序文亦云："予虽生承平时，自少归蜀，见故家名胜避难于蜀者十五六，古轴旧图，不期而聚。而又先世所藏，殊尤绝异之品，散在一门，往往得免焚劫。"③ 由此可知，陈氏之估计不误。唐末五代四川藏书之盛，与避乱的长安人士携书入蜀和四川的雕版印刷发达这两大因素密切相关。④

　　前引《旧五代史》注所提到的孟蜀时宰相毋昭裔，本身就性好藏书，在成都令门人句中正、孙逢吉书《文选》《初学记》《白氏六帖》镂版，行于世。入宋后其子毋守素赍至中朝，诸书遂大彰于世。⑤ 除毋昭裔以外，前蜀宰相王锴亦藏书数千卷，一一皆亲札，并手写藏经。⑥ 著名的眉山孙氏藏书楼则始建于唐末（详见后述）。唐末五代，蜀中积聚了大量的

---

① 陈乐素：《宋代三馆考》，《图书季刊》第 3 卷第 3 期，1936 年 9 月。

② （宋）黄休复：《益州名画录》卷上"赵德玄"条，文渊阁《四库全书》影印本。

③ （宋）邓椿：《画继·序》，文渊阁《四库全书》影印本。邓椿为北宋执政邓洵武之孙，南宋双流人。

④ 自唐代"安史之乱"以来，每当北方动乱，就有大批官僚士人之家避乱入蜀。参见邹重华《唐僖宗时迁蜀士族及其入宋后的境况考析》，载张其凡、陆勇强主编《宋代历史文化研究》，人民出版社 2000 年版；及《士族与学术——宋代四川学术文化发达原因探讨》第二章，博士学位论文，香港中文大学，1997 年。

⑤ 参见（元）脱脱等《宋史》卷 479《毋守素传》，第 13894 页；（清）吴任臣撰，徐敏霞、周莹点校《十国春秋》卷 52《毋昭裔传》，中华书局 1983 年版，第 769 页。

⑥ 参见（明）焦竑《焦氏笔乘》续集卷 4《藏书》，上海古籍出版社 1986 年版，第 300 页。前揭潘美月《宋代藏书家考》一书首录五代入宋藏书家为四川陵州贵平（今四川简阳西南镇金）人孙光宪。据《宋史》卷 483《孙光宪传》，光宪博通经史，尤勤学，聚书数千卷，或自抄书，孜孜雠校，老而不废。但孙光宪早依荆南高季兴为从事，后归宋太祖，其书并未藏于四川。

图书。《册府元龟》记：后唐天成二年（927）十二月，"都官郎中庾传美访图书于三川孟知祥处，得《九朝实录》及杂书传千余卷，并付史馆。同光（后唐庄宗年号，923—926 年）以后，馆中煨烬无几，《九朝实录》甚济其阙"①。至宋初，"［曹］彬平蜀回，辎重甚多，或言悉奇货也。太祖令伺之，皆古图书，无铢金寸锦之附"②。乾德四年（966）五月，太祖遣右拾遗孙逢吉往蜀中取图书、法物，得蜀书万三千卷（一说二万三千卷）。③ 连同前述宋太祖将平吴、蜀所得文史书籍副本分赠大臣，王溥藏书因而大增之史实，均可证明蜀地藏书之丰盛。④

承袭唐末五代遗风，宋代四川民间藏书之风鼎盛，藏书上万卷者不乏其人。

成都新繁人彭乘（985—1049 年），"不喜事生业，聚书万余卷，皆手自刊校"。考中进士，为仁宗朝翰林学士。彭乘曾"预校正《南、北史》《隋书》"，有《彭秘书文集》。⑤ 北宋中后期成都布衣杨汇积书万卷，古金石刻则超过北宋大学者欧阳修的《集古录》。⑥ 成都广都郭叔谊（1155—1233 年）筑室藏万卷书，皆手所校雠。著有《续通鉴长编增添纲目》20 卷、《温公通鉴评》3 卷，以及《理学语类》30 卷、《肖舟诗稿》20 卷、杂著 80 卷等理学、文学著作。⑦

彭州人穆深之（1106—1174 年）藏书万卷，博学喜读书，好议论性

---

① （宋）王钦若：《册府元龟》卷 50《帝王部》，明初刻印本。

② （宋）王君玉：《国老谈苑》卷 1，学津讨原本。

③ 参见（宋）李焘撰，上海师范大学古籍整理研究所、华东师范大学古籍整理研究所点校《续资治通鉴长编》卷 7，"太祖乾德四年五月甲戌"条，中华书局 1992 年版，第 171 页；陈乐素《宋代三馆考》，《图书季刊》第 3 卷第 3 期，1936 年 9 月。

④ 关于五代蜀中刻书、藏书之情况，可参见戴振辉《五代的刻书与藏书》，原刊《大公报》1936 年 6 月 4 日，《图书副刊》第 133 期；转引自李希泌、张椒华编《中国古代藏书与近代图书馆史料》，中华书局 1982 年版。

⑤ 参见（元）脱脱等《宋史》卷 298《彭乘传》，第 9899 页；许肇鼎《宋代蜀人著作存佚录》，巴蜀书社 1986 年版，第 31 页。以下有关宋代蜀籍学者著述及其存佚情况，凡未特别注明者，均参见《宋代蜀人著作存佚录》。《宋史》本传作华阳，据南宋人撰，元人费著修订的《氏族谱》（收入《巴蜀丛书》第 1 辑，巴蜀书社 1988 年版），彭氏实为新繁人。

⑥ 参见（宋）邵博著，刘德权、李剑雄点校《邵氏闻见后录》卷 22，中华书局 1983 年版，第 173 页。

⑦ 参见（宋）魏了翁《鹤山集》卷 83《知巴州郭君（叔谊）墓志铭》，四部丛刊初编本。

理，通贯二氏。^① 同为彭州人，且与穆深之同时的赵樗年（1106—1160年），家藏千卷书，自丹铅钩提，至老不衰。^② 绵州李仲侯（1063—1141年）喜读书，藏书万卷，著有《诗集》《归田唱和集》各 10 卷。^③

绵州盐泉苏易简九世孙，徙居遂州遂宁的苏振文（？—1233 年），"聚书数万卷，圣经贤传、山经地志、私乘野史，以至虞初稗官，旁行敷落之书，靡不搜罗"^④。苏振文曾应眉山人知合州任逢之请，参与《合州垫江志》的修纂，"大肆力于诸书，旁搜曲取，晨夕从事"^⑤。苏振文本来就擅长诹经订史，训诂校雠，其丰富的藏书，更可派上用场了。

眉州丹棱人史大年（1026—1090 年）屡举进士不第，乃归教其子，于所居室为层屋，号曰"五经楼"，藏书万卷。史大年次子厚登神宗元丰元年（1078）进士第，幼子愿登哲宗元祐三年（1088）进士第，其长子寀为乡贡进士。^⑥ 大年从侄史九龄（字南寿，1043—1117 年）亦"性嗜书，多所藏"^⑦。

嘉州犍为有王氏书楼，亦藏书万卷。苏轼有诗咏之云："树林幽翠满山谷，楼观突兀起江滨；云是昔人藏书处，磊落万卷今生尘。"^⑧ 苏轼与犍为王齐愈、王齐万兄弟为友^⑨，或即书楼王氏。眉山人家彬为前述眉州

---

① 参见（宋）李石《方舟集》卷 16《穆承奉（深之）墓志铭》，文渊阁《四库全书》影印本。

② 参见（宋）李石《方舟集》卷 16《忠州文学赵君（樗年）墓志铭》，文渊阁《四库全书》影印本。

③ 参见（宋）李安仁《李仲侯墓志铭》，载（清）刘喜海编《金石苑》卷 4，台北：艺文印书馆 1967 年版；又载傅增湘辑《宋代蜀文辑存》卷 33，香港：龙门书店 1971 年影印本。两处的文字内容略有不同，可校。

④（宋）魏了翁：《鹤山集》卷 84《苏伯起（振文）墓志铭》，四部丛刊初编本。

⑤（宋）任逢：《合州垫江志序》，载傅增湘辑《宋代蜀文辑存》卷 73，第 928 页。

⑥ 参见（宋）家彬《史子永（大年）墓志铭》，载《丹棱县志》卷 2，收入《中国地方志集成·四川府县志辑》，巴蜀书社 1992 年版，第 654 页。其墓石拓片载北京图书馆金石组编《北京图书馆藏中国历代石刻拓片汇编（两宋部分）》，第 40 册，中州古籍出版社 1989 年版。

⑦（宋）唐庚：《眉山唐先生文集》卷 10《史南寿（九龄）墓铭》，四部丛刊三编本。史九龄之祖父正辞与大年之父定辞为兄弟。

⑧（宋）苏轼撰，王十朋注：《集注分类东坡先生诗》卷 9《犍为王氏书楼》，四部丛刊初编本。

⑨（宋）苏轼著，孔凡礼点校：《苏轼文集》卷 63《祭任师中（伋）》，中华书局 1986 年版，第 1944 页。

丹棱藏书家史大年之妻所撰墓铭云："夫人姓王氏，犍为郡先生君淳之女也，为郡著姓，其居清水之溪，故遂以所居显，号清水溪王氏。"① 亦可能是书楼王氏族人。

一些官员嗜好藏书，俸入多用作购藏书籍。简州阳安刘讽喜藏书，嘉庆《四川通志》卷144《人物志二》引司马光《续诗话》云："嘉祐中有刘讽都官，简州人，年六十三致仕，夫妇徙居赖山。景仁（范镇）有诗送之云：'移家尚恐青山浅，隐几惟知白日长。'时有朱公绰送讽诗云：'疏草焚来应见史，囊金散尽只留书。'皆为时人所传诵。"刘讽为南宋著名学者刘光祖的高祖，负时名，宋祁、苏涣有诗赠之。② 简州刘氏为宋代四川著名的宦学世家。

阆州陈尧咨从孙陈汉卿（1009—1054 年）尤好古书奇画，每倾资购之，尝自为目录，藏于家。③

邛州依政赵荐（1034—1081 年）历官绵州、虢县、西河、彰武军、荣州等川内外之地，俸禄之入，往往归诸书画。有诗集18 卷，4300 首。④

丹棱孙道夫（1095—1160 年）"仕宦三十年，奉给多置书籍"。孙道夫除在徽宗、高宗时短期任朝官外，大多在四川任地方官，先后知怀安军、资州、蜀州，最后从知绵州任上退休。故可断定其书藏于蜀。⑤

汉州绵竹章得茂，为南宋光宗时（1190—1194 年）吏部尚书，于其绵竹故居"复创大堂于两间，藏书数千卷，榜曰'近思'"，并请曾同为朝官的周必大为之作记。周必大称赞章得茂"学无不通，而尤深于《诗》"。⑥

---

① （宋）家彬：《史子永（大年）墓志铭》，载中华民国《丹棱县志》卷2，收入《中国地方志集成·四川府县志辑》，第 654 页。

② 参见（宋）王象之著，李勇先校点《舆地纪胜》卷145《简州·人物》，四川大学出版社 1995 年版，第 4306 页。

③ 参见（宋）欧阳修《欧阳文忠公文集》卷30《陈君（汉卿）墓志铭》，四部丛刊初编本。陈汉卿以荫入仕。

④ 参见（宋）吕陶《净德集》卷24《都官员外郎赵君（荐）墓志铭》，武英殿聚珍版丛书本。

⑤ 参见（元）脱脱等《宋史》卷382《孙道夫传》，第 11767 页。

⑥ （宋）周必大：《文忠集》卷28《章氏近思堂记》，文渊阁《四库全书》影印本。该文中又记"得茂"为"德茂"。

普州人刘仪凤（字韶美，1110—1175 年）以俸入之半以储书，凡万余卷，甚至因此而丢官。御史张之纲论仪凤录四库书本以传私室，遂斥归蜀。后孝宗知其无罪，始复职。① 同为蜀人的著作佐郎关耆孙，有送刘仪凤归蜀诗云："清议久不作，世无公是非。祇因翻故纸，不觉蹈危机。东壁梦初断，西山蕨正肥。十年成底事，赢得载书归。"② 陆游《老学庵笔记》卷 2 记："刘韶美在都下累年，不以家行，得俸专以传书，书必三本，虽数百卷为一部者亦然。出局则杜门校雠，不与客接。既归蜀，亦分作三船，以备失坏。已而行至秭归新滩，一舟为滩石所败，余二舟无他，遂以归普慈（镇，今乐至东北），筑阁贮之。"③ 刘仪凤不仅好藏书，亦苦学，至老不倦，尤工于诗。有《刘韶美诗》《奇堂集》30 卷。④

宋代私学教育发达，民间有许多从事私学教育的乡先生（私学教师）⑤，有的乡先生也藏书不菲。

北宋中期成都乡先生（私学教师）郭绛，幼读父书，尽传其学，亦是一位藏书家。平生唯好书，无他嗜，丹铅点勘，笔不去手，自经史百氏之书，浮屠黄老之教，下暨阴阳地理医卜之艺，吐纳锻炼之术，皆研尽其妙。郭绛有《易解》10 卷、《书解》7 卷、《老子道德经解》2 卷、《三教合辙论》1 卷、《疏食谱》1 卷、歌诗杂文 10 卷等著作多种。⑥

曾教过魏了翁的邛州蒲江乡先生章寅臣（1156—1225 年），"嗜储书，虽家贫，必畜经史"⑦。

四川民间藏书丰富，以至于两宋时期，朝廷从该地的民间藏书家中征集书籍，以补朝廷收藏之阙。

成都郫县人李定，好古力学，自号"虚舟子"。北宋真宗天禧

---

① 参见（元）脱脱等《宋史》卷 389《刘仪凤传》，第 11941 页。

② （清）厉鹗辑：《宋诗纪事》卷 46《送刘朝［韶］美侍郎归蜀》，上海古籍出版社 1983 年版，第 1164 页。

③ （宋）陆游：《老学庵笔记》卷 2，学津讨原本。

④ 参见（元）脱脱等《宋史》卷 389《刘仪凤传》，第 11941 页。

⑤ 参见邹重华《"乡先生"——一个被忽略的宋代私学教育角色》，（香港中文大学）《中国文化研究所学报》1999 年新第 8 期。

⑥ 参见（宋）杨天惠《乐善郭先生诔》，载傅增湘辑《宋代蜀文辑存》卷 26，第 370—371 页。《宋代蜀人著作存佚录》未收郭绛。

⑦ （宋）魏了翁：《鹤山集》卷 82《雒县丞章公（寅臣）墓志铭》，四部丛刊初编本。

（1017—1021 年）中，诏访天下书籍，"定率先投牒监中，群书多出其家"①。

成都郭友直（1008—1071 年）喜藏书，至万余卷，誊写校对，尽为佳本。北宋英宗治平（1064—1067 年）中诏求遗书，郭友直所上凡千余卷，尽为秘府之未有者。② 马端临《文献通考》卷 174《经籍考》载："［熙宁］七年（1074），命三馆秘阁编校所看详成都府进士郭友直及其子大亨所献书三千七百七十九卷，得秘阁所无者五百三卷，诏官大亨为将作监主簿。"③ 由此可见，郭友直的藏书既多且好。郭友直著有《剑南广记》40 卷、《毛诗统论》20 卷、《历代沿革乐书》13 卷。

宇文氏为宋代四川诗书名族。④ 宇文师申（1111—1162 年）"治室庐，陈图书"⑤。晁公武《郡斋读书志》记：

> 嘉祐中，以《宋》《齐》《梁》《陈》《魏》《北齐》《周书》舛谬亡阙，始诏馆职雠校。曾巩等以秘阁所藏多误，不足凭以是正，请诏天下藏书之家，悉上异本。久之，始集。治平中，巩校定《南齐》《梁》《陈》三书上之，刘恕等上《后魏书》，王安国上《周书》。政和中，始皆毕，颁之学官，民间传者尚少。未几，遭靖康丙午之乱，中原沦陷，此书几亡。绍兴十四年（1144），井宪孟（度）为四川漕，始檄诸州学官，求当日所颁本。时四川五十余州，皆不被兵，书颇有在者，然往往亡阙不全，收合补缀，独少《后魏书》

---

① （明）曹学佺：《蜀中广记》卷 98《虚舟子集》，文渊阁《四库全书》影印本。

② 参见（宋）文同《丹渊集》卷 39《龙州助教郭君（友直）墓志铭》，四部丛刊初编本。

③ （宋）马端临撰，上海师范大学古籍整理研究所、华东师范大学古籍整理研究所点校：《文献通考》卷 174《经籍考》，中华书局 2011 年版，第 5207 页。马端临记郭友直为进士，据文同所撰墓志铭，郭友直"景祐中被荐试尚书省，不第，遂归，不复就举。……熙宁四年四月，朝廷以伯龙（即郭友直）景祐进士恩授将仕郎守龙州助教"。又《文献通考》卷 174《经籍考》记，徽宗宣和五年（1123）二月，"提举秘书省言：'有司搜访士民家藏书籍，悉上送官参校有无，募工缮写，藏之御府。近与三馆参校，荣州助教张颐所进二百二十一卷，李东一百六十二卷，皆系阙遗，乞加褒赏。'诏颐赐进士出身，东补迪功郎"。张、李二人的生平情况不详。

④ 参见王德毅《宋代成都宇文氏族系考》，《国立台湾大学历史学系学报》1991 年第 16 期。

⑤ （宋）晁公遡：《嵩山集》卷 53《宇文蜀州（师申）墓志铭》，文渊阁《四库全书》影印本。

十许卷，最后得宇文季蒙家本，偶有所少者，于是七史遂全，因命眉山刊行焉。①

宇文时中（字季蒙）为师申之父，清人叶昌炽《藏书纪事诗》② 卷 1 收有宇文时中及其兄虚中二人。宇文时中从孙宇文绍奕亦是藏书家，张震撰《博雅堂记》云："宇文绍奕为资守，风清事简，则叹曰：'自吾承先大父右丞相公余烈，以诗书发身，凡二十年间，聚书上自孔氏，下至历代诸史稗官小说，与夫国典名公之文，合万余卷，手所校录者几半之，不为不多矣。'"③ 由此可见，宇文氏是富有藏书传统的家族。

除上述藏书家外，其他喜藏书者尚多。如泸州人程贲少孤力学，性喜藏书，"自经史子集之外，凡奇诀要录未尝闻于人者，毕珍收之，亦多手写焉。……虽年齿已暮，而志好益坚。目游简编，未少暂息"④。程贲藏书校书达五十多年，撰写《太玄经训义》，未成而卒。遂州遂宁人冯玠（1035—1070 年）喜储书，好宾客。⑤ 普州安岳杨恕（1037—1097 年）于书无所不读，闻人间所未见书，必购取之。为童儿时，日诵千言，稍长，酷爱《左氏春秋》，能背诵之。乡先生王田"砥砺名节，以教乡间之子弟，来学者必考其素。至君来，欣然受之曰：'此诸生之表也。'"⑥

---

① （宋）晁公武撰，孙猛校证：《郡斋读书志校证》卷 5 "《宋书》"条，上海古籍出版社 1990 年版，第 184 页。又，该书卷 6 "《吕夏卿兵志》"条云："公武得之于宇文时中。"潘美月《宋代藏书家考》称宇文季蒙，字时中（见该书第 135 页），实则季蒙为其字，时中为其名。

② 参见叶昌炽著，王欣夫补正，徐鹏辑《藏书纪事诗》，上海古籍出版社 1989 年版，第 50 页。

③ 光绪《资州直隶州志》卷 29，收入《中国地方志集成·四川府县志辑》，第 932 页。

④ （宋）黄休复：《茅亭客话》卷 10《程先生》，文渊阁《四库全书》影印本。（元）脱脱等《宋史》卷 309《程德玄传》附记其兄德元之子程贲，大中祥符五年（1012）举进士，累迁太常博士。程德玄为郑州荥泽人。黄休复借《易经》称誉程贲："不事王侯，高尚其事。"（清）纪昀、陆锡熊、孙士毅等著，四库全书研究所整理《钦定四库全书总目》卷 142《〈茅亭客话〉提要》称："皆蜀中轶事，无一条旁涉他郡。"（中华书局 1997 年版，第 1882 页）故两个程贲当为同名。潘美月《宋代藏书家考》将黄休复所记程贲与郑州人程贲混为一人（第 65 页），误。

⑤ 参见（宋）李新《跨鳌集》卷 29《冯君玠（玠）墓表铭》，文渊阁《四库全书》影印本。

⑥ （宋）黄庭坚：《豫章黄先生文集》卷 23《杨宽之（恕）墓志铭》，四部丛刊初编本。

宋人叶梦得云:"今天下印书,以杭州为上,蜀本次之,福建最下。"① 这一说法为人们所普遍引用。而在北京图书馆工作达 40 年的印刷史和古籍版本专家张秀民先生却认为:"蜀中所刻,宋人称为'蜀本'或'川本',质量可与'杭本'比美。"又云:"蜀大字本在当时已称为善本,因为蜀本内容多经加校正,如成都刻的《太平御览》改正了建本的错误字三万八千多个。四川从唐以来就出好纸,名为'益州麻纸',或'蜀郡麻纸',南宋川笔、川墨,被称为'绝品'。因为纸墨精良,所以它的出版品,也获得好评,宋人把它与杭本比美不是偶然的。"②

蜀中印书业兴盛,蜀版书量大质好,吸引不少宦游蜀中的文人官员收藏蜀版书籍。北宋神宗时,历阳(今安徽和县)人、天圣进士沈立任签书益州判官,"悉以公粟售书,积卷数万。神宗问所藏,立上其目及所著《名山水记》三百卷"③。沈立还著有《盐筴总类》《贤牧传稽正辨论》《香谱》《锦谱》及文集等 400 卷,可谓百科全书式的学者。

南宋初,天性好书的河南南阳人井度(字宪孟),自知兴元府至领四川转运使。前文曾提到,井度向蜀中藏书家宇文氏等征集朝廷秘阁所阙的南北朝七史。而他本人也竭力收藏书籍,"常以俸之半传录。时巴蜀独不被兵,人间多有异本,闻之未尝不力求,必得而后已。历二十年,所有甚富"④。

山东巨野晁氏为宋代藏书名家,晁公武于靖康末随父避难入蜀,绍兴中登进士第,曾任四川转运使井度的属官。后井度将其藏书悉与公武,凡五十箧。公武合其家旧藏,除其重复者,得二万四千五百卷有奇。晁公武守荣州(治今四川荣县)时,公务不繁,乃日夕雠校,每终篇辄撮

① (宋)叶梦得:《石林燕语》卷 8,文渊阁《四库全书》影印本。郑伟章、李万健著《中国著名藏书家传略》之《图书收藏家和研究家叶梦得》误为"杭州刊刻质量最好,福建次之,四川最差",书目文献出版社 1986 年版,第 7—8 页。
② 张秀民:《南宋(1127—1279)刻书地域考》,《图书馆》(北京图书馆编辑)1961 年第 3 期;《历代精美的印刷品》,《张秀民印刷史论文集》,印刷工业出版社 1988 年版。
③ (元)脱脱等:《宋史》卷 333《沈立传》,第 10699 页;(宋)杨杰:《无为集》卷 12《沈公(立)神道碑》,文渊阁《四库全书》影印本。
④ (宋)晁公武:《衢本昭德先生郡斋读书志序》,载(宋)晁公武撰,孙猛校证《郡斋读书志校证》卷首,第 15 页。

其大旨论之，撰成著名的目录学著作《郡斋读书志》。①

南宋名诗人陆游之家族为越中三大藏书家之一（另两家为石氏、诸葛氏），《嘉泰会稽志》卷16《藏书》云："陆氏书特全于放翁家，[游]尝宦两川，出峡不载一物，尽买蜀书以归，其编目日益钜。"② 蜀版书籍大大丰富了陆游家族的藏书。

三　民间藏书与地方文化之发展

教育离不开书籍。宋代科举发达，读书求仕的人多，雕版印刷术的广泛应用，满足了人们对书籍的需求，为普及教育创造了条件。宋代民间藏书家多的原因之一，就是教育子女，求取功名。如前面提到的眉州丹棱人史大年，就因屡举进士不第，乃归教其子，并建立藏书万卷的"五经楼"。结果史大年次子、幼子相继考中进士。

淳化中王小波、李顺之变，郡邑大扰，蜀州阎太古尽弃家财，挈家中所有书籍，"居二江野外奥曲，贼不能到处，穴地藏之。曰：'货财吾不屑，此书如为兵火蹂烬，后求无有也。'事平出之，使子弟日夜讲解诵习，要之为名儒"。其子阎颙中天圣八年（1030）进士。文同为阎太古表弟罗致恭所撰墓志铭云，贼诛，太古收敛其所藏书，与罗致恭日夜讲读，太古授以《左氏春秋》，尽通其学。致恭复以所能，勉励太古之子颙。③

永康军青城何中"以聚书为能"，与蜀中名士李畋、代渊为友，其孙何大章登仁宗皇祐五年（1053）进士第。④ 嘉州洪雅田锡（940—1004年）之父好术数，聚书数千卷。田锡幼好读书，慕扬雄、司马相如为文，其父寄予厚望。后田锡中太平兴国三年（978）进士第二。⑤

阆州新井蒲宗孟家有藏书楼名"清风阁"。蒲宗孟中仁宗皇祐五年

---

① 参见（宋）晁公武《衢本昭德先生郡斋读书志序》，载（宋）晁公武撰，孙猛校证《郡斋读书志校证》卷首，第15页。

② （宋）施宿等：《嘉泰会稽志》卷16《藏书》，文渊阁《四库全书》影印本。

③ 参见（宋）文同《丹渊集》卷36《屯田郎中阎君（颙）墓志铭》、卷37《屯田员外郎罗君（致恭）墓志铭》，四部丛刊初编本。

④ 参见（宋）吕陶《净德集》卷25《何君（敏）墓志铭》，武英殿聚珍版丛书本。

⑤ 参见（宋）田锡《咸平集》卷30《附先君赠工部郎中墓碣》，卷首附范仲淹《田司徒墓志铭》，文渊阁《四库全书》影印本。

（1053）进士，神宗朝曾任翰林学士兼侍读，与苏轼等有交往。① 苏辙《寄题蒲传正学士阆中藏书阁》诗云："朱栏碧瓦照山隈，竹简牙签次第开。读破文章随意得，学成富贵逼身来。诗书教子真田宅，金玉传家定粪灰。更把遗编观得失，君家旧物岂须猜。"② 北宋著名蜀籍史学家范祖禹曾借阅过蒲氏藏书，亦有诗云："惟昔隐君子，卜筑兹考盘。图书倖藏室，一一手自刊。……来为廊庙重，归为里闾欢。乃知哲人训，基构自艰难。我昔侍先君，借书尝纵观。题诗尚可记，手泽想未干。尔来三十载，感事一泛澜。侧身西南望，安得陵风翰。"③ 蒲氏藏书是有传统的。蒲宗孟之曾祖父蒲颖士"善藏书"，祖父蒲伸三以乡荐，退于春官，自号"北谷散夫"。蒲伸子蒲师道（宗孟父，1008—1053 年）"承父词，又得所蓄书以读"，中仁宗天圣八年（1030）进士乙科。④ 道光《南部县志》卷 2《舆地·古迹》记："清风阁，□□□蒲宗孟积书之所，有铭曰：'寒可无衣，饥可无食，书不可一日失。'"⑤ 正是因为有这样的戒条，蒲氏的藏书得以传承不散。蒲宗孟之姐受家风影响，"亦喜读书"。后蒲宗孟之姐嫁给苏涣之子苏不欺，不欺早逝，蒲氏训教诸子，五子中千能、千秋、千钧皆举进士。⑥

川东恭州（今重庆市）人张献忠（1106—1157 年）尝从其叔父元明学《易》，入三舍为诸生。舍法罢，退居家中，"立家塾，聚诗书，教其子"，四子皆应进士举。⑦

南宋著名学者和藏书家、邛州蒲江人魏了翁的邻居谯氏以儒名家，谯椿（1143—1213 年）之父谯询曾两贡于礼部，未第而亡，所藏图籍散逸殆尽。谯椿雅嗜书，多所储蓄，自六经子史至星经地乘、虞初稗官、道释医卜之书，靡不究阅。谯椿子谯仲午（1167—1225 年）自少唯文籍图书是好，其父筑室储书，"君从师至休沐，必补葺断烂，校雠脱误，忘

---

① 参见（元）脱脱等《宋史》卷 328《蒲宗孟传》，第 10571 页。

② （宋）苏辙：《栾城集》卷 5《寄题蒲传正学士阆中藏书阁》，四部丛刊初编本。

③ （宋）范祖禹：《范太史集》卷 2《寄题蒲氏清风阁》，文渊阁《四库全书》影印本。

④ （宋）蔡襄：《端明集》卷 39《蒲君（师道）墓志铭》，文渊阁《四库全书》影印本。

⑤ 道光《南部县志》，收入《中国地方志集成·四川府县志辑》，第 393 页。

⑥ 参见（宋）吕陶《净德集》卷 27《静安县君蒲氏墓志铭》，武英殿聚珍版丛书本。

⑦ （宋）冯时行：《缙云文集》卷 4《张廷臣（献忠）墓志铭》，文渊阁《四库全书》影印本。

其日之旰"。谯仲午登嘉定四年（1211）进士第。谯仲午沉潜经史百氏，有《孟子旨义》《汉书补注》《三国名臣统论》《说斋文集》等。①

南宋前期普州人冯知微喜藏书，积至万卷，四库之目甚富，有一钱即唯书之市，曰："有一不惜，蠹淫吾书，非儒门子也。"冯氏世为普州闻家，父子兄弟以诗书相颉颃，虽甚贫，不破业，虽至老，不废学，其为名卿才大夫者踵武，以至于代有人才。冯知微虽累荐不利，长子冯懋登进士第，幼子冯恕为成都府学学生。②

资中人李处和自少传其家学，为诸生，年三十余未达，且甚贫。乃出游，而其平生故人亲戚稍资业之。因经商往来于荆襄巴蜀之间，不十年而其利百倍。既富，则慨然曰："是故吾之权道，岂其初心哉。"于是停掉生意，定居于涪之乐温（治今重庆长寿东北），修葺斋馆，益市六经百家历代史传，阖门不出，日以读书教子为事。③

北宋蜀州人李平善治家，不为米盐斗筲之计，而田至数顷，赀数万。诸弟欲析其产，"君一毫不忍私，罄所有与之"。从此不再经营产业，"惟聚书延贤师友以教子"。有人叫他留些资财与后裔，李平对曰："吾子苟力学，他日能大吾门，其得失岂润屋比耶？"李平夫人毕氏常阅书善诲，诸子往往执经问其大旨。李氏四世不仕，李平用于藏书之投资，终因长子逢登嘉祐二年（1057）进士第，得到了满意的回报。④

眉山程氏始以进士起家，历六世，仕者日以加多，其乡人不解程氏何以能如此。晁公遡撰《程氏经史阁记》解释说："其家既贵，而不以殖其货，而能筑阁于其所居，以聚四库书，而贻其子孙。"⑤ 即强调了藏书、读书是程氏兴盛的重要原因。

藏书与教育和科举之关系，由以上四川藏书之家的介绍中已可略知一二。这些家族大多科举颇盛，如成都毋氏、句氏、郭氏、宇文氏，广

---

① 参见（宋）魏了翁《鹤山集》卷70《谯府君春（椿）墓志》、卷76《谯君（仲午）墓志铭》，四部丛刊初编本。

② 参见（宋）李石《方舟集》卷15《冯主簿（知微）墓志铭》，文渊阁《四库全书》影印本。

③ 参见（宋）冯时行《稽古堂记》，载傅增湘辑《宋代蜀文辑存》卷46，第601页。

④ （宋）吕陶：《净德集》卷26《陇西李君（平）墓志铭》、卷25《著作佐郎李府君（逢）墓志铭》，武英殿聚珍版丛书本。

⑤ （宋）晁公遡：《嵩山集》卷49，文渊阁《四库全书》影印本。

都郭氏,眉州眉山石氏、孙氏、程氏,丹棱史氏、李氏、青神杨氏,彭山师氏,蜀州阎氏,邛州蒲江魏高氏,隆州井研李氏,阆州陈氏,资州赵氏等,有的家族兴盛于一时,有的绵延数世。①

藏书与学术之关系亦密不可分。前述四川藏书家大都钻研学术,多有著述。前文对此已略有提及,兹再撮要加以论之。宋代四川的学术以文史最著称,宋代四川的诸多大师和名学者,同时也是著名藏书家。

文学方面,首推位列唐宋八大家的三苏父子。眉州本为藏书鼎盛之区,眉山苏氏至苏洵,亦积累起不少书籍。苏辙撰《藏书室记》云:"予幼师事先君,听其言,观其行事。今老矣,犹志其一二。先君平居不治生业,有田一廛,无衣食之忧。有书数千卷,手缉而校之,以遗子孙曰:'读是内以治身,外以治人,足矣。此孔氏之遗法也。'先君之遗言,今犹在耳,其遗书在棱,将复以遗诸子,有能受而行之,吾世其庶矣乎。"②苏氏家学传承绵延不绝,贯穿两宋,家族治学的人多,故入《宋元学案》者五世多达十七人。③

眉州彭山师民瞻自幼嗜学,至老不倦。登政和八年(1118)进士第,为官四十年,不置田产,自成都罢官,以俸余买书数千卷以归。师民瞻撰《杜苏诗注》,魏了翁幼时读此书,自称"于师氏注释明辩闳博,心窃好之"④。

资州赵逵(1117—1157年)平生无他好,独喜收聚古书,考历代治乱兴衰之迹,而榷其至要。为文根据,亦以古为归。赵逵中绍兴二十一年(1151)进士第一,高宗谓赵逵文章似苏轼,有小东坡之称。有《栖云集》30卷(佚)。⑤今存《赵逵文粹》。

前述富有藏书传统的宇文氏家族,宇文虚中与其兄粹中"俱以文学

---

① 参见邹重华《士族与学术——宋代四川学术文化发达原因探讨》第三章,博士学位论文,香港中文大学,1997 年。

② (宋)苏辙:《栾城集》三集卷 10,四部丛刊初编本。

③ 参见邹重华《士族与学术——宋代四川学术文化发达原因探讨》第三章第一节,博士学位论文,香港中文大学,1997 年。

④ (宋)魏了翁:《鹤山集》卷 87《师君(民瞻)墓志铭》,四部丛刊初编本。

⑤ 参见(宋)周麟之《海陵集》卷 23《中书赵舍人(逵)墓志铭》,文渊阁《四库全书》影印本;(元)脱脱等《宋史》卷 381《赵逵传》,第 11751 页。

论议被遇固陵（徽宗），极翰墨之选，烨然一时"①。虚中后使金而留金廷，金人号为"国师"。② 宇文绍奕著有《临邛志》20 卷、《补遗》10 卷，以及《原隶》《石林燕语考异》10 卷等。

眉州丹棱藏书家孙道夫以文才知名，宋高宗谕宰相曰："自渡江以来，文气未有如道夫者，涵养一二年，当命为词臣。"③ 今《宋代蜀文辑存》卷 64 收有其文八篇。

史学方面，李焘、李心传为宋代最著名的史学家之一，各以《续资治通鉴长编》《建炎以来系年要录》闻名于世，人称"二李"。眉州丹棱李焘（1115—1184 年）藏书数万卷，所至求奥篇隐佚，传录雠校，虽阴阳卜说，亦无遗者。④ 周密在《齐东野语》卷 12《书籍之厄》中云："至如秀嵒、东窗、凤山三李，高氏、牟氏，皆蜀人，号为史家，所藏僻书尤多。"秀嵒（岩）为隆州井研李心传之号，东窗为心传弟李道传之号，凤山为道传弟李性传之号⑤，高氏当指邛州蒲江高斯得，藏书家魏了翁侄子，牟氏指隆州井研牟子才。三李为史学世家，李心传奉诏在成都修《四朝会要》，牟子才与高斯得均被聘为李心传的助手。⑥据周密所言，他们亦都为藏书家。高斯得有《易说》《书解》《诗肤说》《仪礼合抄》《徽宗长编》《高宗系年要录纲目》《孝宗系年要录》《宁宗纪》《增损刊正杜佑通典》《耻堂存稿》等经史著作多种；牟子才有《存斋集》《四朝史稿》《故事》《四尚易编》《春秋轮辐》等经史著作。高、牟都是南宋著名蜀籍学者。

---

① （宋）张栻：《南轩集》卷 41《宇文史君（师献）墓表》，文渊阁《四库全书》影印本。

② （元）脱脱等：《宋史》卷 371《宇文虚中传》，第 11528 页。

③ （元）脱脱等：《宋史》卷 382《孙道夫传》，第 11766 页。

④ 参见（宋）周必大《文忠集》卷 66《敷文阁学士李文简公（焘）神道碑》，文渊阁《四库全书》影印本。

⑤ （宋）牟巘：《牟氏陵阳集》（文渊阁《四库全书》影印本）卷 14《赠甥李松坡天瑞序》云："［李舜臣］是生三子，秀岩（李心传）布衣，召对赐第，专领四朝史事，至工部侍郎，著述甚多。东窗（道传）、凤山（性传）皆登世科。"

⑥ 分见（元）脱脱等《宋史》卷 411《牟子才传》，第 12355 页；卷 409《高斯得传》，第 12322 页。潘美月《宋代藏书家考》引周密此段话后云："南宋藏书家有……李心传、李奕、东窗李氏、高氏、牟氏（以上三人未详其名）、周密凡十七人。"（第 5 页）李奕与李性传皆号凤山，但李奕为江南东路安仁人，而周密明言所指乃蜀人，且为李氏三兄弟并列，故凤山指李性传无疑。

　　阆州蒲宗孟被神宗称为有史才，命同修两朝国史。著有《省曹寺监事目格子》、《八路敕》、《蒲左丞集》、《清风集》、奏议、《蒲宗孟文粹》及编辑《曾公亮勋德集》等。①

　　经学方面，成都毋氏入蜀祖、后蜀宰相毋昭裔博学有才名，酷好古文，精经术，著有《尔雅音略》3 卷。② 子守素入宋后在开宝（968—975年）初做过国子监祭酒。③ 毋氏后人毋廷瑞（1219—1270 年）生于成都，"年十二记六经，已能通大义，作赋早有声，《春秋》程文冠一郡"。经乡三贡，始登开庆元年（1259）进士第。曾分教黄州，兼领雪堂、河南两书院。廷瑞的曾祖及祖父均为进士，其父自诚为太学上舍生。毋廷瑞三子遇辰、逢辰、应辰，亦有中进士者。毋廷瑞亦精经术，有乃祖遗风。宋末名学者谢枋得（1226—1289 年）与毋廷瑞次子逢辰为挚友，应逢辰之请为其父撰铭，已在宋亡以后，称其三子"皆以奇才实学为达官当方面者所知"④。毋氏家学历两宋而连绵不断，其科宦亦如之。

　　蜀州阎太古"刻意于学，醓嗜典册，颠到熟烂，尤喜《左氏春秋》，最为学者左右采获，持去精义，以下其他师"。阎太古之子阎颙亦为名学者，"西南士人宗师之"。⑤ 彭州赵樗年尤长于《春秋》，其说破凡例传注，以尊圣人之经。又精于古律诗，多奇语，至其他文，皆有法，有《赵樗年集》。其子赵恕以《春秋》世传其学。赵樗年与另一藏书家李石为文字之友。⑥

　　资州李石（1108—? 年）为南宋著名经学家和博物学家，曾任太学

---

① 参见（元）脱脱等《宋史》卷 328《蒲宗孟传》，第 10571 页；许肇鼎《宋代蜀人著作存佚录》，第 199—200 页。

② 参见（元）脱脱等《宋史》卷 479《毋守素传》，第 13893 页；（清）吴任臣撰，徐敏霞、周莹点校《十国春秋》卷 52《毋昭裔传》，第 768 页。许肇鼎《宋代蜀人著作存佚录》未收毋昭裔。

③ 参见（元）脱脱等《宋史》卷 479《毋守素传》，第 13893 页。

④（宋）谢枋得：《叠山集》卷 8《平山先生毋制机（廷瑞）墓铭》，四部丛刊续编本。（元）脱脱等《宋史》卷 479《毋守素传》记："（毋守素）蜀亡入朝，授工部侍郎，籍其本蜀中庄产茶园以献，诏赐钱三百万以充其直，仍赐第于京城。"（第 13893 页）但毋氏仍有留居于蜀者，《平山先生毋制机（廷瑞）墓铭》记毋廷瑞即生于成都。

⑤（宋）文同：《丹渊集》卷 36《屯田郎中阎君（颙）墓志铭》，四部丛刊初编本。

⑥ 参见（宋）李石《方舟集》卷 16《忠州文学赵君（樗年）墓志铭》，文渊阁《四库全书》影印本。

博士，执政荐其文似黄庭坚，而秀润过之。高宗曰："朕知之，是读书至夜分者。"① 李石藏书亦富，《蜀中广记》云："李知几（石）主石室，四方从学之士如云，其题名者至三千人。他日送其侄浩成都学官诗云：'我集四库书，琬琰藏洛河；此外有石经，参酌正舛讹。'亦可见当日收藏之盛也。"② 李石《自叙》中亦称"筑书台，作方屋，为方舟"。李石自幼至老，"不一日不读书，病患寒暑不易，或稍废，日补之"。故高宗亦闻其勤学之名。③ 著有《方舟易学》《诗补遗》《左氏卦例》《方舟经学》《世系手记》《乐善录》《司牧安骥集》《方舟集》《方舟后集》《韩柳文评论》《续博物志》等，大多存世。李石曾主持成都府学"石室"，门生遍及四川内外，是南宋前期四川士人学术交游圈的核心人物，由他的门生弟子及学侣形成的学术群体，可名之曰《方舟学案》。④

青神杜莘老（1107—1164 年）"好学，虽老不厌，俸禄悉以买书，所畜几万卷"⑤。杜莘老有《论语集解》《显仁礼仪》《杜起莘文集》。南宋著名学者刘光祖撰《杜起莘文集序》云："公学术之正，文辞之典，气节之刚，与王公龟龄（十朋）大略相似。……今年又得公经论千余篇，信乎公之学得于孟子者欤。"⑥

眉州青神杨氏藏书数万卷，杨虞仲被安丙称为"蜀中名儒"，其子杨泰之（1169—1230 年）将家中藏书"手自校雠，年十二三后，卧不设榻者几十岁，读书必及诸实践"。杨泰之著述极丰，计有《克斋集》100卷、《论语解》30 卷、《老子解》2 卷、《杂著》5 卷，类书有《春秋列国事目》15 卷、《公羊谷梁类》5 卷、《易类》5 卷、《诗类》3 卷、《诗名物编》10 卷、《论孟类》7 卷、《东汉三国志南北史唐五代类》74 卷、

---

① （宋）李石：《方舟集》卷 16《忠州文学赵君（樗年）墓志铭》，卷 10《自叙》，文渊阁《四库全书》影印本。

② （明）曹学佺：《蜀中广记》卷 99，第 599 页。

③ （宋）李石：《方舟集》卷 10《自叙》，文渊阁《四库全书》影印本。

④ 参见邹重华《士人学术交游圈：一个学术史研究的另类视角（以宋代四川为例）》，（香港中文大学）《中国文化研究所学报》2000 年新第 9 期。《宋元学案》未收李石。

⑤ （宋）查篇：《杜御史莘老行状》，载（宋）杜大珪编《名臣碑传琬琰之集》中卷 54，文渊阁《四库全书》影印本。杜莘老未入仕以前，因宕渠守石翼以师礼延致，乃自眉徙居恭之江津。莘老入朝，不以家同行，卒后归葬江津。

⑥ （宋）刘光祖：《杜起莘文集序》，载傅增湘辑《宋代蜀文辑存》卷 70，第 894 页。

《历代通鉴及本朝长编类》25 卷、《东汉名物编》3 卷、《诗事类》8 卷，集诸儒易解为《大易要言》20 卷，"皆手自编缀也"。① 杨泰之所以能完成如此之多的著作，显然得益于家中丰富的藏书。

成都华阳人句中正（929—1002 年）喜藏书，家无余财。句中正为宋初名学者，精于字学，宋太宗素闻其名，召入，授著作佐郎、直史馆，改著作郎。与徐铉重校定《说文》，模印颁行。太宗览之嘉赏，因问中正："凡有声无字有几何？"中正退，条为一卷以献。太宗曰："朕亦得二十一字，可并录之也。"宋太宗略通字学，故对句中正礼待有加。中正又奉太宗之命，与徐铉、杨文举同撰定《雍熙广韵》，凡 100 卷。②

邛州蒲江魏了翁为晚宋著名理学家，与真德秀齐名，《宋元学案》为其立有《鹤山学案》。魏了翁亦为藏书家，其藏书量冠绝一时。宁宗开禧二年（1206）秋，了翁请郡西还，于嘉定三年（1210）在其家乡邛州蒲江建成鹤山书院。他在《书鹤山书院始末》中谈及书院之藏书云："堂之后为阁，家故有书，某又得秘书之副而传录焉。与访寻于公私所板行者，凡得十万卷，以附益而尊阁之。"③这表明魏了翁之私人藏书是极丰富的，了翁虽任官中朝内外，藏书仍留在故乡。而鹤山书院积书至十万卷，确实不简单。故近人班书阁在考订宋代书院藏书情况以后叹曰：

> 四大书院（白鹿、岳麓、应天、嵩阳）者，虽知其在宋已皆藏书矣，然未知究皆藏书若干卷。就以上所举，其时书院之藏书最多者，度已莫过于鹤山。了翁曰："凡得十万卷"，以之较《文献通考·经籍考》（一百七十四）所云之"古书自唐以后甲乙丙丁，分为经史子集四类；承平时三馆所藏，不满十万卷，《崇文总目》所载是也"，实已过之而有余。是国家之藏书，尚不若鹤山之富，其它各书院，岂易与之比拟哉。④

① （宋）魏了翁：《鹤山集》卷 81《大理少卿直宝谟阁杨公（泰之）墓志铭》，四部丛刊初编本。

② 参见（元）脱脱等《宋史》卷 441《句中正传》，第 13049—13050 页。

③ （宋）魏了翁：《鹤山集》卷 41《书鹤山书院始末》，四部丛刊初编本。

④ 班书阁：《书院藏书考》，《国立北平图书馆馆刊》第 5 卷第 3 号，1931 年 5—6 月。

鹤山书院乃私人所建，其藏书虽得到公家支持，但仍属民间藏书性质。

蜀中私人藏书不仅有利于藏书者之教育和学术事业，有的亦广泛惠及他人，藏书家往往让他人共享其利。

文同为成都郭友直所撰墓志铭云："两蜀士大夫与四方从宦于西南者，于伯龙（郭友直字）无有不识。非伯龙之求之也，而其人自以为苟不识伯龙，则为徒至于此矣。盖伯龙善与人交，又喜藏书，至万余卷，誊写校对，尽为佳本。伯龙无不读，人问之者，伯龙无不知，所以人多与之游，伯龙亦未尝辄厌见其人。所以善誉闻于天下将五十年。"① 郭友直广与人交，乐于为人解答疑难，实际上是与人共享其藏书之利。彭州人穆深之亦广交四方名辈，人知其为儒者。②

《宋史·彭乘传》云："蜀中所传书，多出于乘。"北宋著名蜀籍史学家范祖禹曾借阅过阆州新井蒲氏藏书楼"清风阁"的藏书。

宇文绍奕知资州时称："尝见前汉文字之奥，篆隶之工，镂金石而传后世，尚有可考。乃其在中原者，沦于夷狄，后生不可复见。吾家故所贮，吾幸得之，不欲擅而有也。盍传之是邦，以为学士大夫共之。"于是摹刻汉石经及他碑凡五十四卷，覆以石柱大厦，名其堂曰"博雅"。③ 博雅堂实则起着公共图书馆的作用。

宋代四川的民间藏书家中，有不少典籍宏富的藏书楼，如前面提到的眉州丹棱史大年的五经楼、嘉州犍为王氏书楼和阆州新井蒲氏的清风阁。其中有一些藏书楼，更是起到教化乡人的作用。

宋初，眉山石昌龄以"蜀人去五代乱，俗未向儒"，即其居构层台以储书，以经术教子弟，里人化之，弦诵日闻，号曰"书台石家"。④ 眉山

---

① （宋）文同：《丹渊集》卷39《龙州助教郭君（友直）墓志铭》，文渊阁《四库全书》影印本。

② 参见（宋）李石《方舟集》卷16《穆承奉（深之）墓志铭》，文渊阁《四库全书》影印本。

③ （宋）张震：《博雅堂记》，载嘉庆《四川通志》卷60《舆地·金石》，清嘉庆二十一年（1816）木刻本。

④ （宋）吕陶：《净德集》卷22《石公（洵直）墓志铭》，武英殿聚珍版丛书本。另刘鼎《王夫人墓志铭》称为"书台石氏"，见傅增湘辑《宋代蜀文辑存》卷100，第1257页。

石氏之石扬休亦喜聚古图书。①

荣州荣德杨处士，为虞部郎中杨见素之子，筑室百楹，裒辑古今书史万卷，引内外良子弟数十人，召耆儒之有名业者教之。其子约登皇祐五年（1053）进士。②

民间藏书楼最著名者，当数眉山孙氏藏书楼。孙氏本居富春，孙朴徙籍于长安，唐宣宗大中五年（851）任剑南西川节度使府掌书记，其子长儒摄彭山县令，秩满罢官，乃家于眉山。于是"大治居处，又构重楼以贮书，日延四方豪彦讲学其间。于时蜀人号为'书楼孙家'"。光启元年（885），唐僖宗曾御武德殿，书"书楼"二字赐予孙氏。③

历五代丧乱，孙氏已四世不仕，至孙抃始脱农事，而读其家藏书，中宋仁宗天圣八年（1030）进士甲科。孙抃官至参知政事，卒后，其子"遵奉遗诫，卜葬开封，不复西还"④。子孙遂为郑州管城人。⑤

然而孙氏为眉山著姓大族，孙氏书楼在宋代一直延续下来。前后蜀时，孙氏书楼毁于灾。长儒五世孙降衷于后周时游河洛，与赵匡胤相识。赵匡胤做皇帝后，于建隆（960—963年）初特授孙降衷为眉州别驾，降衷于是购书万卷还眉山。孙降衷之孙，孙抃从兄孙辟又入京城收购图书，捆载而归，并于其居所复建重楼以藏之，时在仁宗天圣初。"比岁，楼又毁于灾，书仅有存者。"南宋时，孙辟六世孙再建书楼，其规模较旧楼更大。且觉藏书不广，乃赴都城杭州，"传抄贸易，以补阙遗"⑥。藏书家历代有之，宋代更盛，但能持之久远者却罕。故魏了翁在应孙氏之请而写的《眉山孙氏书楼记》中慨叹道：

---

① 参见（宋）范镇《石工部扬休墓志铭》，载傅增湘辑《宋代蜀文辑存》卷10，第156页。

② 参见（宋）文同《丹渊集》卷38《荣州杨处士墓志铭》，四部丛刊初编本。

③ 参见（宋）苏颂著，王同策、管成学、颜中其等点校《苏魏公文集》卷63《孙公（抃）行状》、卷55《孙公（抃）墓志铭》，中华书局1988年版，第962—974、836—840页。（宋）魏了翁《鹤山集》卷41《眉山孙氏书楼记》称"楼建于唐之开成"，开成（836—840）为唐文宗年号，显然有误。

④ （宋）苏颂：《苏魏公文集》卷55《孙公（抃）墓志铭》，第836—840页。

⑤ 参见（宋）周必大《文忠集》卷29《孙公昭远行状》，文渊阁《四库全书》影印本。

⑥ （宋）魏了翁：《鹤山集》卷41《眉山孙氏书楼记》，四部丛刊初编本。

　　昔人藏书之盛，鲜有久而弗厄者。梁隋之盛，或坏于火，或覆于砥柱。唐太、元（玄）、文、昭之盛，或毁于盗，或散于迁徙。本朝之初，如江元叔（正）所藏，合江南及吴越之书，凡数万卷。而子孙不能有之，为臧仆盗去，与市人裂之以藉物者，不可胜数。余尝偶过安陆，亦得其吴越省中所藏《晋史》，则佚于它人者可知。安陆张氏得江书最多，其贫也，一箧之富，仅供一炊。王文康（溥）初相周世宗，多得唐旧书，李文正（昉）所藏亦为一时之冠，而子孙皆不克守也。宋宣献（绶）兼有毕文简（士安）、杨文庄（徽之）二家之书，可敌中秘之藏，而元符（1098—1100 年）中荡为烟埃。晁文元（迥）累世之蓄，校雠是正，视诸家为精。自中原无事时，已有火厄。至政和甲午（1114）之灾，尺素不存。刘壮舆（羲仲）家于庐山之阳，所储亦博，今其子孙无闻焉。南阳井氏之书凡五十箧，则尽归诸晁氏。呜呼！斯非天地神人之所靳者与？而孙氏之传，独能于三百年间，屡绝而复兴，则斯不亦可尚矣夫。①

　　孙抃登仁宗天圣八年（1030）进士第，就是"读其家书，以举进士"的。②"自文懿（孙抃谥号）以来，进士鼎甲者凡三人，而与宾荐取科第登显官者又不知其几。"③　其实，书楼不仅使孙氏受益，也推动了地方文化教育的发展。孙长儒于唐代始建书楼，即"日延四方豪彦讲学其间"④。宋仁宗天圣初孙辟复建书楼，"又尝除塾为师徒讲肄之所，号'山学'。于是士负笈景从，而书楼山学之名闻于时矣"⑤。孙辟请成都何维翰主持教务，召聚四方学生，制有"公养之法"；当时有名望的范镇、石扬休、蒲师孟诸人，都在这里任过教。⑥　何维翰疑即成都著名的私学教师任维

---

　　① （宋）魏了翁：《鹤山集》卷 41《眉山孙氏书楼记》，四部丛刊初编本。（宋）周密在《齐东野语》卷 12《书籍之厄》中，亦提到诸多宋代名家藏书遭受焚毁散佚之厄运。比较之下，更可凸显眉山孙氏书楼之价值。

　　② （宋）苏颂：《苏魏公文集》卷 55《孙公（抃）墓志铭》，第 840 页。

　　③ （宋）魏了翁：《鹤山集》卷 41《眉山孙氏书楼记》，四部丛刊初编本。

　　④ （宋）苏颂：《苏魏公文集》卷 63《孙公（抃）行状》，第 962 页。

　　⑤ （宋）魏了翁：《鹤山集》卷 41《眉山孙氏书楼记》，四部丛刊初编本。

　　⑥ 吴天墀：《宋代四川藏书考述》，《四川文物》1984 年第 3 期。

翰，成都名学者蒲远猷、章詧曾从其学。① 石扬休（995—1057 年）出自著名的眉山"书台石家"，本身亦喜聚书，前已述及。扬休于景祐间中进士甲科，与范镇同科，有著作多种。蒲师孟亦是著名藏书家，前已述及。南宋晚期孙氏再修复书楼，除增广藏书外，并"竭其余力，复兴山学"②。

由此可见，孙氏书楼并非一个单纯的私人图书馆，它同时也是一个私学教育机构，自建楼之始，便发挥着传播学问的作用。宋代眉州文物鼎盛，人才辈出，当有孙氏书楼的一份功劳。眉山石氏书台、荣州荣德杨氏书屋，亦有私学教育机构之功能。③

四 余论

史学家吴晗曰："自板刻兴而私人藏书乃盛，其中风流儒雅，代有闻人，宿史枕经，笃成绝学。甚或连楹充栋，富夸琳琅，部次卷标，搜穷二西，导源溯流，蔚成目录之学。其有裨于时代文化，乡邦征献，士夫学者之博古笃学者至大且钜。"④ 据上述宋代四川民间藏书的情况，可知吴氏之言不谬。一地之私人藏书兴盛与否，与地方文化之发展关系极大。

兹将前述宋代四川藏书家情况制成一览表，以作进一步的分析：

---

① 参见（宋）蒲远猷《自撰墓志》，载傅增湘辑《宋代蜀文辑存》卷 17，第 256 页；（宋）黄庭坚《豫章黄先生文集》卷 24《蒲仲舆（远猷）墓碣》，四部丛刊初编本；（宋）吕陶《净德集》卷 28《冲退处士章詧行状》，武英殿聚珍版丛书本。嘉庆《四川通志》卷 144《人物·何维翰传》记："何维翰，字叔良，成都人。南省不第，遂不复应举，居乡里，以教导为事。薛简肃奎荐其文行，赐粟帛。韩魏公琦安抚剑南，时蜀大旱，维翰募民间，得米千斛以助赈济。琦嘉之，荐授四门助教，辟府学说书。"薛奎于仁宗天圣四年至六年（1026—1028）知益州，其时任维翰的学生蒲远猷为 16 岁至 18 岁。何维翰很可能就是任维翰，"何"乃"任"之笔误。

② （宋）魏了翁：《鹤山集》卷 41《眉山孙氏书楼记》，四部丛刊初编本。

③ 参见周少川《藏书与文化》一书所附"藏书楼号一览表"中，宋代四川的民间藏书楼无一收入。黄建国、高跃新主编的《中国古代藏书楼研究》会议文集中，无人提及宋代四川的藏书楼。任继愈主编的三卷本《中国藏书楼》（辽宁人民出版社 2001 年版）中"宋代著名私人藏书楼"一节，也未提到宋代四川的藏书楼（第 794—826 页）。傅璇琮、谢灼华主编的两卷本《中国藏书通史》（宁波出版社 2001 年版），仅提到眉山孙氏书楼和阆中蒲氏清风阁书楼（分见该书第 361、364 页）。

④ 吴晗：《两浙藏书家史略》"序言"，该文原刊《清华周刊》第 9、10 两期文史专号（1932 年），署名辰伯，现收入吴晗《江浙藏书家史略》，中华书局 1981 年版。

表1 宋代四川藏书家情况一览表

序号	姓名	年代	居住地	藏书情况	学术情况	科宦情况	是否移民
1	毋昭裔	五代入宋	成都	性好藏书	精经学	后蜀宰相	是
2	句中正	五代入宋（929—1002 年）	成都华阳	喜藏书无余财	精字学	孟蜀进士	是
3	彭乘	北宋（985—1049 年）	成都新繁	万余卷	史学 校雠	进士	是
4	杜鼎升	北宋前期	成都	？	校雠	不仕	是
5	李定	北宋前期	成都郫县	献书朝廷	？	？	
6	郭友直	北宋（1008—1071 年）	成都	万余卷	文史 乐学	赐进士	是
7	郭绎	北宋中期	成都	唯好书无他嗜	经学 校雠	子登上舍第	是
8	杨汇	北宋中后期	成都	万卷	典章谱牒	不仕	
9	郭叔谊	南宋（1155—1233 年）	成都广都	万卷	文史 理学	进士	是
10	宇文虚中	北南宋（1079—1146 年）	成都	藏书世家	文学	进士 执政	是
11	宇文时中	北南宋	成都	献书朝廷	？	官至龙图阁	是
12	宇文师申	南宋（1111—1162 年）	成都	治室庐陈图书	？	以荫入仕	是
13	宇文绍奕	南宋	成都	万余卷	史学	入仕	是
14	书楼孙氏	唐末至南宋	眉州眉山	上万卷	经学	登第者多	是
15	书台石家	两宋	眉州眉山	建有藏书楼	？	登第者多	是
16	程氏	两宋	眉州眉山	筑阁聚四库书	？	登第者多	是
17	苏洵	北宋（1009—1066 年）	眉州眉山	数千卷	文学	二子登第	是
18	史大年	北宋（1026—1090 年）	眉州丹棱	五经楼 万卷	？	科举不第	是
19	史九龄	北宋（1043—1117 年）	眉州丹棱	嗜书多所藏	？	不仕	是
20	孙道夫	南宋（1095—1160 年）	眉州丹棱	蓄书 30 年	文学	荐举入仕	
21	李焘	南宋（1115—1164 年）	眉州丹棱	数万卷	史学名家	进士	是
22	杨泰之	南宋（1169—1230 年）	眉州青神	数万卷	经学家	进士	是
23	杜莘老	北南宋（1107—1164 年）	眉州青神	所蓄几万卷	经学	进士	是
24	师民瞻	北南宋	眉州彭山	数千卷	文学	进士	
25	阎太古	北宋	蜀州晋原	轻财重书	经学	子登进士第	是
26	李平	北宋	蜀州	唯聚书教子	？	子登进士第	
27	赵荐	北宋（1034—1081 年）	邛州依政	俸禄多购书画	喜赋诗	入仕	
28	章寅臣	南宋（1156—1225 年）	邛州蒲江	嗜储书	经史	不仕	
29	魏了翁	南宋（1178—1237 年）	邛州蒲江	数万卷	理学名家	进士 执政	

序号	姓名	年代	居住地	藏书情况	学术情况	科宦情况	是否移民
30	高斯得	南宋晚期	邛州蒲江	所藏僻书尤多	文史	进士 执政	
31	谯 氏	南宋	邛州蒲江	嗜书 多所储	经史	进士	
32	章得茂	南宋中期	汉州绵竹	近思堂数千卷	经学	吏部尚书	
33	刘讽	北宋中期	简州	喜藏书而知名	？	进士	是
34	李心传	南宋（1167—1244 年）	隆州井研	所藏僻书尤多	史学名家	赐进士	
35	李道传	南宋（1170—1217 年）	隆州井研	同上	史学 理学	进士	
36	李性传	南宋	隆州井研	同上	史学 理学	进士	
37	牟子才	南宋	隆州井研	同上	史学 理学	进士	
38	田锡之父	北宋	嘉州洪雅	数千卷	术数	子登进士第	是
39	王 氏	北宋	嘉州犍为	万卷	？	？	
40	何 中	北宋	永康军	以聚书为能	喜赋诗	孙登进士第	是
41	穆深之	北南宋（1106—1174 年）	彭州	万卷	理学	累举不第	
42	赵樗年	北南宋（1106—1160 年）	彭州	千卷	经学 文学	累举不第	
43	李仲侯	南宋（1063—1141 年）	绵州	万卷	文学	科举不第	
44	杨 恕	北宋（1037—1097 年）	普州安岳	？	经学	？	
45	刘仪凤	南宋（1110—1175 年）	普州	万余卷	工于诗	进士	
46	冯知微	南宋	普州	万卷	？	科举不第	是
47	李 石	南宋（1108—？ 年）	资州	筑书台富藏书	经学 博物	进士	是
48	赵 逵	南宋（1117—1157 年）	资州	喜收聚古书	文学	进士第一	是
49	李处和	南宋	资州	储书教子	？	科举不第	
50	冯玠	北宋（1035—1070 年）	遂州遂宁	喜储书	？	未及第而卒	是
51	苏振文	南宋（？ —1233 年）	遂州遂宁	数万卷	经学 史学	不仕	是
52	杨处士	北宋	荣州荣德	藏书万卷	博学 工诗	子登进士第	
53	程 贲	北宋	泸州	藏书50余年	经学 校雠	不仕	
54	蒲 氏	北宋	阆州新政	清风阁书楼	有史才	进士	
55	陈汉卿	北宋（1009—1070 年）	阆州阆中	每倾资购书	喜为歌诗	以荫入仕	是
56	张献忠	北南宋（1106—1157 年）	恭州	聚诗书教子	？	子应进士举	

关于此表，有几点需要说明。（一）年代栏之"北南宋"，指生活于两宋之际者。（二）五代入宋的孙光宪虽为蜀人，但寓居他地，其藏书不

在四川，故未列入表中。表中所列藏书家，亦可能因任官出蜀而藏书随之，但其藏书在入仕前后曾置于其故家，则是可以肯定的。（三）四位宇文氏，李心传三兄弟（道传、性传）及魏了翁、高斯得叔侄同族，可视为类似眉山孙氏、石氏那样的藏书世家。（四）魏了翁之藏书量是以鹤山书院所藏十万卷估算，因书院藏书是以魏氏家藏为主的。（五）井度与晁公武虽非蜀人，但其长期寓居四川，所藏书又多得之于当地，包括沈立、陆游，他们与四川有关的聚书行为，虽未列入上表，但仍应视为宋代四川藏书情况的一部分，一并加以考察。（六）杜鼎升事迹见《茅亭客话》卷 10《杜鼎升》。（七）杨天惠《乐善郭先生诔》记："（郭绛祖先）其迁徙入蜀，初莫详也，今为成都人。"① 郭氏是否唐五代迁入蜀者，不能确定。（八）宋代学术鼎盛，印书业发达，文人学者大多藏书不菲，但能留下记录的却不多，故上表所列，只是宋代四川藏书家的一部分，而且还限于笔者所涉猎。② 尽管如此，我们仍可据此概见宋代四川藏书之情况，及与地方文化发展之关系。

表 1 所列宋代四川藏书家中，唐五代迁蜀的家族有 30 人（氏，下同，郭绛除外），超过总数一半。这可以印证前引陈乐素的推论："自经安、史、黄巢之乱，长安文化移植于蜀，爰及五代，遂呈异彩。……人既移于蜀，物亦必随之，有唐之书，入于蜀府者恐不鲜。"

居于成都府路的有 43 人，约占总数的 77%。其中成都和眉州两地的又有 23 人。成都府和眉州是四川刻书业最发达的地区③，民间藏书也以这两地为盛。北宋人刘锡《至道圣德颂》称成都是："犬子、扬雄之故

---

① （宋）杨天惠：《乐善郭先生诔》，载傅增湘辑《宋代蜀文辑存》卷 26，第 370—371 页。

② 近十几年有数人对宋代藏书家史料予以补录，计有方建新《宋代私家藏书补录》（《文献》1988 年第 1—2 期），刘汉忠《宋代私家藏书拾遗》（《四川图书馆学报》1989 年第 3 期），《宋代私家藏书拾遗补》（《四川图书馆学报》1990 年第 4 期），林平《宋代私人藏书补遗》（《四川图书馆学报》1990 年第 1 期），范凤书《宋代私家藏书再补遗》（《四川图书馆学报》1992 年第 2 期）等文。范文中提到的文同、杨椿、李攸等蜀籍藏书家，因史籍记载不详，故本文未列入。

③ 参见张秀民《南宋（1127—1279）刻书地域考》，《图书馆》（北京图书馆编辑）1961 年第 3 期；刘少泉《唐宋蜀刻版本述略》，《四川大学学报》（哲学社会科学版）1989 年第 4 期。

宋代民间藏书与地方文化发展之关系:以四川地区为例

里，文翁石室以犹存，所以时有才名，好藏文籍。"① 南宋蜀籍著名学者刘光祖为眉山成叔阳所编《唐三百家文粹》作序云："往时有《唐文粹》百卷，姚铉之所铨纂，已倍于古，今眉山成君乃增益之至三百家，为四百卷。呜呼，何其多也！……眉士（山）乡多藏书，叔阳所以尽力乎其间，岂徒然哉？"② 以上所引当时的文字，已称誉成都和眉山地区藏书风气很盛，并认为两地出人才、学风鼎盛，均与藏书多有关。

宋代蜀籍藏书家的年代跨度，从唐末至南宋末年，计有五代入宋 2 人，纵贯两宋 3 家，北宋 22 人，两宋之际 7 人，南宋 22 人。由此可见，南宋四川不仅藏书家未减少，藏书规模还更大，不仅鹤山书院之"十万卷"无与伦比，著名的眉山孙氏书楼在南宋重建时，其规模亦较旧楼更大，藏书更丰。

上述藏书家中，除成都杜鼎升、李定，嘉州犍为王氏，彭州穆深之、普州安岳杨恕，泸州程贲六家情况不明，杨汇一家无仕宦记录外，或本人中进士，或家族成员有登第者，长期保有藏书的眉山孙氏、石氏、程氏和成都宇文氏，其家族更是科宦不断。这些藏书家，大多学有专长，有的甚至是能代表宋代学术水平的大学者，如眉州眉山三苏、眉州丹棱李焘、隆州井研李心传、邛州蒲江魏了翁等。而成都、眉州两地藏书之盛，与两地人才之兴适成正比。

袁同礼先生撰《宋代私家藏书概略》一文云："印书之地，以蜀、赣、越、闽为最盛，而宋代私家藏书，亦不出此四中心点之外。印售之书既伙，藏之者亦因之而众。北宋藏书家多在四川、江西，南宋藏书家多在浙江、福建，此其大较也。"③ 袁氏肯定四川为宋代印书和藏书的四个中心之一，但袁氏在文中却未提及一位蜀籍藏书家。其所云北南宋藏书家之分布，至少就四川而言，并不准确。徐雁在《中国历史藏书论著读本》之代序"全面展开中国历史藏书的研究"中，亦采用了袁氏关于

---

① （宋）刘锡：《至道圣德颂》，载（明）杨慎编，刘琳、王晓波点校《全蜀艺文志》卷 45，线装书局 2003 年版，第 1369 页。

② （明）曹学佺：《蜀中广记》卷 100 "唐三百家文粹四百卷"条，文渊阁《四库全书》影印本。成叔阳亦可能藏书不菲。另（宋）马端临《文献通考》卷 248《经籍考》记"后村刘氏序"。"后村"为闽籍学者刘克庄之号，疑误。刘光祖号"后溪"。

③ 袁同礼：《宋代私家藏书概略》，《图书馆学季刊》第 2 卷第 2 期，1928 年 3 月。

· 179 ·

藏书家分布之说法。① 前述井度、晁公武在四川搜藏书籍及陆游购买大量蜀版书籍归乡的情况，即可说明南宋四川书籍印行之盛。实际上，南宋四川藏书较北宋更盛。又杨远在《西汉至北宋中国经济文化之向南发展》一书中，虽然谈到四川为宋代雕印书籍的中心之一，但他以柳诒徵《中国文化史》为基础，增补制作之"两宋民间藏书家简表"，竟无一位蜀籍藏书家。② 任继愈主编的《中国藏书楼》中所列"显著而重要"的宋代私人藏书家，四川仅有刘仪凤一人。③ 周少川《藏书与文化》一书中关于宋代私家藏书部分，亦极少提及四川藏书家。很显然，学者们对宋代四川藏书兴盛的情况不甚了了。④

潘美月在《宋代藏书家考》中统计，宋代四川藏书家仅有 7 人氏，即孙光宪、眉山孙氏、杜鼎升、宇文季蒙（时中）、宇文虚中、刘仪凤、李心传。在潘氏所列十三个地区中，四川少于浙江（31）、江苏（18）、江西（15）、河南（13）、福建（12），而与安徽（7）并列第六。潘氏云："藏书家地区之分布，略可窥见各地文化盛衰之消息。"⑤ 其言不假，而浙江、江苏、江西、河南、福建亦确为宋代学术发达地区，但如果根据潘氏之统计，则四川就算不上是学术兴盛的地区了，四川虽然排名在上述 5 个地区之后，其 7 人氏之藏书家数，较之浙江的 31 人，就相差太远了。可是，如果加上本文所列、潘氏漏收的藏书家 40 余人，则四川共有 50 余人氏（包括同族者，不算孙光宪），反超出潘氏所收浙江藏书家数而居第一（当然浙江亦可能再寻出一些藏书家来），其中仅写明藏书万卷以上及建有书楼的藏书家庭，宋代四川即有 20 户以上。吴晗在《两浙藏书家史略》中统计两宋浙江藏书家为 33 人，包括父子兄弟同一家者⑥，与潘氏的统计相近。但潘氏统计之四川藏书家数，其误差就太大了。当然，潘氏所统计的其他地区亦可能有不少缺漏。如潘氏所录宋代山东藏

---

① 参见徐雁、王燕均主编《中国历史藏书论著读本》，四川大学出版社 1990 年版。

② 参见杨远《西汉至北宋中国经济文化之向南发展》，台北：商务印书馆 1991 年版，第 670—679 页。

③ 参见任继愈主编《中国藏书楼》，辽宁人民出版社 2001 年版。

④ 参见周少川《藏书与文化》，北京师范大学出版社 1999 年版。

⑤ 潘美月：《宋代藏书家考》，第 26 页。

⑥ 参见吴晗《江浙藏书家史略》，第 4 页。

书家为 5 人，王绍曾、沙嘉孙著《山东藏书家史略》则统计为 21 人，其中包括南宋时居于江南的山东籍人士如周密、辛弃疾及寓居四川的晁公武。① 又潘氏所录宋代江苏藏书家为 18 人，反不及比其早四十余年前吴晗所撰《江苏藏书家史略》中收的 22 人之数。②

考虑到历史文献的散失，以现存文献记录统计整个宋代或某一地有多少藏书家，显然是不恰当的，于其他时代亦然。现存文献记录只能给我们提供一个概貌，各地现存藏书家的数目，并无绝对的可比性。不过，如果连现存文献的把握都诸多阙漏，则得出的研究结论自然会产生更大的偏差。

经过上述考订，则四川与江浙一样，都是宋代藏书最盛的地区之一，当为事实，而这才是与四川在宋代的学术文化地位相称的。唯有厘清宋代四川民间藏书家的情况，我们才能对宋代四川地方文化发达的原因，作出更合理的解释。

（原载香港中文大学《中国文化研究所学报》2004 年第 44 期）

---

① 王绍曾、沙嘉孙：《山东藏书家史略》，山东大学出版社 1992 年版，第 24—44 页。潘氏将周密归入浙江藏书家较妥。

② 参见吴晗《江浙藏书家史略》，第 117—234 页。

关于美国学者郝若贝给宋代专业精英
所下五点定义的商榷

中国传统社会的科举制与社会流动，自 20 世纪 40 年代以来，成为以美国学者为主的各国学者研究的热点。先有柯睿格（Edward A. Kracke）教授于 1947 年在《哈佛亚洲学报》发表的 *Family vs. Merit in Chinese Civil Service Examinations Under the Empire* 一文，对宋代科举制的开放性和促进社会流动持肯定态度。[1] 1962 年，著名美国华裔学者何炳棣教授的专著 *The Ladder of Success in Imperial China：Aspects of Social Mobility*，1368—1911 年出版[2]，在西方史学界产生很大影响。至 20 世纪 80 年代，郝若贝教授（Robert M. Hartwell）及其学生韩明士博士（Robert P. Hymes）对柯睿格和何炳棣的观点提出反驳意见；他们对宋代科举的开放性提出疑问，认为科举考试对社会流动产生不了多大作用，统治阶层依靠家族势力以及互通婚姻，即可长保地位不坠，科举成功并不重要。[3] 李弘祺、贾志扬（John W. Chaffee）、戴仁柱（Richard L. Davis）、陈义

---

[1] 参见 Edward A. Kracke, Jr. , "Family vs. Merit in Chinese Civil Service Examinations Under the Empire", *Harvard Journal of Asiatic Studies*, Vol. 10, 1947, pp. 103 – 123。

[2] 参见 Ping – ti Ho, *The Ladder of Success in Imperial China：Aspects of Social Mobility*, 1368 – 1911, New York：Da Capo Press, 1962。

[3] 参见 Robert M. Hartwell, "Demographic, Political, and Social Transformation of China, 750 – 1550", *Harvard Journal of Asiatic Studies*, Vol. 42, 1982, pp. 365 – 442；Robert P. Hymes, *Statesmen and Gentlemen：The Elite of Fu – Chou, Chiang – Hsi, in Northern and Southern Sung*, Cambridge：Cambridge University Press, 1986。

彦、孙国栋、柏文莉（Beverly Jo Bossler）等学者亦都加入了这场论战。①由于各自拟定的标准不同，其结论也就难免各异。总体而言，郝若贝与韩明士的论点受到许多学者的质疑，包括上述李弘祺等 6 位学者。宋代社会流动问题乃一大课题，本文仅就郝若贝关于宋代专业精英的论点提出商榷。

郝氏将宋代官吏和士人分成建国精英（founding elite）、专业精英（professional elite）和地方精英（regional elite or local gentry）三类。建国精英主要是跟随赵匡胤建立宋朝的武将们，他们在宋初占据了中央政府的主要位置。自太平兴国九年（983）巩固中国南部的努力完成以后，专业精英开始取代建国精英，在政治上占据优势地位。到 11 世纪末 12 世纪初，专业精英衰落，地方精英兴起，并逐渐取代专业精英。笔者不拟详细讨论郝氏的这三类划分（因为这需要撰写专文才行），只就郝氏有关专业精英的部分论述提出讨论。郝氏给专业精英下了五点定义：（1）将他们的主要居所建立在首要或次级的都市；（2）声称宋以前的先祖家世显赫；（3）热衷于相互之间的联姻，而不问籍贯；（4）一代又一代地将他们的大多数子孙放到官僚机构的高位上；（5）在公元 980—1100 年周期性地控制着宋政府。②

从以上五点定义可以看出，郝氏所谓的专业精英，与笔者曾经的研究对象——唐末五代迁蜀家族相近。③事实上，郝氏列举的九个家族中，

---

① 参见李弘祺《宋代官学教育与科举》，台北：联经出版事业公司 1994 年版。英文版：Thomas H. C. Lee, *Government Education and Examinations in Sung China*, Hong Kong：Chinese University Press, 1985。李氏另有诸篇相关论文和书评，不一一列举。贾志扬《宋代科举》，台北：东大图书股份有限公司 1995 年版。英文版：John W. Chaffee, *The Thorny Gates of Learning in Sung China：A Social History of Examinations*, Cambridge：Cambridge University Press, 1985。Richard L. Davis, *Court and Family in Sung China*, 960 – 1279：*Bureaucratic Success and Kinship Fortunes of the Shih of Ming – chou*, Durham：Duke University Press, 1986。陈义彦：《从布衣入仕情形分析北宋布衣阶层的社会流动》，《思与言》1972 年第 4 期。孙国栋：《唐宋之际社会门第之消融》，《新亚学报》1959 年第 4 期。Beverly Jo Bossler, "Powerful Relations and Relations of Power：Family and Society in Sung China, 960 – 1279", Ph. D. diss., University of California, Berkeley, 1991.

② 参见 Robert M. Hartwell, "Demographic, Political, and Social Transformation of China, 750 – 1550", *Harvard Journal of Asiatic Studies*, Vol. 42, 1982, pp. 365 – 442。

③ 参见邹重华《唐僖宗时迁蜀士族及其入宋后的境况考析》，载张其凡、陆勇强主编《宋代历史文化研究》，人民出版社 2000 年版，第 58—82 页。

就有阆州阆中陈氏。其中也包括曾先后治蜀的韩亿、韩绛父子这个南阳韩氏家族。

关于郝氏的第一点，实际上没有什么意义。宋代有许多官宦名族，发祥于偏僻乡野，出仕后随官所而迁徙，很难说有何定式。

关于第二点，郝氏认为，无论这些专业精英所宣称的显赫家世是否真实，他们都力图维持唐代的传统。换言之，"郝若贝是倾向于认为宋代的统治阶层是从唐末五代承续下来的"①。郝氏所谓的"传统"，就是长久保有其在政府架构中的特殊地位。然而，这些专业家族如何在宋代取得官僚士大夫的地位，郝氏却避而不谈。正如笔者在博士论文第二章第二节中所云：

> 无论迁蜀家族的门第在唐代有多显赫，在宋代都失去了意义，他们与其他人士都站到了同一起跑线上，面对着新的竞争，为重新获得官僚士大夫的社会地位而奋斗。要说他们有何优势，这就是他们作为士人的读书教育传统，使他们较能适应宋代的科举考试，为家族的重新崛起提供了条件。因此，笔者重视的是他们的士人特质及在宋代的境遇。他们在宋代的重新崛起，不能理解为其在唐代的官宦门第在宋代的自然延续。那种认为宋代仍是门阀士族统治时代的观点，笔者是不赞同的。迁蜀家族之祖先在唐代是否显赫，不是本文关心的重点，如果本文所列某迁蜀家族的祖先能证明为伪托，将是笔者十分乐见的，因为时人杨民望的怀疑，正说明宋代较为公平开放的科举选士制度，为起于"初微而不志昭穆"的平民开辟了道路，这正是笔者所持的观点。②

无论是笔者在博士论文中提到的北宋早期崛起或北宋中期崛起的迁蜀家族，都得通过科举这条道路。靠唐五代的门望在宋代显达的家族，一个例子也找不到。尽管曾在后蜀任官者，入宋后继续为官，其子弟如

---

① 李弘祺：《宋代官学教育与科举》中译本导言第 vii 页。
② 邹重华：《士族与学术：宋代四川学术文化发达原因探讨》，博士学位论文，香港中文大学，1997 年；美国密西根安阿伯 UMI 博士文库，1999 年 3 月。

不能在科举上取得成功，该家族很快就会在政治上失势，被排除于官僚体系之外。如广安军陈氏随唐僖宗入蜀，至宋初，有陈光义以勇力抗击王均兵乱，补遂州别驾。其后四代隐居乡里，至北宋末年，无人出仕。陈淳老于徽宗政和元年（1111）临终前，告诫其子陈越曰："汝学以显亲，从汝志也。"① 即期望其子能考中进士，光耀门庭。昌州解氏家财雄厚，入宋后三世不仕。第四世解瑜天资聪敏，治学亦佳，却应进士举不遂。乃花钱买官，方图效官奋迹，却又患病早逝。② 合州合阳李氏入宋后六世不仕，至南宋绍兴十三年（1143），仍无获取功名者。由冯时行给李氏第五世所撰《李时用墓志铭》可知，李时用曾从事科举，至死也未成功。③

关于第三点，郝氏特别强调相互联姻对维持士大夫地位之重要性。他在引证例子中，也提到迁蜀家族中的两个。成都华阳宇文氏之宇文师说（1117—1156 年）第一、二位妻子都是房永的女儿，而房永是宇文师说母亲房氏族人，房永的祖母为宇文氏。④房氏于唐末随僖宗入蜀，亦居华阳。像这类两姓世婚的现象，在宋代很普遍。⑤而宇文氏和房氏维持其家族地位，主要还是靠家庭成员中不断有科举中第者。宇文氏与房氏都兴起于北宋中期（尽管宋初有宇文愚登第），房氏官宦均不甚显赫，宇文氏在两宋之际有粹中、虚中、时中位居显要，知名于时。虽然有此分别，但直到南宋宁宗庆元（1195—1200 年）时，宇文氏和房氏仍然科宦不断，任官者不少，并未衰落而被所谓的地方精英取代。⑥而郝氏是将宇文氏和房氏当作专业精英（professional elite）来看待的。婚姻关系对家族发展可能有利，但过分强调其作用，则可能陷入谬误。张邦炜《宋代盐泉苏氏剖析》一文就指出，与显宦之家联姻，既给苏氏（苏易简、苏舜卿等）

① （宋）李新：《跨鳌集》卷 29《陈隐士碣铭》，文渊阁《四库全书》影印本。

② 参见（宋）汝孝《解瑜墓碑记》，《民国重修大足县志》卷 1，《中国地方志集成·四川府县志辑》，巴蜀书社 1992 年版，第 42 册，第 407—408 页。

③ 参见（宋）冯时行《缙云文集》卷 4，文渊阁《四库全书》影印本。

④ 参见（宋）楼钥《攻媿集》卷 109《文安郡夫人房氏墓志铭》，四部丛刊初编本。

⑤ 参见笔者博士论文第五章第三节及张邦炜《宋代盐泉苏氏剖析》，《新史学》第 5 卷 1 期，1994 年 3 月。

⑥ 参见邹重华《宋代四川宇文氏婚姻关系考》，载邓小南主编《宋史研究论文集》（2008 国际宋史研讨会暨中国宋史研究会第十三届年会专刊），云南大学出版社 2009 年版。

带来了好处，也带来诸多不利因素，甚至导致苏氏的衰落。①这些恐怕是郝氏没有注意到的情况。

关于第四点，郝氏未明言这些专业家族是如何将他们的子孙一代又一代地放到官僚机构的高位上的。是通过荫补吗？这显然做不到。荫补出仕者大多仕途不畅，难达高位。而一个家族靠荫补出仕，则很快便会衰落。靠科举固然有效，但却难保证其大多数子弟都能成功。就以郝氏提到的阆州陈氏为例。陈氏在太宗、真宗时便有陈尧叟、尧佐、尧咨三兄弟及从子陈渐登进士第（陈渐让与其父尧封），且有两位为状元，是北宋前期蜀人科举之最盛者。但其后陈氏的情况便没有如此顺利了。陈尧叟之孙陈知默耻以荫补官，一心想从科举出仕，却屡举不第，至老也未能如愿，只好归隐山林。尧叟曾孙陈造有奇才骏识，自少举进士，至卒不得一第。以荫补官，却又仕途不畅，终弃官隐居。官宦显赫如陈氏，也不能保证其子孙考中进士，而陈氏后代多以荫出仕，陈氏便逐渐衰落了。郝氏提出的第四点，显然是难以成立的。

关于第五点，郝氏的说法很含混。郝氏所谓在980—1100年控制宋政府的专业精英，即使是父子兄弟位列宰执，都是通过科举出仕，进至高位的。换言之，他们能占据政府中的高位，是科举成功的结果，没有这个条件，其家族成员地位再高，想置其他家族成员于高位亦不成。即使是位至宰相，在北宋的权力亦有限。这些所谓的专业精英，并未形成某种集团，因此"控制"之说，不知从何说起。郝氏其实是想说明，唐代少数家族垄断政府高位的情况，在宋代仍然延续。然而时移事易，这种情况再难出现了。

擅长作理论概括，乃西方学者治学之特点。然而，理论概括需建基于扎实的史实研究之上。否则将如沙雕一般，虽然好看，却难以存之久远。

（原载［美］戴仁柱、曹家齐主编《岭南宋史论丛》，南方日报出版社2016年版）

---

① 参见张邦炜《宋代盐泉苏氏剖析》，《新史学》1994年第1期。

宋代四川书院考

——兼论宋代书院研究的若干问题

书院是宋代私学教育的重要组成部分，历来为学者所重视，有关研究亦颇多，其他有关中国书院史之诸多专著，亦以宋代为讨论之重点。然而，迄今为止，对宋代书院教育作用的夸大其词，私立与官立书院混淆不分，无视地区差异等情况，致使谬误流传，严重影响了宋代书院研究的质量。笔者撰此小文，以四川为例，对上述情况提出疑问。以期抛砖引玉，俾有更多的学者对过去的宋代书院研究予以重新审视。

一

兹先将一篇文章和两部《四川通史》所收录的宋代四川书院数目分别列表予以显示，然后在此基础上进行考析。

葛绍欧《宋代四川地区的州县学》① 一文所录宋代四川书院 26 处：

表 1　　　　《宋代四川地区的州县学》著录宋代四川书院情况表

书院名称	地　点
蟠龙书院	叙州府宜宾县
柳沟书院	叙州府富顺县

① 参见葛绍欧《宋代四川地区的州县学》，《台湾师范大学历史学报》1984 年第 12 期。后载《宋史研究集》第 18 辑，台北：国立编译馆 1988 年版，第 261—348 页。

续表

书院名称	地　点
果山书院	顺庆府蓬州
少陵书院	夔州府
静晖书院	夔州府
竹林书院	夔州府
修文书院	嘉定府洪雅县
同人书院	嘉定府夹江县
子云书院	嘉定府犍为县
巽岩书院	眉州丹棱县
东山精舍	眉州丹棱县
栅头书院	眉州丹棱县
鹤山书院	邛州临邛县
鹤山书院	邛州蒲江县
鹤山书院	泸州
五峰书院	泸州
龙门书院	泸州江安县
紫岩书院	绵州绵竹县
东台书院	潼川府盐亭县
太元书院	潼川府盐亭县
青莲书院	潼川府盐亭县
张九宗书院	潼川府（应为遂宁府）遂宁县
云山书院	潼川府中江县
锦江书院	成都府
玉渊书院	黎州
北岩书院	涪州

蒙默等著《四川古代史稿》① 所录宋代四川书院 19 处：

表2 　　　　　　　《四川古代史稿》著录宋代四川书院情况表

书院名称	地 点
柳沟书院	叙州府富顺县
果山书院	顺庆府蓬州
少陵书院	夔州府
静晖书院	夔州府
竹林书院	夔州府
同人书院	嘉定府夹江县
巽岩书院	眉州丹棱县
栅头书院	眉州丹棱县
鹤山书院	邛州蒲江县治北 1 里
鹤山书院	邛州蒲江县治北
鹤山书院	泸州
五峰书院	泸州
龙门书院	泸州江安县
金（玉）渊书院	黎州
北岩书院	涪州
南阳书院	未标出地点
莲峰书院	夔州府
东馆书院	眉州
濂溪书院	合州

陈世松、贾大泉主编《四川通史》第 4 册②所录宋代四川书院 22 处：

---

① 参见蒙默等《四川古代史稿》，四川人民出版社 1989 年版，第 316—319 页。
② 参见陈世松、贾大泉主编《四川通史》，四川大学出版社 1994 年版，第 4 册，第 270—273 页。

表3　　　　　　　　《四川通史》著录宋代四川书院情况表

书院名称	地　点
柳沟书院	叙州府富顺县
果山书院	顺庆府蓬州
少陵书院	夔州府
静晖书院	夔州府
竹林书院	夔州府
修文书院	嘉定府洪雅县
同人书院	嘉定府夹江县
巽岩书院	眉州丹棱县
栅头书院	眉州丹棱县
鹤山书院	邛州临邛县
鹤山书院	邛州蒲江县
鹤山书院	泸州
五峰书院	泸州
龙门书院	泸州江安县
云山书院	潼川府中江县
金（玉）渊书院	黎州
钩深（北岩）书院	涪州
南阳书院	未标出地点
濂溪书院	合州
莲峰书院	夔州府
沧江书院	成都
东馆（一作观）书院	眉州

《四川古代史稿》所录南阳、莲峰、东馆（观）、濂溪四个书院，为葛绍欧《宋代四川地区的州县学》所无。《四川通史》第4册所录沧江书院，《宋代四川地区的州县学》和《四川古代史稿》都未收。综合起来，现存文献所记宋代四川书院都包括在上述三个表格中了。接下来，笔者将对这些书院的性质和建立时间加以考析。

二

葛绍欧在《宋代四川地区的州县学》中云："由宋代书院的性质而言，可分为官立与私立两种。""在四川地区的书院均属私立，如临邛的鹤山书院、黎州的玉渊书院、涪州的北岩书院，云山书院等。"①《四川通史》第 4 册云："宋代四川书院，大多数是私人创办的讲学场所。"② 笔者先就宋代四川书院的情况加以考析，然后再印证他们的观点是否成立。凡未特别注明出处者，均请参见嘉庆《四川通志》卷 79《学校志四·书院》。

（一）始建时间不详的书院有：

蓬州果山书院。嘉庆《四川通志》卷 79《学校志四·书院》记宋知州王旦建。有北宋人王旦（957—1017 年），太平兴国五年（980）进士，真宗时官至宰相。但查《宋史·王旦传》，并无知蓬州之记录。两个王旦是否为同一人，亦是疑问。《四川通史》第 4 册称，太宗端拱（988—989 年）中王旦建果山书院，不知何据？

夔州少陵书院。

夔州静晖书院。《大清一统志》卷 303 记为"宋建"；嘉定《四川通志》卷 79《学校志四·书院》记为"宋知州王十朋修建题诗"；雍正《四川通志》卷 5《学校》仅记为"王十朋有诗"。③

富顺柳沟书院。葛绍欧《宋代四川地区的州县学》称柳沟书院为"宋治平中李文渊建"，不知何据？而嘉庆《四川通志》卷 79《学校志四·书院》及《大清一统志》卷 301 只记为"宋李文渊建"，并无"治平"（英宗年号，1064—1067 年）二字。昌彼德、王德毅等编《宋人传记资料索引》中仅有建州松溪人李文渊（1085—1146 年），但治平时他尚未出世，也无仕宦四川的记录。④

（二）建于南宋的书院有（以建立时间先后为序）：

眉州东观（一作馆）书院，高宗绍兴（1131—1162 年）初，"东观

---

① 葛绍欧：《宋代四川地区的州县学》，《台湾师范大学历史学报》1984 年第 12 期。

② 陈世松、贾大泉主编：《四川通史》，第 4 册，第 271 页。

③ （清）和珅等：《大清一统志》，文渊阁《四库全书》影印本；嘉庆《四川通志》卷 79《学校志四·书院》；雍正《四川通志》，乾隆元年补版增刻本。王十朋（1112—1171 年）于南宋孝宗时知夔州。

④ 参见（宋）韩元吉《南涧甲乙稿》卷 19《李公（文渊）墓碑》，武英殿聚珍版丛书本。

［镇］乡士仿古乡校并为肄业之所"①。

眉州丹棱栅头书院，绍兴间县令冯时行建。②

泸州江安龙门书院，孝宗乾道（1165—1173年）中乡士吕伯佑建。③

合州濂溪书院，建于孝宗淳熙（1174—1189年）时或以前。④

遂宁府遂宁县张九宗书院，据传始建于唐贞观九年（635），宋宁宗嘉泰（1201—1204年）初改建儒学。

鹤山书院，共两处。魏了翁（1178—1237年）守生父丧归里，于宁宗嘉定三年（1210）在家乡邛州蒲江白鹤山建成鹤山书院。魏了翁《书鹤山书院始末》云：

> 嘉定三年（1210）春，诏郡国聘士，邛之预宾贡者比屋相望，未有讲肄之所。会鹤山书院落成，乃授之馆，其秋试于有司，士自首选而下，拔十而得八，书室俄空焉。人竞传为美谈。了翁曰："是不过务记览、为文词，以规取利禄云尔。学云学云，记览文词云乎哉？"则又取友于四方，与之共学。负笈而至者，襁属不绝。乃增广前后，各为一堂，堂内廊庑门墙，以次毕具。⑤

魏了翁说得很清楚，建书院之原意，本为贮书读书之所，偶然因借为乡贡之士讲肄之所，中选者众，而声名大噪，求学者络绎不绝，于是扩大建筑规模，以满足需要。"因仕宦的缘故，魏了翁实际主教书院的时间不是很长，前后共约四年多，但书院对传播理学思想却发挥了积极的作用。"⑥魏了翁于绍定六年（1233，其逝世前五年）知泸州时，曾在这里

---

① 参见（清）和珅等《大清一统志》卷309，文渊阁《四库全书》影印本。《四川通史》，第4册标注此段史实见嘉庆《四川通志》卷79《学校·书院》，误。

② 参见（清）和珅等《大清一统志》卷309，文渊阁《四库全书》影印本；嘉庆《四川通志》卷79《学校志四·书院》。

③ 参见雍正《四川通志》卷5《学校》，乾隆元年（1723）补版增刻本。

④ （明）刘芳声等：万历《合州志》卷2，合川县图书馆1978年石印本；并参见蒙默等《四川古代史稿》，第318页。

⑤ （宋）魏了翁：《鹤山先生大全文集》（以下简称《鹤山集》）卷41，四部丛刊初编本。

⑥ 胡昭曦、刘复生、粟品孝：《宋代蜀学研究》，巴蜀书社1997年版，第153页。

"兴学校"①，大概就是所谓泸州鹤山书院。端平元年（1234）五月，了翁奉诏还朝，在泸州约一年。嘉庆《四川通志》卷79《学校志四·书院》记："鹤山书院，在泸州治学宫前，旧在泸州治，南宋开禧（1205—1207年）中知州魏了翁建。"所述时间大谬，鹤山书院之名，亦有可能是后人追加的。

诸方志载邛州有两处鹤山书院，嘉庆《四川通志》均记为魏了翁讲学处，实则另一处可能建于明代。②

梓州云山书院，邑人杨子谟（1153—1226年）建。杨子谟为孝宗淳熙八年（1181）进士，"先是公于［郪］县之南山筑室聚友，号'云山书院'"。退休后，"即云山书院讲授后进，吉月、月半诵《论》《孟》《中庸》《大学》，语或至旰，听之者各充然有得"。③云山书院成为讲学之所，则是在宁宗时。

成都沧江书院，隆州仁寿理学家虞刚简（1163—1226年）建。刚简"自上华阳，印（即）筑室成都之合江，以成雍公（其祖虞允文）卜居未遂之志。秀才范公（苏）为榜曰'沧江书院'"。虞刚简谢绝一般的应酬，闭门潜心探究学术和著述。"士之请益者，肩摩袂属，谒无留门，坐无虚席，爨无停炊。自二十年来，知与不知，皆曰'沧江先生'。卒之日，蜀之士民涂泣巷吊，学于成都者二百余人，聚哭于沧江。"④虞氏之沧江书院与杨子谟之云山书院一样，初期只是个人读书研习学问之室，后才成为教人子弟之所。虞刚简为理学家，与创建鹤山书院的魏了翁、建梓州云山书院的杨子谟、建黎州玉渊书院的薛绂为讲友，他们创建书院，大概都受到朱熹、吕祖谦复兴书院行动的影响，其讲学内容，以传播理学思想为主。

嘉州夹江同人书院，邛州蒲江高定子（魏了翁兄）于宁宗嘉定（1208—1224年）时知夹江县，建此书院，盖以教化为务。⑤

① （元）脱脱等：《宋史》卷437《魏了翁传》，中华书局1977年点校本，第12968页。
② 参见蒙默等《四川古代史稿》，第317页，注2。
③ （宋）魏了翁：《鹤山集》卷74《杨公（子谟）墓志铭》，四部丛刊初编本。
④ （宋）魏了翁：《鹤山集》卷76《虞公（刚简）墓志铭》，四部丛刊初编本。
⑤ 参见（元）脱脱等《宋史》卷409《高定子传》，第12317、12322页。

泸州五峰书院，宁宗庆元（1195—1200 年）中知州杨汝明建。①

黎州玉渊书院，宁宗开禧（1205—1207 年）初知州薛绂建。理宗绍定二年（1229），魏了翁三兄高崇通判黎州，见玉渊书院"久废不治，公修其墙屋轩户，将与邦之秀彦肄业其间"②。高崇距薛绂治黎仅二十余年，大概薛绂离任后，书院便废了。

涪州北岩书院，"程伊川先生谪涪，辟堂注《易》，黄庭坚匾曰'钩深'。[宁宗]嘉定十年（1217），范仲武请为北岩书院"。范仲武（1164—1225 年）为丰城人，迁瑞州高安，登庆元五年（1199）进士第，曾知涪州。③

嘉庆《四川通志》记："竹林书院，在夔州府治东，宋嘉熙中知州孟珙建，以处襄汉流寓之士。又有南阳书院，亦珙建。"④ 理宗嘉熙四年（1240），孟珙（1195—1246 年）任四川宣抚使兼知夔州、兼京湖安抚制置使。淳祐元年（1241）春，四川宣抚司解散，宋廷又以孟珙为京湖安抚制置大使，兼夔州路制置大使，兼本路屯田大使。淳祐二年（1242），孟珙在公安（今湖北公安）建公安书院，以收纳逃难的蜀中士人；又在武昌（今湖北武昌）建南阳书院，以接待京襄地区的士人。⑤ 故这些书院都带有救济性质，而南阳书院并不在四川境内。

夔州莲峰书院，《四川古代史稿》云："夔州府治后卧龙山麓，宋知府王十朋建。"⑥ 查其史源雍正《四川通志》卷5，并无此段记载。《四川通史》第4册则标注该段史料见《大清一统志》卷305。实际上该卷记的是宁远府，卷303才是记夔州府，但也没有提及莲峰书院。而嘉庆《四川通志》卷79《学校志四·书院》记，莲峰书院为清乾隆初年知府徐良

---

① 参见蒙默等《四川古代史稿》，第318页。
② 参见（清）黄宗羲原著，全祖望补修，陈金生、梁运华点校《宋元学案》卷72《二江诸儒学案》，中华书局1986年版，第2415—2416页；（清）和珅等《大清一统志》卷306，文渊阁《四库全书》影印本；（宋）魏了翁《鹤山集》卷88《知黎州兼管内安抚高公（崇）行状》，四部丛刊初编本。
③ 参见嘉庆《四川通志》卷79《学校志四·书院》，巴蜀书社1984年影印本；（宋）曹彦约《昌谷集》卷19《朝议大夫直焕章阁范季克（仲武）墓志铭》，文渊阁《四库全书》影印本。
④ 参见嘉庆《四川通志》卷79《学校·书院》，巴蜀书社1984年影印本。
⑤ 参见胡昭曦主编，邹重华副主编《宋蒙（元）关系史》，四川大学出版社1992年版，第169—170页。
⑥ 蒙默等：《四川古代史稿》，第318页。

建。《嘉庆重修一统志》卷397亦记为乾隆三十二年（1767）建。①

葛绍欧《宋代四川地区的州县学》所收成都锦江书院和嘉定府犍为子云书院，则为明代所建，②故《四川古代史稿》和《四川通史》第4册都未收录。

另有一些所谓的书院，实为宋代名人读书处。《四川古代史稿》云："入宋以后，称为书院的有两种涵义，一种是文人的读书处，如盐亭县'东台书院……宋任伯俦读书处'，'大元书院……文同读书处'（《大清一统志》卷308）；一种是教育机构。"③《四川通史》第4册也举出紫岩书院、东台书院、蟠龙书院为张浚、任伯俦、程公许等文人读书处。但两书也都将个别文人读书处混入作为教育机构的书院中，如以下两处所谓的书院即属这种情况。

嘉州洪雅修文书院，《四川通史》第4册称太宗太平兴国时建。但查其史源嘉庆《四川通志》卷79《学校志四·书院》云："修文书院，在洪雅县东，旧在城外东南。宋田锡读书修文山麓，后即其地建书院。后修圮屡更城外里许，有遗直书院碑，字今尚存。明天启五年（1625），知县陕嗣宗捐资改建文庙清云街，牟光大撰记，明末毁。"书院建于何时，并不清楚。田氏为唐僖宗时迁蜀家族，田锡于太平兴国三年（978）登进士第，为宋代洪雅第一位进士。查范仲淹撰《田司徒（锡）墓志铭》及司马光撰《田司徒（锡）神道碑阴》，均未提到修文书院。《大清一统志》卷307则明确记曰："又洪雅县有修文书院，在修文山下，明天启间建。"④

《四川古代史稿》和《四川通史》第4册都收有眉州丹棱巽岩书院。嘉庆《四川通志》记，绍兴间丹棱李焘建。周必大撰《李文简公（焘）神道碑》云："［李焘］绍兴八年（1138）第进士，调成都府华阳县主簿，未上，读书本县龙鹄山，命曰'巽岩'。……久之，赴华阳。"碑文

① 参见蒙默等《四川古代史稿》，第317页；陈世松、贾大泉《四川通史》，第4册，第272页；嘉庆《四川通志》卷79，巴蜀书社1984年影印本；（清）穆彰阿等《嘉庆重修一统志》卷397，四部丛刊续编本。

② 参见蒙默等《四川古代史稿》，第411页。

③ 蒙默等：《四川古代史稿》，第316—317页。

④ 陈世松、贾大泉主编《四川通史》第4册，第271页；嘉庆《四川通志》卷79；（宋）田锡：《咸平集》卷首附，文渊阁《四库全书》影印本；《大清一统志》卷307，文渊阁《四库全书》影印本。

中并未提及建书院之事。李焘子李壁所撰《巽岩先生墓刻》，亦未提及建书院之事，只言李焘逝后葬于龙鹄山巽岩之阳。① 故所谓巽岩书院，实为李焘读书处，李焘并以巽岩为号。

前引葛绍欧《宋代四川地区的州县学》一文记录宋代四川书院26处，即将上述修文书院、巽岩书院、东台书院、太元书院、蟠龙书院、紫岩书院等文人读书处计算在内。该文所录宋虞允文所建眉州丹棱东山精舍，大概亦是其读书处。

三

根据以上之梳理和考析，通算起来，宋代四川建的书院，较为可靠的共有18处。北宋是否建有书院，暂且存疑。知道大致始建时间的14处，均建于南宋。见下表：

表4   南宋四川书院情况表

时期	书院名称	数量
高宗时	眉州东观书院 眉州丹棱栅头书院	2
孝宗时	泸州江安龙门书院 合州濂溪书院	2
宁宗时	遂宁张九宗书院 邛州蒲江鹤山书院 泸州鹤山书院 梓州云山书院 成都沧江书院 嘉州夹江同人书院 泸州五峰书院 黎州玉渊书院 涪州北岩书院	9
理宗时	夔州竹林书院	1

---

① 参见（宋）周必大《文忠集》卷66，文渊阁《四库全书》影印本；（明）解缙等纂修《永乐大典》卷10421"李"字引李壁《雁湖集》，中华书局1960年影印本，第4329页。

建于宁宗以前的有 4 处，以后的有 10 处。而这 14 处书院中，确知为官办的就有栅头、泸州鹤山、同人、五峰、玉渊、北岩、竹林 7 处书院。濂溪书院创建者不明。余下确知为私人所办的书院仅有 5 处，即眉州东观、泸州江安龙门、邛州蒲江鹤山、成都沧江及梓州云山。另宁宗嘉泰初改建的遂宁张九宗书院，大概也是官学性质。

综上所述，宋代四川的私学书院教育，北宋大概是空白，南宋亦少得可怜。葛绍欧《宋代四川地区的州县学》称："在四川地区的书院均属私立"，《四川通史》第 4 册谓："宋代四川书院，大多数是私人创办的讲学场所"，显然是不正确的。在所有这 18 处书院中，仅私办的邛州蒲江鹤山书院、成都沧江书院较有规模和影响，但存在的时间却不长。错误地运用史料，必然得出错误的结论。如葛绍欧《宋代四川地区的州县学》称："仅四川一地，宋代即有书院二十六处之多，足证该地私人兴学讲学风气之盛。"① 而《四川通史》第 4 册所谓："在宋代四川教育史上，书院有着极其重要的地位。……宋代四川书院教育，为四川培养了一大批著名学者。"② 却是没有史料支持的想当然式的推论。

刘子健先生撰《略论宋代地方官学和私学的消长》一文，认为书院在北宋时期私学教育中的作用，有被夸大之嫌。刘氏云：

> 北宋最初的四十年，地方上很少有正式学校。所谓四大书院之称，言过其实。《文献通考》首先承认："是时未有州县之学，先有乡党之学。"接下去却列举庐山白鹿洞，徐［衡］州石鼓书院，应天府书院和潭州岳麓书院，说"宋兴之初，天下四书院。……此外则又有……嵩阳茅山，后来无闻。独四书院之名著"。《玉海》也提到四大书院，而列举不同，以为是白鹿洞，岳麓，应天和嵩阳。其实都是南宋名儒朱熹吕祖谦他们，在若干旧址废址，重新兴办私学，推崇久已中断的往事。应天府书院根本是半官性的，不能算乡党之学（见下文）。只因名臣范仲淹在那里读过书，有文颂扬，所以也在推崇之列。但根据有关五代的史料，《宋会要辑稿》和《续资治通鉴

---

① 葛绍欧：《宋代四川地区的州县学》，《台湾师范大学历史学报》1984 年第 12 期。
② 陈世松、贾大泉主编：《四川通史》，第 4 册，第 273 页。

长编》一类的史料，可以看出宋初少数书院，规模很有限。①

人们谈及宋代私学教育，言必称誉书院，刘先生此论，可谓独具慧眼。以宋代四川情况而论，不仅北宋时期，南宋时的书院教育规模亦相当有限。《宋代四川地区的州县学》和《四川通史》第 4 册对宋代四川书院教育作用的评价，套用刘子健先生的用语，亦可谓"言过其实"。

结　论

私学书院教育在宋代的定型和制度化，在传播学术思想（主要是理学思想）上的作用，以及对后世的影响等，自有其历史地位。然而，宋代书院研究中夸大不实的情况亦相当严重。从本文的考析可以看出，研究者往往混淆书院的官立、私立性质，且将文人读书处也当作教育机构。由此得出的结论，自然与事实相去甚远。

忽视地区差异，是另一个研究盲点。实际上，四川的私学书院教育，北宋大概是空白，南宋亦少得可怜。

笔者撰《"乡先生"——一个被忽略的宋代私学教育角色》一文②指出，宋代四川（除家学以外）之私学教育，主要是由乡先生（民间私学教师）所承担，而非书院。宋代书院教育的重要性，被人为地夸大了。而乡先生的教育，长期以来却为人们所忽视。

本文讨论的范围虽然限于宋代四川，但所揭示的书院研究中的问题，却是带有普遍性的。

有关宋代书院教育的作用，不免人云亦云，其作用被夸大了。如吴霓《中国古代私学发展诸问题研究》仅据袁燮《四明教授厅续壁记》中所说："由建隆以来，迄于康定，独有所谓书院者，若白鹿洞、岳麓、嵩阳、茅山之类是也；其卓然为［后学］师表者，若南都之戚氏、泰山之

---

① ［美］刘子健：《略论宋代地方官学和私学的消长》，载刘子健《两宋史研究汇编》，台北：联经出版事业公司 1987 年版，第 212—213 页。引文中方括号的字为笔者所改，圆括号的字为原文所有。引文之标点偶有不妥之处，照录未改。

② 参见邹重华《"乡先生"——一个被忽略的宋代私学教育角色》，（香港中文大学）《中国文化研究所学报》1999 年新第 8 期。

孙氏、海陵之胡氏、徂徕之石氏，集一时俊秀，相与讲学，涵养作成之功，亦既深矣。而问其乡校，惟兖、颍二州有之，余无闻矣［焉］。"即云："足见书院是当时（北宋时期）主要的教育形式。"① 即使是书院教育较为发达的江西、福建等地区，其作用究竟有多大，仍然值得重新审视。

总之，现在是该重新检讨过去有关宋代书院研究的时候了。只有以实事求是的态度，既不夸大，也不贬低，方能提高宋代书院研究的质量，并在此基础上，开拓出宋代书院研究的新局面来。

（原载《中国书院》第 3 辑，湖南教育出版社 2000 年版）

---

① 吴霓：《中国古代私学发展诸问题研究》，中国社会科学出版社 1996 年版，第 95 页。袁燮之文载袁燮《絜斋集》卷 10，武英殿聚珍版丛书本。方括号中的字为笔者据武英殿聚珍版丛书本校正。

家族与学术文化

——对宋代四川地区几个典型家族的考察

宋代的著名学者和思想家，其家族都具有学术上的承继性，尤其是四川的一些家族，在这点上表现典型。本文即抽取宋代四川具有典型意义的八个家族加以系统清理，着眼于这些家族与学术文化之间的关系，有助于对宋代四川学术文化发达原因的探讨。

一

兹将各家族的学术承袭情况概述如下。

（一）汉州绵竹（今四川绵竹）张氏

张浚，南宋名相，进士出身，唐朝宰相张九龄弟张九皋之后。张浚受业于北宋理学家程颐弟子谯定和苏轼从孙苏元老，精于《易》，有《易解》《文集》等著述多种。

张栻，张浚长子，南宋大理学家，与朱熹齐名。幼从父学，长师事二程再传弟子胡宏，其学术为朱熹所推崇。有《太极图说》《南轩集》等多种著述。

张构，张浚次子，秉承父学，历官知临安府、端明殿学士等，颇有治才。

张忠恕，张构次子，南宋名臣。承伯父张栻之学，晚年讲学岳麓书院，其学术、人品为南宋著名理学家魏了翁、真德秀所赞赏。

张庶，张浚从孙，承家学，侍张栻讲学岳麓书院，传家学于其子张玭。

张默，张浚从孙，曾长期跟从张栻，能传胡安国（张栻老师胡宏之父）《春秋》之学。

张唐（一作镗），张栻后代，承家学。宋末起兵应文天祥，兵败被俘，不屈而死。

（二）邛州蒲江（今四川蒲江）魏高氏①

魏了翁，南宋名臣。著名理学家，为张栻、朱熹再传弟子。创鹤山书院，传授义理之学，对确立理学正统地位贡献很大。著有《鹤山集》《九经要义》等书多种。

高载，了翁长兄，进士，有治迹。从学于张栻弟子范子长。

高稼，了翁二兄，进士，有治迹。著有《缩斋类稿》。

高崇，了翁三兄，与高稼同中进士。从学于张栻弟子李壁、宋德之，修复黎州（今四川汉源）玉渊书院以讲学，著有《周官解》12卷。

高定子，了翁四兄，进士，颇有政绩。博通六经，曾创同人书院于夹江（今属四川），有《存著斋文集》《经说》等著作多种。

魏天祐，了翁族兄，钻研理学有成，有《论孟中庸大学说》等著述多种。

魏文翁，了翁堂弟，进士，有治迹。承了翁家学，有《中庸大学讲义》等著述多种。

魏克愚，了翁子，承家学，有治迹。

高斯得，高稼之子，进士，为宋末名臣。承其父家学，有史著、文集等多种。

魏起，了翁曾孙，元代隐居吴中，重建鹤山书院，弘扬家学。

（三）成都华阳（今四川成都）范氏

范镇，北宋名臣，进士高第，官至翰林学士兼侍读。尝与修《新唐

---

① 魏了翁祖母高氏之兄无子，遂将了翁生父过继高家为后，生有六子，后了翁生父之兄又无子，了翁复还继魏家，故魏、高氏实为一家。

书》《仁宗实录》，著作有《范蜀公集》《东斋记事》等。

范百禄，范镇兄范锴之子，进士，历官吏部侍郎兼侍读、翰林学士等，承家学。

范祖禹，范镇从孙，著名史学家。承家学，中进士甲科。从司马光修《资治通鉴》，历任史职、翰林学士兼侍读，苏东坡誉为讲官第一。著有《范太史集》《唐鉴》等。范氏自镇至祖禹，三世居禁林，士论荣慕之。

范冲，范祖禹子，进士，承家学，历任史职、翰林侍读学士，重修神宗、哲宗《实录》，为一时名士。

范仲黼，范祖禹之后。从学于张栻，晚年讲学二江之上，使张栻之学大行于蜀中，为南宋著名理学家。

范子长、范子该，范仲黼侄子。理学家，两人同受业于张栻。子长中进士。

（四）隆州仁寿（今四川仁寿）虞氏

虞允文，南宋名臣，历官至宰相，有《经筵春秋讲义》《内外志》等多种著述。

虞刚简，虞允文孙，好读周、程、张、邵之书，从范仲黼得张栻之学，建沧江书院授学。得程、朱微旨，以发明其义，蜀人师尊之。有《易传》等著述多种。

虞㳟，刚简侄子，魏了翁女婿，传其家学及岳父了翁之学。

虞珏，刚简子，以文学知名。

虞汲，虞珏继子，入元，教授诸生，为字术鲁翀、欧阳玄等元代名士之师。

虞集，虞汲子，历官国子祭酒等，弘才博识，一时大典册咸出其手，为元代名儒。平生为文万篇，文章为一代所宗，有《道园学古录》等著作。

虞槃，虞集弟，进士，有治迹。于《诗》《书》《春秋》皆有论著，尤善《春秋》。

（五）隆州井研（今四川井研）牟氏

牟子才，南宋名臣，学于魏了翁、虞刚简及朱熹门人李方子等，有《存斋集》《易编》等著作多种。

牟巘，子才子，承家学，讨论《六经》，尤雄于文。宋亡，隐居吴兴（今浙江吴兴）。晚岁，笔力愈劲，南北学者皆师尊之。

牟应龙，牟巘子，宋末进士，入元曾任溧阳教授。应龙与其父自相师友，讨论经学，以义理相切磨，以文章大家称于东南。

（六）隆州井研李氏

李舜臣，进士，重修《神宗玉牒》，有史才。曾从学于程颐再传弟子冯时行，精于《易》，著《本传》33篇，为朱熹所称道。有著作多种。

李心传，舜臣长子，著名史学家。承其父家学，史学、理学著述宏富。

李道传，舜臣次子，进士，曾任史职。承父家学，又为朱熹私淑弟子。曾劝宁宗崇尚理学，为知名理学家。

李性传，舜臣三子，进士，承父家学。建议宁宗崇尚理学要落在实处。

（七）眉州丹棱（今四川丹棱）李氏

李焘，唐宗室之后，进士，著名史学家。一生著述宏富，有《易学》《春秋学》及史著等数十种。以史学传家，七子俱有文名，而以李壁、李埴最达，蜀人比之为"三苏"。

李垕，李焘子，中制科，历任史职等。

李壁，李焘三子，进士，名臣。承家学，又曾从学于张栻，为文隽逸，有著述多种。

李埴，李焘七子，进士，名臣。从张栻学，曾奏请理宗推崇理学。著有《皇宋十朝纲要》等。

（八）眉州眉山（今四川眉山）苏氏

苏洵，远祖为唐眉州刺史苏味道，苏洵兄苏澹、苏涣皆以文学举进士。洵通《六经》、百家之说，以文名于朝，有《文集》《谥法》等著作。

苏轼，北宋大文豪，进士，名臣，有《东坡集》等著述多种。

苏辙，与兄轼同登进士，与父、兄合称"三苏"，同为唐宋八大家之一。著有《栾城集》等。

苏轼三子：迈、迨、过，俱善为文。苏过有《斜川集》，时人称为"小坡"，盖以其父为"大坡"也。

苏辙三子：迟、适、逊，均承家学。

苏元老，苏轼侄孙，进士。幼力学，善属文，有诗文行世。

二

通过对上述八个家族的系统清理，笔者获得如下三点认识。

（一）地域分布集中

这八支家族集中分布在经济发达的川西成都周围一带，尤其是蒲江魏高氏，丹棱李氏，眉山苏氏，仁寿虞氏，井研李氏、牟氏，更是地望紧紧相邻。两宋时期，这一带学术文化十分昌盛。魏了翁曾谈及自己的家乡说："吾乡之俗，以亲师讲学为业，以孝弟忠信为本，不趋时尚，不事外饰。予生虽后，尚及见大父行于经子百氏书，皆覆纸细字，丹铅点勘，又必师传友授，必心体身践。"① 仁寿虞氏后代虞集入元以后，谈起故乡的教育说："百十年前，吾蜀乡先生之教学者，自《论语》《孟子》《易》《诗》《书》《春秋》《礼》，皆依古注疏句读授之，正经日三百字为率，若传注、史书、文章之属，必尽其日力乃止，率晨兴至夜分，不得休，以为常。持身以尚孝友、惇忠信、厉节义为事。其为文多尚左氏、苏子瞻之说。"② 产生了苏氏、李氏（焘）这样的学术世家的眉州，则素来"为士大夫郡，取士于乡、于大学、于诸道者，视他州为多。自庆元

---

① （宋）魏了翁：《鹤山先生大全文集》（下简称《鹤山集》）卷65《跋修全赵公所作蒙箴》，四部丛刊本。

② （元）虞集：《道园学古录》卷5《送赵茂元序》，四部丛刊本。

（1195—1201 年）初分贡额于诸郡，眉以三十六人益为五十有二"①。眉州孙氏藏书楼，对于当地文化教育的发展，起了重要的推动作用。② 因此，本文所述八支家族集中的状况，绝非偶然，重视文化教育的乡风民俗和良好的社会经济条件所构成的优越区域环境，是这一带地区学术文化发达的重要原因之一。

（二）各家族间多有密切的学术关系

上述八支家族，除学术传家的特点外，各家族间有着密切而错综复杂的学术交往关系。张浚从学于眉山苏氏后代苏元老，张栻之学则嫡传于华阳范氏之范仲黼、范子长、范子该及丹棱李氏之李壁、李埴。范仲黼又传学于仁寿虞氏之虞刚简，范子长、范子该传学于蒲江魏高氏之魏了翁，范子长传学于高载，高崇则从学于李壁。魏高氏兄弟又自相师友，以其所学互相交流。③ 虞刚简与范仲黼、范子长、范子该、李心传、李道传、魏了翁等相与切磋义理之学，尤与魏了翁交往甚密。虞集称："鹤山公（魏了翁）……其文集无卷无曾大父（虞刚简）之名，而曾大父集中亦无卷无与鹤山讲学者也。"④ 虞刚简还与魏了翁、范仲黼、李心传同讲学于蜀东门外。井研牟锡桂命其子牟子才从魏了翁学习，了翁与虞刚简并传学于牟子才，而虞刚简之子虞𡶶因为了翁女婿，得兼承虞、魏两家之学。牟𡷫之妻为李心传外孙女，牟应龙因而直接从李心传得其史学端绪。高斯得也曾从学于李心传。

前举八支家族，除苏氏主要显于北宋，与其他各家学术关系不多外，张氏、范氏、二李氏、魏高氏、牟氏和虞氏各家在南宋时均有密切的学术渊源和交往关系，形成了一个庞大的家族学术群体，成为南宋四川理学、史学的主流。

---

① （宋）魏了翁：《鹤山集》卷48《眉州创贡院记》，四部丛刊本。
② 参见（宋）魏了翁《鹤山集》卷41《眉山孙氏书楼记》，四部丛刊本。
③ 参见（清）黄宗羲原著，全祖望补修，陈金生、梁运华点校《宋元学案》卷80《鹤山学案》，中华书局1986年版，第2651—2677页。
④ （元）虞集：《道园学古录》卷10《题赵秘书景纬所撰知郡王公庚应墓碑后》，四部丛刊本。

（三）家族籍贯的变迁反映了四川学术文化的兴衰

从唐至五代，有不少关陕、中原及其他地区的皇室宗族、官宦人家因任官、战乱而迁居于蜀。尤其是当唐末五代中原战乱不已的时期，由于四川相对较为安定，有大量的士大夫家族入蜀避难。本文所举八支家族中，绵竹张氏之祖，唐宰相张九龄弟张九皋，原籍为韶州曲江（今属广东韶关市），其后代因随唐僖宗避乱入蜀，侨居成都，后定居绵竹。[①]丹棱李氏为唐宗室后，因武则天当政，祖先被贬居于丹棱，"子孙因家焉"[②]。眉山苏氏之祖苏味道，原籍赵州栾城（治今河北栾城县西），任唐眉州刺史，一子留眉山，此地始有苏氏。[③] 这些迁居入蜀的皇室宗族和官宦人家，对宋代四川地区学术文化的兴盛，起了很重要的作用，他们与四川本土的学术世家一道，共同创造了繁荣的区域学术文化——宋代"蜀学"。

陈寅恪先生在《隋唐制度渊源略论稿》一书中，论及"魏晋以降中国西北隅即河陇区域在文化学术史上所具之特殊性质"时说："河陇一隅所以经历东汉末、西晋、北朝长久之乱世而能保存汉代中原之学术者，不外前文所言家世与地域之二点，易言之，即公立学校之沦废，学术之中心移于家族，太学博士之传授变为家人父子之世业，所谓南北朝之家学者是也。又学术之传授既移于家族，则京邑与学术之关系不似前此之重要。当中原扰乱京洛丘墟之时，苟边隅之地尚能维持和平秩序，则家族之学术亦得借以遗传不坠。刘石纷乱之时，中原之地悉为战区，独河西一隅自前凉张氏以后尚称治安，故其本土世家之学术即可保存，外来避乱之儒英亦得就之传授，历时既久，其文化学术逐渐具区域性质。"[④]这对于我们理解宋代四川学术文化兴盛，以及形成区域文化特色的原因，也是颇有启发的。

---

① 参见中华民国《绵竹县志》卷6《紫岩张氏》，中华民国九年（1920）刻本。

② （宋）李壁：《雁湖集·巽岩先生（李焘）墓刻》，载（明）解缙等纂修《永乐大典》卷10421 "李"字"李焘"条下，中华书局1960年影印本，第4329页。

③ （宋）苏洵著，曾枣庄、金成礼笺注：《嘉祐集笺注》卷14《苏氏族谱》，上海古籍出版社1993年版，第373页。

④ 陈寅恪：《隋唐制度渊源略论稿》，中华书局1963年版，第19页。

四川学术文化发达，蜀中人才辈出，常常是一家数子或数代俱登进士，历任地方、朝廷官职，位列宰执高位者亦不在少数，较之东南及中原，毫不逊色。有人做过一个统计，"《宋史》列传八百余人，而蜀中一隅之地，多至百数十人，其他见于故书雅记者，犹数倍于兹。终两宋之世，吾蜀人才臻于极盛，殆自来所未有。其人且率皆文学、政事、史才之选，徒以武勇取功名者绝罕"①。据魏了翁说：南宋"科举取士，南宫约三百人，四川类试约百人，是四川亦当四分之一"②。李焘在记叙当时的考试情况时说："合成都九邑士，来应有司之试者，数逾五千，日增而未止。"③ 宋代四川学术文化之盛，由此亦可推知。

至南宋后期，宋蒙（元）战争爆发以后，四川遭到蒙古铁骑的严重摧残，蜀中士人纷纷浮江而下，避地东南。如丹棱牟氏、井研李氏徙居浙江吴兴（湖州）④；仁寿虞氏，"宋亡侨居临川崇仁（今江西崇仁）"⑤；魏了翁死后葬于吴，理宗赐第宅于苏州，其后代即居于此⑥；高定子于宋末辞去官职，亦"退居吴中，深衣大带，日以著述自娱"⑦。虞集在元代时说："问乡里文献之在东南者，则知临邛魏氏子孙在吴都（即苏州），眉山平舟杨氏在天台（今浙江天台），或在武陵，桂芝程氏在安吉（今浙江安吉），学斋史氏在江阴（今江苏江阴），同郡牟氏亦在安吉。"⑧

众多蜀中士大夫家族避难东南，为东南学术文化的发展注入了新的内容。牟巘于宋亡后隐居浙江，文章之雄，名震东南，"向慕拜谒，求文者相属于门"⑨。魏了翁之后魏起于元代在苏州重建鹤山书院，以传授魏

① 孙鸿猷：《序》，载傅增湘辑《宋代蜀文辑存》卷首，香港：龙门书店1971年影印本，第8页。
② （宋）魏了翁：《鹤山集》卷23《论四川改官人积滞札子（上四川制置）》，四部丛刊本。
③ （宋）李焘：《贡院记》，载《成都文类》卷46，文渊阁《四库全书》影印本。
④ （元）虞集：《道园学古录》卷15《牟伯成（应龙）墓碑》，四部丛刊本；刘咸炘：《推十书·右书》卷2《人文横观略述》，己巳（1929）年孟夏月刊本。
⑤ （明）宋濂等：《元史》卷181《虞集传》，中华书局1975年点校本，第4174页。
⑥ 参见（元）脱脱等《宋史》卷437《魏了翁传》，中华书局1977年点校本，第12970页；（元）虞集《道园学古录》卷6《魏氏请建鹤山书院序》，四部丛刊本。
⑦ （元）脱脱等：《宋史》卷409《高定子传》，第12322页。
⑧ （元）虞集：《道园学古录》卷5《送赵茂元序》，四部丛刊本。
⑨ （清）陆心源：《宋史翼》卷34《牟巘传》，中华书局1991年影印本，第366页。

氏家学，虞氏后代虞集表示，愿与魏起共同倡明"（魏、虞）二家之家学"①。近代史学家刘咸炘先生谓，"及元人躏蜀，蜀士多迁于浙，与昔日中原世族之传相会，文献之传遂亘明清"，"元兵略蜀，蜀士南迁于浙，浙人得此，遂成文献之府库，江南文风大盛"。②

蜀士避难东南，促进了东南学术文化的发展，而蜀中学术文化却由此大为衰落。元朝时，魏起为重建鹤山书院而对虞集说：自宋末战乱以来，魏了翁的"门生学者死亡已尽，无能有所发明……今临邛故居莽为茂草，而文靖（魏了翁）之所存且亦无几"③。虞集在《送赵茂元序》中也说，"（有）十友之至自蜀者，从而问之，则遗老旧书多不存矣"。又谈及其母家杨氏家学，谓："宋亡五十年，其门人学者皆尽，诸舅氏亦已物故，遗书存者无几。"④ 蜀中学术文化，可谓衰落至极！历经元、明、清，蜀士中进士者大为减少，当朝名臣、学术巨匠更是渺渺，与东南相比，则差之远矣。

（原载《天府新论》1992 年第 2 期）

---

① （元）虞集：《道园学古录》卷6《魏氏请建鹤山书院序》、卷7《鹤山书院记》，四部丛刊本。

② 刘咸炘：《推十书·右书》卷2《人文横观略述》，己巳年（1929）孟夏月刊本；《推十书·史学述林》卷5《重修〈宋史〉述意》，己巳年（1929）正月刊本。

③ （元）虞集：《道园学古录》卷6《魏氏请建鹤山书院序》，四部丛刊本。

④ （元）虞集：《道园学古录》卷5《送赵茂元序》，四部丛刊本。

后　记

当本论集获纳入四川大学古籍整理研究所"蜀学文库"出版计划时，四川大学历史文化学院粟品孝教授即负起了整理编辑本文稿的责任，并由他的几位研究生协助校对史料等工作，大大加快了出版进程。在论集付梓之际，谨向他们的辛勤付出致以衷心的感谢！

感谢中国社会科学出版社编辑的高标准、严要求，保证了本论集的出版质量！

在香港中文大学历史系学习期间，郭少棠教授、梁元生教授、叶汉明教授、苏基朗教授、朱鸿林教授、刘健明教授、张学明教授等在学习和生活上都给予我许多关照，令我铭感于心。

在香港求学期间，内子柳小冰远在成都家中照料两个女儿，度过一段十分艰难的日子。我能顺利完成博士学业，实有赖内子操持家事，免却我的后顾之忧。谨此向内子致以深深的谢意和敬意！

邹重华

2022 年 7 月 22 日